U0133478

胡维革　金海峰　丛书主编

金海峰　著

儒家文化新讲

吉林人民出版社

图书在版编目（CIP）数据

儒家文化新讲 / 金海峰著. -- 长春：吉林人民出
版社，2020.10
（三新丛书 / 胡维革，金海峰主编）
ISBN 978-7-206-17612-8

Ⅰ. ①儒… Ⅱ. ①金… Ⅲ. ①儒家—传统文化—研究
Ⅳ. ①B222.05

中国版本图书馆CIP数据核字（2020）第201031号

出 品 人：常　宏
策 划 人：吴文阁
责任编辑：韩志国　王一莉
助理编辑：赵　航
封面设计：莫比乌斯设计公司

儒家文化新讲
RUJIA WENHUA XINJIANG

丛书主编：胡维革　金海峰
著　　者：金海峰
出版发行：吉林人民出版社（长春市人民大街7548号　邮政编码：130022）
咨询电话：0431-85378007
印　　刷：长春第二新华印刷有限责任公司
开　　本：720mm×1000mm　　　　1/16
印　　张：25　　　　　　字　　数：320千字
标准书号：ISBN 978-7-206-17612-8
版　　次：2021年1月第1版　　　印　　次：2022年2月第2次印刷
定　　价：56.00元

如发现印装质量问题，影响阅读，请与出版社联系调换。

旧意翻成新格调
——《三新丛书》初析

在知识爆炸，写手蜂起、传媒遍布，书籍汗牛充栋的当下，在中国历史、文史典籍、历史人物已千百次被论及、被介绍、被炒作的今天，再要在这方面做文章、出成果，若无"旧意翻成新格调"的好手段，怕是难于一搏的。因此，当胡维革、金海峰二位学者主编，有众多学人、专家参与撰述的"三新丛书"达于我的案头时，即勾起我欲一探究竟的好奇："三"又如何？"新"在那里？待稍加披阅，竟难以释手。此丛书果然有赚人眼球的新意。

一

是书由《儒家文化新讲》《中国历史名人新评》和《中国古典文学新解》组成，故名"三新丛书"。各书都直冲中国人熟知的题材和目标而去，颇有点"虽千万人吾往矣"的豪气。但这种架构本身自有深意，它通过这三部书的指向，几乎涵盖了中国数千年历史上值得注意、可圈可点的人物、史实、典章、典籍。很有些宏大叙事的格局和眼光。这套丛书中，《儒家文化新讲》（以下简称《新讲》）显然是重头戏，这不只是因为它体量大，还因为它和盘托出的是儒家文化，儒家文化的代表人物正是孔子。孔子何许人？他是被国内外学术界、思想界尊为数千年来影响世界历史的百名文化巨人之一，是如同西方神话中众神之神宙斯般的人物。正像古希腊文明是整个西方文明的源头一样，孔子所代表的儒家文化也是中华文化的根脉，它如一张细腻坚韧而又无远弗届的精神之网，笼罩了中国数千年文明史的方方面面。孔子之后的历史名人也好，《论语》之后的古典文学也罢，大都与孔子及儒家文化有着内在的千丝万缕的联系。看一看《新讲》目录列出的30个小题所指陈的内容，古往今来哪一个中国人能与它完全切割？所以，要真正了解这些历史人物的人生轨迹、内心世界、道德文章、行事方式，要理解那些文学典籍的思想诉求、人物塑造、文化内涵、人文精神，往往都需要我们回到孔子，回到儒家文化。 正因为《新讲》一书，有挈领这套丛书的作用，所以，"三新丛书"在某种意义上构成了一个系列，构成了一部中国简史，一部中国文化、文学简史。看看《中国历史名人新评》，从孔子、老子、墨子、庄子到屈原、司马迁，从王羲之、顾恺之到陶渊明，从李白、杜甫到苏东坡、辛弃疾，从玄奘、李时珍到徐光启、詹天佑，从秦始皇、唐太宗到康熙，从王安石、林则徐到胡雪岩、梁启超，列出了史上政治、军事、经济、思想、宗教、文学等各个领域的代表性人物加以品评，我们放眼望去，漫漫历史长路上烟尘弥漫，让人油然而兴"不尽英雄滚滚来"之浩叹。而这些人物，其精神世界里都差不多有儒家文化的因子。再翻翻《中国古典文学新解》，所列名篇虽只30之数，但是从《诗经》《离骚》到《论语》到《山海经》，从四大古典名著到唐诗、宋词，再到《窦娥冤》《牡丹亭》，加之《赵氏孤儿》《长生殿》，直到《老残游记》，中国文学史上那些里程碑式的巨作，在文学史上具有节点意义的奇书，不论诗歌、小说、戏剧，都有所例举和独到之见。 由此观之，"三新丛书"在体例上、内容选择上、各部分衔接架构上，确实是下了一番排兵布将之苦心的。

二

实事求是地讲，这部"三新丛书"并没有尝试建构新的理论体系，也没打算提出惊世骇俗的新观点、新见解，但是，这并不意味着此书甘于平淡、平庸、平常。正如海峰在《儒家文化新讲》的自序中所言："所谓'新讲'，不是有什么新观点，新发现，甚至新理论。而是一个在中华传统文化面前，如同初登讲台的教师，新开了一门课程"。——这也就点明了这"三新丛书"等于是在以往各种高头讲章之后新开的一个课目。就凭敢开新课目，也就足以证明其敢于创新的胆识；其次，"因为是新开的讲座，就有很多不成熟的观点，挂一漏万的知识，自以为是的心得，缺乏逻辑的思索，无知感言的武断。"——这自然是过谦之词，"当然也许有一点点大师不懈顾及的拾遗，专家扫荡过的旧物市场'捡漏儿'，秋天田野收割之后的'溜土豆儿'。"——在他人不屑、不及、遗漏之处发掘出创见来，这是丛书又一"新意"。这套丛书十多位作者皆无"高冷"之态，他们的新说、新见、新讲，如清泉过石，在不经意间于字里行间渗泻出来。海峰在《新讲》之"子曰诗云"章中如此写道：《论语》给中国人打造了一个表达思想的方式，叫作"子曰"。什么是"子"？叫"匹夫而为百世师"。什么是"曰"？叫"一言而为天下法"……就是因为《论语》中这个"子曰"，打造出中国人表达思想的一个方式："引经据典"。 这一段话虽然只是"新讲"中的芥末之微，但它如滴水映射出了丛书的创意思维，它将"子曰"这一宣之于万人之口、司空见惯的口头禅，还原、释义为国人数千年沿用的引"经"据"典"思维定式，对其利弊也做出了分析。笔者也算是读过几本书的人，但这样去解释"子曰"，尚未得见。类似睿智之见在书中随处可拾。这当然只是一个小小的例子，但以小见大，这套丛书在表述方式和对儒家文化的整体把握上，都有别于它书，给人以新人新面的感受。《中国历史名人新评》亦为30篇，所涉领域也几乎是全方位的，这些名人的足迹遍布政治、经济、军事、思想、科技等各个领域，每篇皆以"为什么"叩问自己，也叩问历史。看得出来，作者们就是不满足于一般泛泛的缕述人物，介绍人物，而是要对这30位历史人物就其如何成其为"伟大"，他对时代对历史究竟有何意义，去刨根问底。既是刨根问底，对人物光鲜外表后面的思想动机、社会背景等做深入探究，写出独特的"这一个"。这就往往倒逼作者找出新论据，拿出新观点。而《中国古典文学新评》则篇篇直指30部文学经典最重要、最本质、最特色，抑或最为当下关注的菁华，也就是要"写其独至"。如《论语》之人生忠告，《左传》之人物透镜，《史记》之历史力量，《乐府诗集》之女性意识，《搜神记》之向死而生，《牡丹亭》之人性唤醒，《红楼梦》之生命哲思，等等。在无数人对这些经典做出研究提出见解之后，《新解》还能有置喙之力，发人之所未发，言人之所未言，从新的视角提出新见，这本身也是一种创新能力吧。 比如，《山海经》之文化流脉篇，作者析出了它的三条文脉，其中"天地与我并生，万物与我为一——和谐共生"被列为第三条文脉。通过剖析《山海经》记载的多被人指为荒诞不经的神话和传说，看出它所折射出的天人合一的朴素自然观、宇宙观，直接与现代社会的人与自然和谐共生、构建人类地球家园的愿景接续起来，这就赋予了这部老之又老的古典以当代意义。

三

人们一想起、谈起皇皇理论学术著述，大致印象应是文笔肃然，内容高深，除非是通俗理论读物，方能放低身段。而这套"三新丛书"，走的不是通俗读物的路子，它的定位应是理论著作，注重学术内涵，在观点、体例、表述方式上都经反复斟酌。但是，它一反高头讲章必得正襟危坐的讲究，通过对引"经"据"典"来的大量素材重新释义，反复考求，联系现实，用生动平实的语言娓娓道来，观点严肃论述流畅自然，正应了"端庄杂流丽"之语也。 这套丛书的作者所撰著的文章，可能与其职业和专业不一定契合，但基本上都写出了专业水准。如关于红顶商人胡雪岩一文的作者，是美国史博士出身，但她写中国历史人物，对历史背景和人物行状都拿捏有分寸，叙事平实生动而流畅，且伴随着自己的见解。再如，撰写关汉卿一文的作者，将大学历史系所掌握的史识，与长期新闻工作的历练，加上读研的心得，层层叠加，融为一体，发于笔端，方能将生活在元代这一中国特殊历史时期的关汉卿，是如何成其为戏剧大师，成其为"东方莎士比亚"这一历史之问逐一破解，娓娓道来，厘说清楚。这方面可举之例在书中随处可得，读者诸君一读便知。我的一点感受是，初看这部丛书，掂掂它的分量，真有点生望而却步之想，但一旦读开，则觉指颊生香，难以罢读了。 这里还要指出的是，"三新丛书"之所以能以较高质量如期问世，同胡维革、金海峰二位主编总其事是分不开的。尤其是维革兄，不仅统筹全局，敲定体例，还以学者的严谨，亲力亲为，协调各作者各篇章，字斟句酌，反复润色。这就使得三书得以功德圆满。 列宁说过，最通俗的马克思主义＝最高的马克思主义。这话当适用于任何理论。的确，把复杂的东西简单化，这是思维和语言的艺术。而把高冷的东西暖心化，则是一种胸襟和情怀了。

洪 斌

2020年10月17日

自　　序

　　胡维革老师说请两位重量级的学者给本书写个序，笔者听了汗颜，一孔之见，米粒之光，怎敢劳烦大家？自说自话，敝帚自珍，还是自述一下内心的想法吧。

　　本书为何叫"新讲"？西汉陆贾有《新语》、刘向有《新序》、贾谊有《新书》。本系列另外两书为"新解""新论"，都是大家之作，但"新讲"不是。所谓"新讲"，不是有什么新观点、新发现，甚至新理论，而是一个在中华传统文化面前，如同初登讲台的教师新开了一门课程。因为是新开的讲座，就有很多不成熟的观点、挂一漏万的知识、自以为是的心得、缺乏逻辑的思索、无知敢言的武断。

　　当然也许有一点点大师不屑顾及的拾遗、专家扫荡过的旧物市场"捡漏儿"、秋天田野收割之后的"溜土豆儿"。

　　孔子的思想体系历来纠缠不清，大致是说以"仁"为核心的思想体系，笔者不认同。仁义是以孔孟为代表的儒家思想的特征。特征是独立性和区别性，笔者在第二届世界互联网大会文化论坛上，向全世界发表了一份《互联网传播优秀传统文化倡议书》，里面提到中国传统文化：儒、释、道。三家的语言特征，一听到"仁义"，就知是儒家；一涉及"无为"，就想到道家；一强调"慈悲"，就明白是佛教，这些都是思想—概念—语言的特征。特征不是核心，孔子的思想核心，他自己就表述过："吾道一以贯之。"曾子说，"夫子之道，忠恕而已"。如果只用一个字，孔子说："其恕乎。"解释开："己所不欲，勿施于人。""忠恕"或者"恕"是一个圆点，不能称为"体系"，若论体系，《论语》中最为贴近的一段话差可比拟："志于道，据于德，依于仁，游于艺。"

首先是"志"，志是人的理想、追求的目标。人的价值取向，志与气是合着用，孔子言志，孟子论气。气是动力，是能量，是心劲儿，是主观能动性：正气就是正能量。

志气就成为中华民族没有阶级、超越时代、无关乎伦理的永恒力量。积极性也是生产力。

"道"是整个中华文化讨论的核心，是道路，也是规矩；是规律，又是理论。在儒家这里，它指包括人本身的、社会的、自然的、所有的客观规律。"德"是人的主体修为，是人文修养的总称。

道重客观规律，所以强调认知、知道。

德重主观修养，所以强调养德、德育。

仁者，人也。仁是人性善的属性，需要教育文化使之发扬光大，需要礼乐，而法与罚是次一等的手段。"道之以政，齐之以刑，民免而无耻，道之以德，齐之以礼，有耻且格"。

艺者，六艺。理论层面：诗书礼乐易春秋；技术层面：礼乐射御书数，都是提升修养的具体学习内容。孔子四十三岁之后，找到"诗书礼乐"体系，从此"弟子弥众，至自远方"。

游于艺，就是用知识的力量达到品格的升华。前面一个是取向高，志于道；结尾一个是下手低，从学习开始，游于艺。所以，"志于道，据于德，依于仁，游于艺"。这四句实际上表达的是孔子强调的价值取向，志于道，追求真理；据于德，修养人格；依于仁，人性认定；游于艺，操作方案。孔子说的这四句话可以作为他以《论语》

为代表的、与整个思想体系最接近的表达。

学生读《论语》，要领在哪里？

中小学课本中选了《论语》十则，文选得很好，但还是有些散乱，如何读《论语》，笔者给出的意见是"横着读，竖着解"。所谓"横着读"，是指对《论语》文本，可以任意翻开就读，开卷有益；所谓"竖着解"，就是当你读到《论语》中一个经常讨论的概念，比如"仁"，比如"孝"，你就把它们收集到一起，这时你会发现：原来孔子关于这个命题有系统的思考。你等于把一颗颗散落的珍珠穿成一串串精美的项链。

如果要提炼《论语》中对学生最有益的思想，笔者觉得"博学而笃志，切问而近思，仁在其中矣"这一句最为要紧。首先是"博学"。无论是《论语》开篇的《学而》，还是后来的《大学》《中庸》的"博学之，审问之，慎思之，明辨之，笃行之"，乃至于《学记》，都是强调"学习"。抛开后世加给孔圣人的诸多光环，孔子最本色的是教师，最擅长的是教学。对于学生，更为切己。其次是"笃志"。志是目标，"若射之有志"。传统中国，对一个孩子最大的肯定和期许就是"这孩子真有志气"。一旦目标明确，能量满满，青少年就有了成长的内生动力。

"切问"，有思考，才能发现问题的关键点。"近思""吾日三省吾身""学而不思则罔，思而不学则殆"。切问近思是戒除好高骛远、眼高手低的戒条，也是培养学以致用、实事求是、知行合一的要求。孔子论述了诸多"仁"的表现，所幸在这个问题上又一次归纳为"仁"。如果培养一名好学生，从这段话入手，"可以为仁矣"。

笔者讲儒家，围绕着儿个字，若寻个"起点"，就从三古经"诗书易"开始，中国人文社科"文史哲"的源头，人生追求"真善美"的根本，都始于此。

认识客观的世界，不离"道形器"，"形而上者谓之道，形而下者谓之器"。中间一定注意"形",无数帧"形"的演进又构成了"行",看问题离不开"道形器"。

加强人的主观修养无非"身心行",身是切入点、下手处。"自天子以至于庶人,壹是皆以修身为本。"身是一扇门,连通内外,推门进来,一个人的内心世界;开门出去,一个人的言行举止。内化于心,外化于行,内修外用,内圣外王。对内修心,心统性情,以音乐调整为方法之一;对外修行,以礼来约束行为规范,乐以和情,礼以节人,知道这一点,才能深知周公制礼作乐的用意、为什么中华文明是礼乐文明、为什么道德滑坡是"礼崩乐坏",也才能悟出孔子强调的"兴于诗,立于礼,成于乐"。平淡之中深刻的用意,内心的从容快乐,是一个人真正成熟的标志。

人类社会发展可以形象表达为"兽人神"。昨天、今天、明天,历史、现实、未来,我们的进化一直"在路上",所以"问道"是核心。因为人处于兽和神中间,所以人性中善恶兼有。儒家非常现实,不谈已然过去的"兽",不冥想未来可能的"神",只是强调这人生的现实,放在发展的过程中去分析,近于"兽"的是"小人",趋于"神"的为"君子"。

基于以上对儒家的认识,展开了三十专题的讨论,不敢见教于"大家",只期望在传统文化回归的当下,为"大家伙儿"理解儒家,或者不无小补。

因为是讲座,就要关注听众接受心理,有时就要重复,有时就有些啰唆,就要想着"理要高、话要浅""极高明道中庸"。

写到此,想起2011年和胡维革老师等四人一起荣获中宣部委托第六届全国社科研讨会评选的"首届全国优秀社会科学普及专家"情景,转眼十年过去,笔者能够与几位大家续貂附骥,是因为推出了《科普国学文化健康》十条:

传播优秀文化,注重学以致用知行合一;

不搞封建迷信，防止历史糟粕沉渣泛起；

不带宗教情结，杜绝神学侵蚀理性思维；

不能盲目排外，尊重多元文化和谐并存；

不要厚古薄今，强调古为今用开拓创新；

不可望文生义，提倡学有本源言不妄发；

理论联系实际，源于学术、不带学究气；

坚守学术良心，服务社会、不染江湖气；

无官守有言责，学术无禁区，宣传有纪律；

做一个具有传统文化修养的现代公民。

这十条依然可以作为本讲座传播中华优秀传统文化的思想依据和理论标准，是为序。

目　　录

儒家

　　儒家文化是中华五千年文明史上最好的文化。

　　无论从司马谈的《论六家要旨》中：阴阳家、道家、儒家、墨家、法家、名家到班固《汉书·艺文志》加上纵横家、农家、杂家、小说家的百子诸家。还是从文献整理经、史、子、集的"经部"。或者儒、释、道三教并存，或者"度越诸子、定于一尊"，儒家都是最好的文化。

　　有人说青少年学儒、中年人学道、老年人学佛。扯淡！儒家文化强调：青少年立志、中年人立功、老年人立德。因为儒家，中华民族生生不息、积极进取，有了理论依据。

一、儒者形象

儒给人的印象是长胡子的老者，须髯飘飘，恭敬有礼，对人客客气气，看着好像软弱无力，内心却坚强无比。

儒是很具象又很泛化的概念。儒是知识分子，有很多职业，为官为吏，为政为师，儒商儒将，儒士风流，最突出的是做人教师。很多优秀的儒者都为人师，带弟子。做教师就要通师道、厚师德、博师才、精师艺。

为人师表要有很多优秀的品格，内省外修，身正为范，自律慎独，敬业乐群，有济天下苍生情怀。孔子就叮嘱弟子子夏："汝为君子儒，无为小人儒。"孔子去掉诸多光环，最本色的身份其实就是教师。

笔者曾经为中小学教师做"师德"培训，笔者就讲两个字——耐烦。孔子就是如此"为之不厌，诲人不倦，发愤忘食。乐而忘忧，不知老之将至云尔"。

二、汉字说儒

《说文解字》中说："儒，柔也。术士之称。从人，需声。"可以看出"儒"的特性是柔和、有学问。

《故训汇纂》对儒的解释有五十二种之多，但是笔者把注意力放在"濡"义上：

"儒者，濡也，以先王之道能濡其身。"

"儒者，濡也。夫习学事文则儒润身中，故谓久息者为儒也。"

"言人博学先王之道以润其身者皆谓之儒。"

它们之间有什么关系吗？因为"儒"与"濡"是同一类字，同声互义，义有相通。这就引发了笔者的注意，也是笔者思考的重点。

"儒""濡"是形声字，从"人"从"水"，需声，本字是需。按照汉字的构成，将"需"字再拆分，是"雨"和"而"；如果按《周易·需卦》的解读，"需"是会意字，是上"雨"，下"天"。说下面是"天"，就是按《周易》需卦："水天需"解释的。

"需"是《周易》六十四卦中的第五卦。按照卦的顺序，特别是顺序所含的意义：第一卦是乾，第二卦是坤，乾坤是天地。说过了天地，然后是第三卦"屯"。"屯"字是草（屮）从大地（一）刚刚生长出来，一切都是初始状态，像朱自清笔下的《春》："一切都像刚睡醒的样子，欣欣然张开了眼……"然后是第四卦"蒙"，"山水蒙"，山脚下水汽升腾、云雾缭绕，看什么都不太清晰，以自然现象比喻人生。小孩子看什么都懵懂，需要启发教育。启蒙，蒙以养正。

说过了天地自然、人生的初始，就到了"需"卦。水天需，上卦是坎，是水，是云，是雨；下卦是天，云在天上。《周易·需卦》中说："云上于天，需。"天上有雨水，雨水下沉，是润泽之义。

中国是农耕社会、农业国家，特别是在古时候，是要靠天吃饭的。雨是农业社会的刚性需求，"好雨知时节，当春乃发生。随风潜入夜，润物细无声。""久旱逢甘雨，他乡遇故知，洞房花烛夜，金榜题名时。"春雨时降，位列四喜之首，如果不下雨，农民就遭了殃，"赤日炎炎似火烧，野田禾稻半枯焦"。有农业生活经验的人都知道，影响农作物丰收的两个最大灾害是旱灾和涝灾。旱与涝做比较，旱灾后果尤为严重，"涝灾一条线，旱灾一大面"，所以农民种地，最盼时雨如期而全，"及时雨"这种心情就是对雨需求的"需"。儒对人而言，就如同农田对雨的需求一样。

三、榜样力量

在中国历史中，有这样一段故事：夏王朝和商王朝交替之际，商汤王推翻夏桀，夺取了天下。依照顺应时代发展的想法，新政权取代旧王朝，应该是顺天承运，风调雨顺，甚至是龙凤呈祥，但理想很丰满，现实却太残酷。汤建立政权之后，天下大旱三年。旱得商汤王心里也没底了，想着自己的行为是不是属于叛逆？触怒了上天的意志，于是他就到郊外祷告。《尚书·商书·汤诰》里记载了他的祷告词："其尔万方有罪，在予一人；予一人有罪，无以尔万方。呜呼！尚克时忧，乃亦有终。"

《论语·尧曰》中也有对这段内容的引述："曰：朕躬有罪，无以万方；万方有罪，罪在朕躬。'"这段话的大意是：商汤王向上天祷告：老天啊，假如我一个人有罪，你不要把罪责迁怒到百姓身上。对于我一个帝王来讲，别说你三年不下雨，就是三十年不下雨，我也够吃够喝的，但是百姓受不了啊。就这一句话，就能看出中华民族的伟大、古圣先贤的思想境界和格局水准。为什么呢？因为类似的思想表达也出现在西方基督教文化中。以公元元年基督诞生时间为准，西方基督教强调"原罪"，因一个人有罪了，天下人就都有罪。《新约·罗马书》第5章19节中有这样一句话："因一人悖逆，众生成为罪人"，意思是因为亚当和夏娃偷吃了禁果犯了罪，所以我们人类都有了罪，我们是罪恶的结果，我们一生都在赎罪。

商朝建国要比基督教产生早一千七百多年，商汤王和基督教的逻辑就已经不一样了：一人做事一人担，不迁怒于百姓。但是只有这个境界还不够，商汤王接着又说了一句："万方有罪，罪在朕躬。"这是什么意思呢？意思是说，如果百姓有罪，你不要降罪给他们，降罪于我一人就好了，因为我是他们的首领。这就是中国古代的部落首领，其担当和牺牲精神多么伟大啊！

可以看出，中国古代的帝王不仅是权力的顶端，实际上也是中华民族道德的典范。王朝更迭之际，如何化解风险？处理的方式、思想和语言都给我们中华民族留下了学习典范：理想人格、精神境界、为官的艺术和政治智慧。

商汤王祈雨，祈求的是自然之雨。自然之雨浇灌庄稼长出粮食，喂饱的是人的肚子。而儒家思想智慧要像雨露一样滋润我们的心田，使得百姓有美好的精神家园，这就是《礼记·儒行》中说的"儒有澡身而浴德"，用优秀的思想智慧给我们身心洗礼。通过向优秀的榜样学习，通过对优秀的经典学习，而使品德高尚。这都和雨、水有了或多或少的联系。《易·需卦·大象》中的解释为"君子以饮食宴乐"，即取"需"（濡）之滋养义。所以，儒指的是学习先王之道来浸润身心的人。

四、儒的职业

儒在殷商时期是一种职业，是殷民族的教士，为人襄礼，所从事的工作相当于现在的婚礼司仪。中国古代的礼数非常多，程序繁杂，如人的一生：孩童出生时有生礼，一周岁时有抓周礼，成人后有成人礼，结婚有婚礼，死亡有丧礼，下葬有葬礼，过一周年还要有祭礼……这些礼太多了。百姓平时过日子，不会总关心这些礼的意义和程序，事到临头不知道怎么做，就像现在有很多人不知道为什么人去世后要烧枕头、摔泥瓦盆、打灵幡一样。古代老百姓也不懂这礼中之"理"，但这些礼俗还不能废止，那该怎么办？这时就会请专业人士——相当于现在的司仪——来完成这一套礼俗仪式，这些人就被称为"儒"，是当时的一种职业。

因职业习惯而成为事业追求，这是很多人的发展之路。生生死死看多了，就会对人生观的形成产生影响：人的一生究竟该怎样度过？儒家最后形成并坚定了对人生的判断：人活一世，草木一秋。活着，就不能白活，就要自强不息、积极进取，过一个光辉灿烂的人生。这就形成了中华民族早期文化中与其他学术流派不同的人生观、世界观。

五、百家中儒

春秋战国时期是中国文化特别活跃的阶段，当时思想解放，先哲们怀揣着济世救民的家国理想，以及他们个人或派别的思想政治主张，纷纷登上了历史舞台，中国社会进入了百家争鸣的时代。司马迁的父亲司马谈在《论六家要旨》中把先秦时期诸子总结为六家：阴阳、儒、墨、名、法、道德，而且对六家皆有评述。他对儒家的评价是"儒者博而寡要，劳而少功"，就是说，儒家思想太庞杂，缺乏要点，总是事倍功半，"是以其事难尽从"。而儒的优点是"然其序君臣父子之礼，列夫妇长幼之别，不可易也"。指出了儒家思想中强调的社会伦理秩序，这也是中国社会结构存在的根基。

两汉之间，刘向、刘歆父子编写的《七略·诸子略》将六家增为十家，加了纵横家、农家、杂家、小说家。其中说道："儒家者流，盖出于司徒之官。助人君，顺阴阳，明教化者也。游文于六经之中，留意于仁义之际。祖述尧、舜，宪章文、武，宗师仲尼，以重其言，于道最为高。"这段指出了儒家出于"司徒之官"，教育是其本色，信奉的理念是"仁义"，儒家奉尧舜文武等先王，而以集其大成者孔子为代表，强调了儒家教化民众的社会意义，和《论六家要旨》比较，对儒家学派已经有了一个整体的阐述和提升。

六、儒家儒教

现代社会有时把儒家、儒教混为一体，将儒家称为儒教，但其实儒家不是儒教，儒家不是宗教。我们试分析一下宗教：

其一，作为一种宗教，要有一个代表人物。基督教的耶稣、伊斯兰教的穆罕默德、佛教的释迦牟尼……当然，这方面要素儒家不缺，它有孔子。

其二，作为一种宗教，要有代表性的经典。基督教有《圣经》；伊斯兰教有《古兰经》；佛教有佛经，像《心经》《坛经》《金刚经》等系列经典。这方面要素儒家也不缺，它有《论语》，有四书五经，有十三经。

其三，作为一种宗教，它必须有道场。基督教（新教、天主教）的教堂，伊斯兰教的清真寺，佛教徒比丘的寺、比丘尼的庵，道教的道观，我们祭祖的叫庙，今天百姓将这些通通叫大庙。中国历代统治者为了将儒家打造成儒教，也不断地为孔子修文庙、孔庙。

其四，作为一种宗教，它必须有一套宗教仪规。像基督教的洗礼、礼拜、弥撒；佛教的剃度、早晚课；伊斯兰教的祷告。关于这一点，儒家文庙、孔庙也间或做一些"礼仪"，像孩子成长为成人的"冠礼"、考生考前的祈愿祈福、每年9月28日的祭孔，但是这不是宗教性的仪规，而是民俗活动。

宗教最关键的要素是任何一种宗教都要打造出一种高于人本身的、更伟大的神秘力量。基督教有上帝，伊斯兰教有真主安拉，佛教有诸佛，道教有神仙。但是，儒家就在这最为关键的一环，把神坛打碎了——"子不语怪力乱神"，孔子不谈鬼神，"未知生，焉知死？""未知人，焉知鬼？"哪怕是参加祭祀活动，孔子也说"祭如在，祭神如神在，吾不与祭，如不祭"。孔子觉得，鬼神这类现象看不见摸不着，最好离它远点，"敬鬼神而远之"。没有神灵崇拜，使得儒家永远有别于各类宗教。但是，儒家很关注人生问题、性命问题、生死问题，因而使儒家具有一种宗教式的敬畏情怀，信仰坚定。信宗教的有信仰，不信教的不一定没有信仰，共产党人不信教，但是有坚定的共产主义信仰。

好的宗教对人有教化作用。傅佩荣在《人的宗教》的序言中强调了三点，好的宗教给予人的：生命取向要高，生命体验要深，生命能量要强。这三方面儒家都具备。它强调立志，取向高，养气，能量强，三省吾身，极高明，道中庸，体验深。

儒家重视入世，强调为官为政，学而优则仕，"沽之哉，沽之哉"。孔子教学四门课：德行、政事、言语、文学。子以四教：文、行、忠、信。

儒家重视历史。孔子以《尚书》中的人物教弟子，树榜样，后世为史为儒，相互助益，历代大史学家都是大儒，如左丘明、司马迁、班固、司马光等。史学著作以史实证义理，多是儒家思想在历史事件、人物判断方面的价值体现。经史互证，经是以理言之、史是以事实证之。

儒家强调为师。孔、曾、孟、董、北宋五子、朱熹、王阳明、曾国藩等不但自己成为一代大儒，又带出了一大批德行学问皆佳的弟子，继承和发扬了老师的思想。所以，儒家是最重视传承的学派。

七、三教异同

儒家以孔子为人格典范，强调有序的社会结构，重视伦理关系，积极入世，提倡仁义礼智信等阳光健康理念。

儒家不是儒教，道家也不是道教。道家与道教，用林语堂的话讲，就好比狗与热狗，名相似实大不同。社会上的佛教和佛学现在也有很多相悖之处。

道家是以老庄为代表。道家的思想不仅受到学界的重视，在百姓层面也受到了追捧。儒家追求的是有烟火气的家，而道家关注的是自然之家；如果说儒家是入世的，那么道家就是相对出世的。

春秋时期，道德滑坡，礼崩乐坏，孔子和老子两大学派的代表人物选择了不同的路：老子认为社会世风日下，"五色令人目盲，五音令人耳聋，五味令人口爽，驰骋畋猎令人心发狂"。怎么办才好？"不见可欲，使心不乱"，于是老子骑上青牛，出了函谷关，逃避这个乱世；而孔子选择面对，不是说"五色令人目盲"吗？能不能"好德如好色"？不是说"五音令人耳聋"吗？能不能有序为旋律，形成交响，八音克谐，斐然成章？不是说五味杂陈？能不能组成"和味"？不是说"大羹调和""不见可欲"？能不能"可欲之谓善"？抱着这样积极的态度、拯救社会的情怀，孔子喂饱马，套好车，打点好行囊，告别妻儿，带着学生开始周游列国，宣传儒家思想。

老子强调"道"，强调"道法自然"，他总能从另一个角度看问题——"高以下为基，进以退为本""反者道之动，弱者道之用"。他说"上善若水"，水与万物不争，柔弱能胜刚强。儒家提倡仁义孝悌。老子说，"大道废有仁义；六亲不和，有孝慈"。他认为儒家之所以提倡对父母尽孝，对孩子尽责，朋友之间相互信任，这是因为道德滑坡了，才会强调；只有国家危难的时候，忠良才会显露。而儒家是积极入世的，既然大道已废，就要强调仁义礼智信，不仅要参与社会生活，而且要改变它。

东汉以后，佛教进入中国。佛学教理更加精微，三世因果、六道轮回，人的一辈子，生前死后的事都说了，是不是真的？不能证实，也不能证伪，没办法证明。中国人的思维就是在不能证明的前提下还能有选择。百姓想：反正信一点也没人罚款，不信也没人奖励，那还不如就信点吧，万一要有呢！就是这样一个逻辑。最终导致"南朝四百八十寺，多少楼台烟雨中"。佛教得以迅速传播，弥补了中国本土文化没有"彼岸"思考的宗教空白。

儒家说入世，道家说出世，佛家把前生后世都说了，导致中国人无论遇到什么情况，都有一套一套的道理安慰自己的人生。顺境时就用儒家思想，积极进取；逆境时就用道家哲学，疗养心灵的创伤；而遇到生死问题时就用佛家释怀：这辈子不行了，咱求来生更好。中国人不管生活境遇如何，都有理论支撑着自己顽强地活下去，所以具有传统文化修养的中国人，就是南怀瑾说的"头戴儒家帽子，身穿道家袍子，脚穿佛教鞋子"。儒道释三教并存，一入一出，一生一死，三教解决了人生不同状态的困惑问题，所以说"青荷白藕红莲花，三教原来是一家"，都是对人生的思索和回答。

有人说儒、道、释是人生不同阶段的选择：年轻时用儒，老年时用道，临终时用佛。笔者看未必，社会上老当益壮者有之，年少遁入空门者有之。儒家强调的是另一种人生状态：少年立志，壮年立功，老年立德。

八、儒学流变

孔子去世，儒分为八。儒家文化的发展史在中国经历了这样的过程：先秦原儒，孔孟是原汁原味的儒学；荀子时已经有性恶之辩，认识一错，就出偏差，所以荀子教出来的学生韩非和李斯是法家的代表人物。秦之后称之为两汉经学，专门设五经博士，解读经典。两汉经学实际上就是对儒家文化的一次高扬，在儒家发展的过程中，也走了波浪式前进、螺旋式上升的方式。两汉经学把儒家推到了极致之后，接下来就是对儒家的反叛，魏晋玄学登上学术舞台，强调"越名教而任自然"。到隋唐时期，儒家主要的价值就是以儒学取仕。韩愈、柳宗元为何要"文起八代之衰"？就是因为唐代佛教占了儒家的主席，道家又是皇帝的本家，才引发了反抗。宋以后，迎来了儒学发展的高峰期——宋明理学，包括程朱和陆王两支大流，北宋五子和南宋朱熹倡导理学，南宋的陆九渊、明代的王守仁则提倡心学。这就是程朱理学和陆王心学。

到了清代，清儒重视实学。清代的儒学家认为儒学传承过程中争论较多，有的思想已经背离了原来经典的意义，所以清之后最重要的一个特征就是开始进行学术上的回归和整理。《康熙字典》就是对文字的整理。乾隆年间，把经史子集四部整理为《四库全书》。阮元刊印了儒家经典《十三经注疏》。儒家文化就是从学术整理出发，依据经典来说话，逐渐归于质朴，言不妄发，都是对文化的一种重新的审视。

清儒也强调经世致用。在此思想的影响下，有了像曾国藩、左宗棠、张之洞、李鸿章等一批国家栋梁，在国家特定的历史事件中展示出个人的才华、能力，成为名垂青史的人物。这就是对儒学发展大概脉络的梳理。

九、儒者信仰

儒家在汉朝以后逐渐成为官方意识形态。汉初大儒叔孙通曾上书说："儒者难与进取，可与守成。"乱世时不能用儒家文化得天下，儒家文化不是变革时期的文化，不强调走捷径，而强调人道直行、天下为公，强调君君臣臣，父父子子，上下有序，和平发展，这套理论适合社会和平稳定时期治理天下。

汉武帝时，经过了施行道家黄老无为而治、休养生息政策，国家得以强盛。武帝下诏书，征询治国方略；大儒董仲舒就对上了"天人三策"，提倡儒家思想，儒家应该"度越诸子，定于一尊"，把治理国家的方略写得非常详尽，这也是叔孙通思想的延续与发展。汉武帝最终采纳了董仲舒的建议，"罢黜百家，独尊儒术"。元代以后，科举取士用朱熹的《四书章句集注》作为教材，儒家在中国社会走上了统治的道路，儒家文化成了官方的意识形态，儒家思想成了中国历史上的核心价值观。

儒家知识分子有着坚定的人生信仰，强调"士不可以不弘毅，任重而道远"；呐喊"为天地立心，为生民立命，为往圣继绝学，为万世开太平"；践行"乐以天下，忧以天下""先天下之忧而忧，后天下之乐而乐""苟利国家生死以，岂因祸福避趋之"等精神情怀。这种精神信仰坚定到生命和价值观冲突的时候，要养浩然之气，要杀身成仁、舍生取义。数千年来，一代又一代有坚定信仰的儒者成为中华民族一代又一代的社会脊梁。

十、《儒行》附录

儒有自己的行为准则，在礼记《儒行》中有详细的介绍：《儒行》是《礼记》中的一篇，将"儒"概括得形象全面，现附于此，不做详细解读。

鲁哀公问于孔子曰："夫子之服，其儒服与？"孔子对曰："丘少居鲁，衣逢掖之衣；长居宋，冠章甫之冠。丘闻之也，君子之学也博，其服也乡，丘不知儒服。"

哀公曰："敢问儒行。"孔子对曰："遽数之不能终其物，悉数之乃留，更仆未可终也。"

哀公命席。孔子侍，曰："儒有席上之珍以待聘，夙夜强学以待问，怀忠信以待举，力行以待取：其自立有如此者。

"儒有衣冠中，动作慎，其大让如慢，小让如伪；大则如威，小则如愧；其难进而易退也，粥粥若无能也：其容貌有如此者。

"儒有居处齐难，其坐起恭敬，言必先信，行必中正，道涂不争险易之利，冬夏不争阴阳之和，爱其死以有待也，养其身以有为也：其备豫有如此者。

"儒有不宝金玉，而忠信以为宝；不祈土地，立义以为土地；不祈多积，多文以为富；难得而易禄也，易禄而难畜也。非时不见，不亦难得乎？非义不合，不亦难畜乎？先劳而后禄，不亦易禄乎？其近人有如此者。

"儒有委之以货财，淹之以乐好，见利不亏其义；劫之以众，沮之以兵，见死不更其守；鸷虫攫搏不程勇者；引重鼎不程其力；往者不悔，来者不豫；过言不再，流言不极，不断其威，不习其谋：其特立有如此者。

"儒有可亲而不可劫也，可近而不可迫也，可杀而不可辱也。其居处不淫，其饮食不溽，其过失可微辨而不可面数也：其刚毅有如此者。

"儒有忠信以为甲胄，礼义以为干橹，戴仁而行，抱义而处，虽有暴政，不更其所：其自立有如此者。

"儒有一亩之宫，环堵之室，筚门，圭窬，蓬户，瓮牖；易衣而出，并日而食。上答之，不敢以疑；上不答，不敢以谄：其仕有如此者。

"儒有今人与居，古人与稽；今世行之，后世以为楷；适弗逢世，上弗援，下弗推，谗谄之民有比党而危之者，身可危也，而志不可夺也；虽危起居，竟信其志，犹将不忘百姓之病也：其忧思有如此者。

"儒有博学而不穷，笃行而不倦，幽居而不淫，上通而不困，礼之以和为贵，忠信之美，优游之法，举贤而容众，毁方而瓦合：其宽裕有如此者。

"儒有内称不辟亲，外举不辟怨，程功积事，推贤而进达之，不望其报，君得其志；苟利国家，不求富贵：其举贤援能有如此者。

"儒有闻善以相告也，见善以相示也，爵位相先也，患难相死也，久相待也，远相致也：其任举有如此者。

"儒有澡身而浴德，陈言而伏，静而正之，上弗知也；麤而翘之，又不急为也；不临深而为高，不加少而为多；世治不轻，世乱不沮；同弗与，异弗非也：其特立独行有如此者。

"儒有上不臣天子，下不事诸侯，慎静而尚宽，强毅以与人，博学以知服，近文章，砥厉廉隅，虽分国，如锱铢，不臣不仕：其规为有如此者。

"儒有合志同方，营道同术，并立则乐，相下不厌，久不相见，闻流言不信。其行本方立义，同而进，不同而退：其交友有如此者。

"温良者，仁之本也；敬慎者，仁之地也；宽裕者，仁之作也；孙接者，仁之能也；礼节者，仁之貌也；言谈者，仁之文也；歌乐者，仁之和也；分散者，仁之施也。儒皆兼而有之，犹且不敢言仁也：其尊让有如此者。

"儒有不陨获于贫贱，不充诎于富贵，不慁君王，不累长上，不闵有司，故曰‘儒’。今众人之命‘儒’也妄，常以‘儒’相诟病。

孔子至舍，哀公馆之。闻此言也，言加信，行加义，终没吾世：不敢以儒为戏。"

文化

中国文化大而扩之，上下五千年，纵横几万里。我们这个民族之所以能够繁衍到今天，文化是它内在的精神支柱。而儒家文化是儒家思想发展至今所存在的状态，及其对社会产生的影响变化。

文，是静态的程度，"文明以止"。

化，是动态的过程，"化成天下"。

一、文化讨论

论文化，要区别儒家几个相近的概念：文学、文章、文艺、文化、文明。

文学：是孔子教学的科目。如德行、政事、言语、文学，但这个文学不是文学艺术，而是文化知识和学术理论。

文章：《论语》中提到的文章，是通过子贡的口中谈出："夫子之文章，可得而闻也；夫子之言性与天道，不可得而闻也。"这里文章直译为知识与文采，后代几位学者都将此"文章"解读为"诗书礼乐"，这一点我们后面专题讨论。

文艺："子以四教：文行忠信。"孔子自己也强调"志道据德，依仁游艺"。"文"指文化知识，"艺"指才能技艺。孔子教学以礼乐射御书数为六艺，培养弟子全面发展，均衡受教。

我们重点讨论的是"文化"与"文明"，这是当今很容易用混，在儒家又是区别很清楚的：文化是文明的过程，文明是文化的程度。

文化和文明有时可以互换，比如玛雅文化或玛雅文明，希腊文明或希腊文化。一般情况下，文化是个大概念，泛指人的行为现象，而文明是强调向好的一面，有些人类现象可以称之为文化现象，但不能称为文明现象，比如赌博、赌博文化，但不能称之为赌博文明。

文化是我们现存的社会行为现象，而文明有时是指我们期望达到的理想目标，比如精神文明建设，所以文化的范畴更大，包含正面的，也包含负面的，而文明是正取向的一种理想和标准。

二、以文化人

文化的内涵意义非常广泛。英国人类学学者泰勒说过："文化是指迄今为止所有人类活动的物质和精神的成果，一切人类物质活动和精神活动的总和。"从狭义上讲，文化是与政治、经济对应的，专指精神层面，是和物质层面、制度层面脱离的一个领域。

中国对"文化"一词的解释，最早出现在《易·贲卦》象辞中："刚柔交错，天文也；文明以止，人文也；观乎天文，以察时变，观乎人文，以化成天下。"其中"文明以止""化成天下"恰恰是对"文化"的最好解读。可以看出传统文化对"文化""文明"的区别是很清晰的。

刚柔交错，这是天文，"文"是纹路、迹象。能察时变，看天的气象就能知道四时的变化，春风和煦，秋高气爽。"文明以止"就是文明到了怎样的程度，这就是人文。人们观察人文，就知道这个地方人的文明程度如何，就知道如何去发展、如何去教化、如何去"化成天下"。

"文化"就是指人本身所从事的物质和精神的活动，看你的行为举止就知道你的文明程度。你吃饭的时候，是用手抓，还是用筷子、用刀叉？一看这种饮食习惯，就知道你的文化差别和文明取向，就是"观乎人文，以化成天下"。

"文化"这个词可以分开理解：一者是"文"。"文"就是泰勒所说的文化，迄今为止，人类精神和物质所有活动的总和。"文化"在我们学习过程中，往往把它当作一种知识，如我们常说的：文化程度如何？水平高低？这是指对知识的把握程度。比如，按教育程度，我们可以将其分为中学文化、大学文化等；按地域，我们可以将其分为关东文化、中原文化等；按时间，我们可以说先秦文化、唐宋文化等；按生活方式，我们可以将其分为服装文化、饮食文化等。这些都是把文化当成一种对象来看待，是把它当作"文明以止"，文明所达到的静态程度。再者是"化"。其实，文化更大的意味、更大的价值在于它的变化过程，在于它"以文化人"的过程。中国传统社会对"文化"的关注点不仅仅在于"文"，更在于"化"。"化"是能让一种东西从量变到质变的过程。

自然现象中，冬去春来，冰雪"融化"；春风一吹，草木"绿化"；大风能把岩石吹成沙粒、尘土，那叫"风化""沙化"；教育强调"教化"；移风易俗，重在变化、转化；没有这个"化"，不管学多少知识，都等于吃了食品不消化，没消化就不能转换成能量。一般说中国文化，都是指知识，但是我们一定要会运用五千年积累下来的古圣先贤的智慧、经验，让我们真真切切有个提升、有个改变，那才是最重要的价值。用古圣先贤的智慧，能把你"化"了才行。

涉及"化"，我们可以看几处讨论的文献：《毛诗序》和《论语》中提到几次："风，风也，教也，风以动之，教以化之。""先王以是经夫妇，成孝敬，厚人伦，美教化，移风俗。""上以风化下，下以风刺上。"这里强调的"化"依托风，风化。"君子之德风，小人之德草，草上之风必偃。""然则《关雎》《麟趾》之化，王者之风，故系之周公。南，言化自北而南也，《周南》《召南》正始之道，王化之基。"

《中庸》："唯天下至诚唯能化。小德川流，大德敦化。"子曰："声色之于以化民，末也。"《易·乾》象曰："乾道变化，各正性命，保合太和，乃利贞。"

"动则变，变则化。"变化之义，朱熹解《周易》时说得明白，宋朝蔡沈《洪范皇极·内篇》、朱熹《周易正义》及明代来知德释："变者化之渐，化者变之成。"《易·乾》"九二曰：庸言之信，庸行之谨，闲邪存其诚，善世而不伐，德博而化。""化而裁之谓之变；推而行之谓之通，举而措之天下之民，谓之事业。"

这是文化的功能，也是概念中应有之义。只有区别清楚，才能更好地理解"化民成俗""文化不改，然后加诛""文化内辑，武功外悠"。所以，一定是从两个方面——"文明以止"和"化成天下"来解读"文化"。

三、中国文化

党的十九大报告指出："文化是一个国家、一个民族的灵魂。文化兴国运兴，文化强民族强。没有高度的文化自信，没有文化的繁荣兴盛，就没有中华民族伟大复兴。要坚持中国特色社会主义文化发展道路，激发全民族文化创新创造活力，建设社会主义文化强国。"

"中国特色社会主义文化，源自中华民族五千多年文明历史所孕育的中华优秀传统文化，熔铸于党领导人民在革命、建设、改革中创造的革命文化和社会主义先进文化，植根于中国特色社会主义伟大实践。发展中国特色社会主义文化，就是以马克思主义为指导，坚守中华文化立场，立足当代中国现实，结合当今时代条件，发展面向现代化，面向世界，面向未来的、民族的、科学的、大众的社会主义文化，推动社会主义精神文明和物质文明协调发展。要坚持为人民服务、为社会主义服务，坚持百花齐放、百家争鸣，坚持创造性转化、创新式发展，不断铸就中华文化新辉煌。"

"深入挖掘中华优秀传统文化蕴含的思想观念、人文精神、道德规范，结合时代要求继承创新，让中华文化展现出永久魅力和时代风采。"

以上三段话，内容极其丰富，我们先注意到其把中国文化分成三个文化：中华优秀传统文化、革命文化、社会主义先进文化。三个面向：面向现代化、面向世界、面向未来。同时还要注意两创：创造性转化、创新性发展。这就是中华优秀传统文化传播的定位及其内涵外延、发展路径和鲜明特色。

四、优秀文化

传统文化中，既有精华，也有糟粕：积极进取的精神、励志养气的情操都是非常好的，但是批八字、看风水，讲阴阳宅，搞封建迷信都是其中的糟粕。虽然我们常说："学习传统文化，要取其精华、去其糟粕"，但这是一个原则性的要求，真的操作起来，还很难把它们分开。笔者常常把传统文化比喻成红烧肉。红烧肉里既有丰富的蛋白质，也有大量的胆固醇，谁能够吃红烧肉只吸收蛋白质，不吸纳胆固醇？想得很好，做不到。做不到怎么办？就不要以红烧肉为问题的焦点，而是要以健康为追求的目的。红烧肉好吃，但不能无限量吃，也不能因为有胆固醇，就因噎废食，一口不动。对待传统文化这样的精神食粮也是如此，要做一个有传统文化修养的现代公民。

五、中和文明

中华文明有自己独特的发展方式，尽管在历史上几次受到外族入侵，但其并没有被异化，反而把侵略者同化，使之成为中华民族的组成部分。这种具有强大包容性、共生性的文明，我们称之为"中和文明"。

"和而不同"的中和式文明是对中华民族发展特征最好的表述。从尧舜禹历代相传的政治心法"允执厥中"到《中庸》的"致中和，天地位焉，万物育焉""执其两端，用其中于民"，乃至今天的"中华人民共和国"，强调和期望的都是中和，即中正平和、和而不同、公允文明。

李学勤先生曾在一次讲座时，援引台湾学者张光直关于文明起源的观点："中国的形态很可能是全世界向文明转进的主要形态。"

中华民族历史悠久，独立存在，绵延未断，历久弥新，中和式的发展将是实现中国梦的文明特征。中华民族的伟大复兴将向全世界证明：人类在海盗式文明和奴役式文明之外，在野蛮和屈辱之外，还有一种值得骄傲和自我证明的发展方式，那是理性激情不断唤醒良知与自信的一种文明，这也就很好地诠释了中华传统文化。

六、革命文化

值得一提的是，中国红色革命已经成为中国历史文化的一部分。我们对优秀传统文化的传承一定不能忽视这一段光辉历程。

改革开放到今天，中国取得巨大成功的原因是什么？很多人单纯地认为是学习西方市场经济的结果。错！同样的市场经济，导致希腊政府的行将破产；同样的市场经济，导致欧美经济的低迷徘徊；同样的市场经济，导致改变颜色、更加彻底资本主义化的俄罗斯步履蹒跚；而中国经济的成功、政治的稳定，我们的道路自信、理论自信、制度自信以及最根本的文化自信是基于最根本的人的因素，是基于信仰的力量，振奋的人心、民族的文化。

毋庸置疑，掌握中国命运、领导中国发展的精英群体大多数是在20世纪就已经确定了的世界观、人生观、价值观的人。他们的年龄在五十岁以上，他们从小接受的教育是马克思列宁主义和毛泽东思想，《矛盾论》《实践论》他们耳熟能详，《为人民服务》《纪念白求恩》《愚公移山》是他们青少年时期的教科书，这些人思考、谈话引经据典，最熟悉的是毛主席语录，他们笃信："领导我们事业的核心力量是中国共产党；指导我们思想的理论基础是马克思、列宁主义。"他们的信仰是只有解放全人类，才能最后解放自己！这不是普度众生的宗教情怀，而是共产党人追求的人类解放事业，是"以每个人的自由发展为条件的，一切人的自由而全面的发展"。

千万不要忘记：人才是决定社会发展的根本力量。而这一代人正是在共产主义理想信念中成长起来的。马克思主义作用于中国的工人阶级，共产党员是工人阶级的先进代表。理解了这一点，我们才能够明白，在大型国有企业、国有合资企业，为什么西方企业管理专家认为不可能完成的任务，而我们一句简洁的"共产党员上"，就能够把任务完成。毛泽东思想是把马克思列宁主义与中国革命实践相结合的典范，从农村包围城市的革命到现代化发展的今天，仍然是以农村改革入手。农民工进城、城乡一体化、乡村振兴、文化建设都是形态变化而精神一贯的延续。中国是农耕社会的历史，工农是构成中国社会的主体力量。

我们千万不能忽视改革开放的成功是具有共产党人理想信念的领袖群体的领导，是党的领导。这一点我们要坚定不移，我们要理直气壮，我们要给那些自以为是西方经济管理制度改变中国一切的理论家们以当头棒喝！

我们要给那些讲授马克思列宁主义、毛泽东思想，却心存犹豫、缺少自信的理论工作者们以坚定的信心、以振奋鼓舞的力量。正是因为这样理论培养出这样的人，才是决定中国命运的力量。

发展创新时代精神、改革开放政策，给我们的市场经济带来活力；市场经济的理论给现代企业管理水平以提升，给大批企业以"术"的指导，这是不容忽视的因素，这也是企业培训在这方面乐此不疲、管理专家津津乐道的原因所在。但是不要忘记：制度也是靠人的行为实现的，而决定人行为的是人心，决定人心的是文化。

我们要给中国文化在动态发展中注入新的内容。这是新常态下新理论的创新探索，是中华优秀传统文化"生生不息"精神的当代体现。

七、国学时代

中华优秀传统文化，接下来；共产党人理想信念，站得住；发展创新时代精神，传下去。我们称之为"新国学"！

中国文化就是具有这样的特征。大家说我们的国宝是熊猫。为什么国宝选熊猫？因为熊猫跟中国文化非常吻合，它黑白两色，"一阴一阳之谓道"，就像太极图一样，一大块黑，一大块白，黑中有白，白中有黑，和中国文化非常相称。但是笔者感觉用熊猫代表中国还是欠佳：第一，熊猫在中国历史文献中，从文化传承角度上，关于它的记载很少；第二，笔者有一种不平衡，熊猫作为中国的象征，而北极熊作为俄罗斯的象征，两个动物在一起一站，谁输谁赢立刻就知道了。

如果用一个形象来描述、表达中华文化的特征，那就是一只振翅欲飞的丹顶鹤，丹顶鹤最中国。在整个中国文化历史中都有鹤的影子，关于鹤有特别多的描述。《诗经》中有《鹤鸣》："鹤鸣于九皋，声闻于天；鹤鸣于九皋，声鸣于野。"气象特别宏大。《周易》里面也有鹤："鸣鹤在阴，其子和之。"出土文物里也有鹤，莲鹤方壶最漂亮了。在中国历史发展过程中，鹤每每伴随着中华民族的影子出现。我们这个民族历史悠久，鹤是一种长寿的动物——"松龄鹤寿"。我们经常用鹤来比喻生活中的一些事情。比如：一些高雅之士——"梅妻鹤子"；有些人暴殄天物——"焚琴煮鹤"；有些人去世了，我们叫"驾鹤西游"，鹤跟中华文化联系特别密切。用鹤的形象来比喻中国文化："唯有丹鹤真国色，负阴抱阳一点红。"五千年中华文化是沉静历史的"阴"，社会主义先进文化是朝气蓬勃的"阳"，"万物负阴而抱阳，冲气以为和"。而中国革命文化就像丹顶鹤头上的一点亮红，引领我们向前去！

八、传统回归

现在国家对传统文化的重视标志着以儒家精神为基色的中华优秀传统文化回归，而且扮演了从"道夫先路"到"中流砥柱"的角色转换。20世纪末21世纪初，传统文化回归还仅仅是专业学者心中一点朦胧的判断，我们在非常简陋的环境中开始了传统文化的传播，为普通市民讲解四书五经等经典。"道夫先路"就是想把"精英层面的思想智慧转化为民众共享的文化力量"。

2017年1月，中共中央办公厅、国务院办公厅联合颁发了《关于实施中华优秀传统文化传承发展工程的意见》文件。这是中华传统文化经过百年消歇之后，一次彻底的触底反弹。我们的传统文化经过五四运动的理性批判，再经过"文化大革命"的非理性践踏，到今天已经成为文明的碎片，很多文化精英在传统文化传承问题上都觉得为难：庞大的文化遗产，究竟如何学习？如何取舍？如何传承？每个人心中都有不同的标准。也就是从十多年前，以儒家为代表，中华优秀传统文化恢复其主流地位声音，这要归功于以下几个方面：

第一，学界的引导。很多专家学者经过研究认为：一个民族要想走好自己的路，"先知觉后知，先觉觉后觉"，一定得挖掘自己民族文化中优秀的元素，所以学者们发表文章呼吁，开学术会议研讨，用绵薄之力奔走呼号，杜鹃啼血唤春归。

第二，媒体的关注。出现了《百家讲坛》，其实于丹讲《论语》

之前，长春电视台的《城市速递》栏目也在宣传长春文庙的"国学大讲堂"，在地方也有很大的影响。

第三，社会的认同。没有对文化的认同，就没有传统文化复兴繁荣的今天。十年"文革"将文化破坏殆尽，改革开放使人们有了钱，我们常开玩笑说：人生最可怕，有钱没文化。正是当下，所以当物质生活达到基本满足之后，拿什么喂养我们的心灵，就成为社会的急需和渴望。

第四，学界引导、媒体关注、权威发声、社会认同，最后就形成了国家意志。两办发文相当于国家意志，所以说它标志着中华传统文化经过百年消歇之后彻底反弹，从今以后，大家可以大大方方、堂堂正正、理直气壮地谈论中华优秀传统文化。这也是国家最高层面强调"四个自信"，最根本的"文化自信"。中国发展到了今天，证明我们的社会主义制度优势，我们要有制度自信。我们要马克思主义中国化，要有理论自信。邓小平同志说市场经济不是资本主义独有的，社会主义同样能搞市场经济，所以要走一条具有中国特色的社会主义道路，中华民族强大起来了，形成了我们的道路自信。但是制度自信、理论自信、道路自信的基础是我们的文化自信。

传统文化复兴是儒者应该担负的使命，也是新时代的儒者"为天地立心，为生民立命，为往圣继绝学，为万世开太平"的社会责任和精神情怀。我们作为儒家文化的继承者、传播人，看到中华优秀传统文化完成了从"道夫先路"到"中流砥柱"的角色转换。有感于此，在2016年时喊出了一个儒者心中的"文化自信"。

九、文化自信

笔者认为，这里的文化自信是指中国文化的自信，是传统文化的现代化、马克思主义的中国化、当代文化的健康化、中国文化的国际化、世界文化的交融化。

自信是一种积极从容的心理，自信根植于困知勉行的深切体验。自信不是自恋，所以我们要实现中华优秀传统文化的创造性转化，创新性发展；自信不是自卑，所以我们不必用别人的标准来衡量我们的生活；自信不是自闭，所以我们用平静的目光看两千年农耕文明的骄傲、三百年工业文明的屈辱、新技术革命的到来、互联网时代的崛起；自信不是自大，所以我们强调和而不流，打造文化交流共享平台，促进世界文明交流互鉴。

自信是理性的包容，毋意、毋必、毋固、毋我；自信是内敛的张力，自由、自主、自立、自强。

文化自信是文化积淀的自信。五千年的文明孕育了自强不息的中华民族，周虽旧邦，其命维新。

文化自信是文化过程的自信。"刚柔交错，天文也；文明以止，人文也。观乎天文，以察时变；观乎人文，以化成天下。"

文化自信是文化目标的自信。百年中国经历了三十年的军事斗争，三十年的政治稳定，三十年的经济发展，正走向三十年的文化繁荣。国强、民富、文昌是孔子感叹渐行渐远的周公梦，是今天如此接近必将实现的中国梦。

基于这样的文化自信，我们的国学教育要推出更多中华优秀传统文化高质量的内容，把精英层面的思想智慧转化为民众共享的文化力量。

我们的文化研究不仅要关注中华优秀传统文化，更要关注共产党人理想信念；不仅要关注改革开放成功经验，更要关注发展创新时代精神。

我们的传播媒体要为优秀文化传播开设绿色通道，建立长效机制，打造永久平台。

我们的网络平台要为文化自信提供政策支持，给予市场扶植，团结新阶层人才，做强有力后盾。

我们的社会组织要为文化自信开展更多的活动，联合全体学人，拒绝文化曲解、抵制文化低俗、冷静看待偏激、警惕文化渗透、维护文化安全。文化自信是中华复兴的集结号、大风歌。

天地

　　中国人说话喜欢谈天论地，能从大处着眼。若加之能从小处着手就更好，就是"仰望星空，脚踏大地"。

　　"开天辟地"，在《尚书·帝典》中，尧是开天定四时，禹是辟地定四方。你看《周易》："天尊地卑"；你读《老子》："天长地久"；你带着小孩子读《千字文》："天地玄黄"；你找本字帖练书法："天覆地载"；你与爱人表白："地老天荒"；你拍着胸脯说做人："天地良心"……

　　儒家知识分子："为天地立心，为生民立命，为往圣继绝学，为万世开太平。"

　　梳理儒家文化，也要从"天地"开始。这个问题解释好了，其他理念仿佛都有了起点。与天地合其德，可以"致广大而尽精微，极高明而道中庸"。

一、天之苍苍

"天"的意义有三：

一是头上的天空，是个空间化的概念。天圆地方，这类客观存在的现象是中华文化讨论问题的前置条件。"天地设位，而易行乎其中矣"，大家都认同，但讨论得不多。天有时引申为客观规律："夫子之文章，可得而闻也；夫子之言性与天道，不可得而闻也。"天有时引申为已然如此的前提条件"少成若天性，习惯成自然"。

二是某种有人格意志的力量：天命。"莫之为而为者，天也；莫之致而至者，命也。"天命的另一个引申义就是民众的意志。《泰誓》中"天听自我民听，天视自我民视"，百姓的需求就是天命。但它不是儒家信奉的神祇。儒家尊重它，拿它当个"说法"。"易何以首乾坤？诗何以首关雎？唯人伦之伊始，固天俪之与齐。"例如："获罪于天，无所祷也。""无臣而为有臣，吾谁欺？欺天乎？"在这个意义上，和"命运"有类似意。"子曰：天生德于予，桓魋其如予何？""五十而知天命。"

三是指时间概念。这是特别应该重视的，天指天时。

天有四时，简为春秋；地有四方，合为一统。古今相传、四海一统，就是"传统"。

儒家文化的群经之首《周易》，最重要的思想是乾坤，乾为天，坤为地。"乾坤，其《易》之缊邪？乾坤成列，而《易》立乎其中矣。乾坤毁，则无以见《易》。《易》不可见，则乾坤或几乎息矣。"乾、坤两卦是周易六十四卦的立卦之木，是周易哲学体系的建筑之基。天地又是阴阳，"易以道阴阳"。日为太阳，月为太阴。"易"之字通常一种解读就是上为日，下为月的变形。日月为易，日月又是水火，日为火之精，月为水之华。水火则是人类生活赖以生存的自然能量来源。笔者给吉林省榆树钱酒业公司做过讲座，当晚，其老总请喝酒时谈道："酒是粮食精，越喝越年轻。"笔者说："把白酒看成粮食精，就把酒看低了。白酒应该是日月之精华。你看它纯净如水，喝起来却刚烈似火。它是水的样子，火的性格。平常我们常说水火不相容，能够将水火融在一起的就是白酒。它是水火既济，它是阴阳平衡。所以，如果你身体有些疲惫乏力，喝上二两小酒，可以使你迅速恢复体力，精神抖擞，但是如果你本来精神状态很好，身体也健康，你喝上一顿大酒，会让你疲惫不堪，同于生病！"此论一出，老总直呼高论！妙论！可做白酒最高精神的广告。

其实世间万物皆如此，讨论天地，就在讨论阴阳，讨论刚柔，讨论黑白，讨论中国水墨画，讨论"计白当黑"的书法艺术，讨论太极图，讨论熊猫为何成为国宝。明白了天有时间上的意义，就能理解乾卦的元、亨、利、贞，为何有一种解释为春夏秋冬，为何引申为人生百年四个二十五岁的阶段。理解了春夏秋冬，就理解了儒家孔子以春代夏，以秋代冬的《春秋》。

孔子极其重视《春秋》，《史记》中记载，孔子依鲁史而修春秋，"笔则笔，削则削"。赞：增添。"不能赞一词"，是说写得太好了，别人再也不能添加一句；添就是画蛇添足。"春秋之中，弑君三十六，亡国五十二，诸侯奔走，不得保其社稷者，不可胜数。"孔子著《春秋》，乱臣贼子惧，"一字之间寓褒贬"；孔子自己也感叹，"后世之人，知丘以《春秋》，罪丘以《春秋》"。而其学问事功也是"志在《春秋》，行在《孝经》"。《春秋》是儒家非常重要的经典，无论是"《诗》《书》《礼》《乐》《易》《春秋》"的"六经"，还是"《诗》《书》《礼》《易》《春秋》"的"五经"，《春秋》都是最后的压舱石。"五经""六经"名异实同，因为《乐》有名无实，存"六经"之名，得"五经"之实。但"五经"又实为"九经"，因为《礼》是一分为三：《周礼》《仪礼》《礼记》；而《春秋》是一经三传，有《春秋左氏传》《春秋公羊传》《春秋谷梁传》。据史家记载，当初传《春秋》的，除三家之外，还有邹氏、夹氏两家，但或因无师，或因无书，致后来失传，可见儒家对《春秋》的重视程度。《春秋》是编年体史书，类似我们今天的"大事记"，因为言辞简略，当时人们知道事件原委，几年后、几十年后、几百年后，恐怕就成了难懂的"天书"，后来史学家就依春秋时间和事件，加以"扩写""详注"，于是才有了著名的《左传》《公羊传》《谷梁传》等。

大儒董仲舒就是研究《春秋》的，代表作《春秋繁露》。儒家思想是经过以董仲舒为代表的一批人宣扬呼吁，最后得到汉武大帝的认可，政、学两界通力合作，才从诸子中的一支，成为中华民族的官方文化、主流意识形态、中国历史的核心价值观。

几年前，笔者受国务院侨办委托，带团去欧洲为华人讲中国文化，飞抵荷兰阿姆斯特丹的时候，当地使馆人员和华人组织代表招待我们到一家中餐厅用餐，正巧赶上这家餐厅刚刚举办完一场酒宴，舞台上横挂着一幅字："廖府于归宴客"。同行的其他老师看不懂，问我这个讲传统文化的，这句话是什么意思？笔者笑着告诉大家，这句话的重点在"于归"二字，谁若读过《诗经》"之子于归，宜其家人"的《桃夭》篇，就能知道这是一场和结婚有关的宴席，但廖家究竟是娶媳妇呢，还是嫁姑娘呢？读了《春秋公羊传》隐公二年，你就能清晰知道"妇人谓嫁曰归"，这是廖府嫁女儿请客（女儿回娘家叫"归宁"，《诗经·葛覃》"归宁父母"）。如果你没有读过《春秋公羊传》，就无法这么清楚地明白这一句话的含义。而且，因为我们现在国内的现代汉语体系早已经不使用这样的语言了，你才能更深切地理解"礼存于野"。这是因为早期华人在国外生活，还保存着传统的语言习惯，而在国内特别是"五四运动""文化大革命"之后，这样古典的语言表达已经荡然无存了，幸好有《春秋》史书，为中华文化做证。

重视春秋，重视天时也是重视农耕社会特征。做事要不违农时，过了忙种、不可强种，使民以时。孔子被称为"时圣"，与其关注时间的思想有关。春秋代序就是历史，就是人生，就是生命的过程。"子在川上曰：逝者如斯夫，不舍昼夜。"李泽厚先生在《论语今读》中认为这是整部《论语》中最能反映孔子哲学意味的一句话。

二、厚德载物

在这五千年文明历史上，中国人不断从天地中汲取营养，获得启迪，在这悠长慢生活的发展中，自强不息，独立发展，绵延至今。天地之道是中华文明认识社会人生的前提。儒家文化的大幕就此徐徐拉开。天是时间，地是空间。

最初展示中华大地的是《尚书·禹贡》，在《禹贡》中可见中华九州之规模。反映中国近代百年沧桑巨变的长篇小说《白鹿原》，关注的就是中华文明的根——土地。孟子不宝珠玉，而以土地、人民、政事并重："诸侯之宝三：土地、人民、政事，宝珠玉者，殃必及身。"（《孟子·尽心下》）

我们说中国社会发展，理论自信、道路自信、制度自信、文化自信，四个自信皆源于对中国农耕文化的深切认识。马克思主义中国化的第一大成就就是毛泽东等老一辈革命家基于对中国的了解，将马克思理论在苏俄成功的经验"以城市暴动为中心"转变为中国的"以农村包围城市为中心"。你也就理解了陈独秀、王明、张国焘等为何纷纷出局。中国革命的成功就是基于"土改"，因而获得了大多数人——农民——的支持。依靠农民，就要打击农民的对立面，就要"斗地主"。了解中国的土地文明，才能真正懂得费孝通先生《乡土中国》的立意，懂得中国人民，懂得中国社会，懂得中国的现在与未来，懂得知识分子为什么要"把论文写在大地上"，我们为什么要把文化建设在乡土中国。

中国文化的"地"首先指"地盘"。中华大地，幅员辽阔，广袤大地，纵横千里，但是儒家对于地盘归属又有特殊的要求："邦畿千里，唯民所止。"你的国家大小，不在于边境线的约定，而在于民心的向往和认同。"普天之下，莫非王土。"这是指地域辽阔，但是更深层的是以土代人。什么是领土？民心所向便是领土。《大学》中有言："有德此有人，有人此有土，有土此有财，有财此有用。"这里的土，今天最好的理解就是市场。市场在哪里？心理需求叫市场，心中认可叫品牌。土地和民心在儒家文化中很好地互换转化。

三、天地人和

陆贾《新语》引"传曰：天生万物，以地养之，圣人成之"，仰以观于天文，俯以察于地理。天地之间人为贵，所以儒家文化讨论天地，其实是将天地作为存在的客观环境，其重点还是要讨论这其间"顶天立地"的人，"仰望星空，脚踏大地"的人，"三光者，日月星，三才者，天地人"。这一点与道家智慧有同有异。道家强调："故道大，天大，地大，人亦大。域中有四大，而人居其一焉。人法地，地法天，天法道，道法自然。"道家强调的"人"是居在四大之中最末的一位，天地之上还有个道，还有自然，道是一切的根。而儒家不过是把"道"当成我们认识对象和人的品德修养。没有人，讨论这些就毫无意义，所以儒家说天地，也是将天地作为讨论"人的问题"的前置条件。比如，《孝经》说"孝"是"天之经也，地之义也，民之行也"。胡平生解读"天之经，是说孝道是天之道"，这句解释有问题。孝是人伦之则，不是自然规律，唐明皇李隆基释得准确："孝为百行之首，人之常德，若三辰运天而有常，五土分地而为义也。"一个"若"字，使人伦并立于天地之间。再如《易·系辞》："天尊地卑，乾坤定矣。卑高以陈，贵贱位矣。动静有常，刚柔断矣。方以类聚，物以群分，吉凶生矣。"其实，同样是强调天地环境之后，重点在于人的"贵贱""刚柔""吉凶"。

在儒家的文化视域里，天地都是人的背景环境，有时是空间，立于天地之间；有时是时空，天为天时，地为方位；有时是命运，"天命之谓性"，时代性和区位性导致我们人的不同性。

前提一旦设定，所有对儒家文化的讨论，或者儒家文化关注的所有问题，就是"以人为本"逐渐展开了，正所谓人生观、世界观、价值观、历史观建立的哲学依据。孟子曰："天时不如地利，地利不如人和。"我们在书中强调的各组概念，特别是关于人的修养"身心行"之论，以及为了形象表述客观世界所关注的"道形器"之分，都是从"人"的问题上展开。

四、天地之道

《中庸》里说："天地之道，可一言而尽也：其为物不二，则其生物不测。"一句话就可以概括，天地之道就是"诚"。"其为物不二"的意思：不能今天做这样，明天又干那样，而是始终一致，永远不变，像天道循环，如天的意志恒久不变。如果要真是"二"的话，那就乱了，也正是因为"为物不二"，始终如一，才能发育万物，不可量之高，不可测之深，越发展越走向极致。

用六个字概括天地之道——"天地之道，博也，厚也，高也，明也，悠也，久也"。天地之道是博厚、高明、悠久，"博厚配地，高明配天，悠久无疆"恰恰能把天地的性质、时间的性质形象地表现出来，这是"天、地、时"的三维，那就是高明、博厚、悠久。

《中庸》在论述这个问题时又说："今夫天，斯昭昭之多，及其无穷也，日月星辰系焉，万物覆焉。"最初就是一孔之明，到了广大、渊博的程度时，就形成了浩瀚的天空，日月星辰都罗列其中，是由一及至无穷。从地这个本质上看，地不过就是一撮土，"今夫地，一撮土之多，及其广厚，载华岳而不重，振河海而不泄，万物载焉"。天是日月星辰万物覆焉，而地可以承载华岳而不感觉沉重。长江黄河、汪洋大海都在地上承载而不流泻，可以说是万物载焉了。

中国人对大地是热爱的，"为什么眼里常含泪水，因为我对这土地爱得深沉"。农耕文明，只能依靠土地生存，所以我们对蓝色文明、对于大海没有太多的文化依赖。母亲河是黄河，也因泥土的源泉浑浑，而与黄皮肤的我们有深度的契合。百姓生活的写照，最典型的是牛郎织女，就是男耕女织；儒家的知识分子，就是耕读生活，对于土地的热爱，引申为一种敬畏；我们有了土地神，有了土地庙，我们的社稷江山都根植于这脚下的黄土地，于是有了"厚德载物"的品格修养，有了五行之中的"土"德，有了万物，有了山河。

山河是天地的产物，也是进一步具体化的论述，但透视出儒家对自然与品德之间的关注。山是什么？"今夫山，一卷石之多，及其广大，草木生之，禽兽居之，宝藏兴焉。"从这个角度看山，山是非常富有的，草木在这里生长，禽兽在这里居住，宝藏也在这里储存。"仁者乐山"，山在儒家文化中，特征像一个仁者，"仁者，爱人"，自己内在的思想、情感方面，觉得精神上特别富有，可以施与，而不用去索取；山也很稳重，给人一种非常踏实的感觉，这就是山的本质。

智者乐水。水是什么？水是氢原子和氧原子的结合，很简单的一种物质。要是从小处看，"今夫水，一勺之多，及其不测，鼋鼍、蛟龙、鱼鳖生焉，货财殖焉。"鼋是鳖一类的生物，鼍是鳄鱼一类的生物，蛟可能是鲨鱼一类的，中华文化中经常强调龙，龙可大可小，能上天入地、腾云入海、兴风作雨，是非常有活力的一种生物。这些生物都得有水，都养育生存在水里。有了这些东西，就可以有食物来源，就可以用来养育生命，就可以用于交易。就可以从事商业活动，实质上它对经济发展是有用的。就像总书记所言：绿水青山就是金山银山。云从龙，风从虎，龙一出来伴着云；云也是水，是水蒸气。所以，从小看，水不过是一种简单的物质。天、地、山、川都是如此。就科学考察，宇宙最初不过是一个简单的开始，而到今天，宇宙的形成，我们说，上下四方为宇，古往今来为宙，那就是从时间和空间这个角度去说，那是无边无际。

天地之道要达到纯诚的状态，就可以构成我们今天丰富多彩绚烂的世界。《周易》作为中国哲学之代表，就是从天地说起。"古者包牺氏之王天下也，仰则观象于天，俯则观法于地，观鸟兽之文与地之宜，近取诸身，远取诸物，于是始作《易》八卦"以类万物之情。八卦——"天地风雷山水泽火"，都是最初我们所面对的自然。《尚书·洪范》提及的"五行"也无非金木水火土，这些就是我们面对的世界，也是我们的生活。"道不远人"，儒家重视的"切问而近思"就是从这么有烟火气的现实生活展开的。天、地、山、水其本质都是很简单的，但是发展到了极致，就极为丰富。大千世界就像我们的心灵世界、认识领域。它的初源点其实也是诚。诚实质上就是为物不二，一以贯之，始终如一，这就是天道的根本，也是人道的初始。

天之道如此，人之道亦如此。《诗》云："维天之命，于穆不已！于乎不显，文王之德之纯！"这话语通过对天之诚的称颂，又回到了我们人的生活里面来了。也正是因为这样，是天地遵守了这个理，遵守了这种纯诚的道，所以经历万物而不息。文王的德是那样纯粹，达到一个纯粹的状态，才称为王，才垂教万世。儒家反复强调天地的良苦用心，传统文化的最高经典，都是从天地讨论到人文。

道德

传统文化最高核心概念，就叫"道"。

道重客观规律，知道。

中国人文化修养的总称，就叫"德"。

德重主观修养，养德。

"博爱之谓仁，行而宜之之谓义，由是而之焉之谓道，足乎己而无待于外之谓德。仁与义为定名，道与德为虚位。故道有君子小人，而德有凶有吉。老子之小仁义，非毁之也，其见者小也。坐井而观天，曰天小者，非天小也。彼以煦煦为仁，孑孑为义，其小之也则宜。其所谓道，道其所道，非吾所谓道也。其所谓德，德其所德，非吾所谓德也。凡吾所谓道德云者，合仁与义言之也，天下之公言也。老子之所谓道德云者，去仁与义言之也，一人之私言也。"

——韩愈《原道》

中华民族五千年的文明积累了那么多的智慧，这些智慧讨论的核心命题是什么？在这里，笔者可以非常自信、明白无误地告诉大家，就是"道"，它是核心中的核心。我们可以把它称为中华文化思想领域中的原子核。

儒家文化中经常讨论"道"，群经之首的《周易》很重要的一个思想是"一阴一阳之谓道"，《论语》中有"吾道一以贯之""朝闻道，夕死可矣"，《大学》有"大学之道"、《中庸》有"中庸之道"。我们把以孔子、孟子为代表的儒家文化，称为"孔孟之道"。当然以老子、庄子为代表的思想学派更关注"道"，因为以"道"为中心，后人干脆就直接把这个学术流派命名为道家，道家经典《道德经》开篇就是"道可道，非常道"。除了儒家和道家，其他各家学术流派也都有自己的"道"，如医家强调"医道"、阴阳家强调"天地之道"、孙子兵法中有"兵者，诡道也"，等等。

今天我们仍然在讨论"道"——为官之道，做人之道，经商之道。经商说"君子爱财，取之有道"。作为教师有师道——"师者，所以传道授业解惑也"。中国文化怎么往下梳理，这个"道"要是不给大家讲明白，笔者就是有违为师的职责了。

一、汉字解"道"

"道"这个概念在我们中华文化中是一个极其受关注的问题。我们就把这个概念非常原始地回归，看看什么是"道"。

如果想要对道有更深的了解，有一个办法，中国的汉字承载着大量中国文化的信息，中国字有的是象形，有的是会意，有的是形声，有的是指示，还有的是转注和假借。好多概念，它的意思本身是靠着几种思想往一起拼凑，形成的字。

"道"字的组合有三个部分：第一部分，"首"上面两点一横，是乱糟糟的头发；"自"是鼻子，我们指着鼻子叫"自己"。上面是头发，下面是鼻子，整个代表脑袋，这有两个意思：第一，跟首领有关，要想做好的领导者一定要明道。领导者要明其道，管理者要强其法，执行者要精其术。领导者一定要知道团队的发展方向，所以"道"首先和首领有关。第二，一提到脑袋，很自然地和你的思考、你的理性，还有你的理智有关，因为脑袋就是干这个事的。

第二部分，辵。三撇是双立人的变形，双立人是"行"的一半。"行"的原型是十字路口，彳就是道。凡是跟双立人有关的字，都跟"道"有关，这是用局部代表整体。

第三部分，在金文中，"道"字在"首"的下面还有个"止"，"止"的原意是脚趾。这样的字在汉字六书构成中叫指示字，比如"刃""卡""本末"。

三个要素组合在一起，从构成上解释就是：用我们的头想一想，我们的脚走什么路？也有人解释成走一走、停一停、想一想。不管怎么说，把这几个要素融到一起，就对"道"有了一个特别清晰的认识。

二、最初说"道"

"道"的第一个解释就是"道路"。这里不研究交通意义上的道路，但是可以从这里引发很多思考：第一，"世上本没有路，走的人多了也便成了路"。这说明它有开拓性，有探索性，也因此有了一种敢为人先的精神，甚至有一点领导的意思，《离骚》里有"来吾道夫先路"，"道"这个字也有先导的意思。开拓、探索具有中国特色的社会主义道路。也是一种先导。

第二，路一旦形成，走路就要遵守一定的规矩，红灯停，绿灯行；靠右侧通行，礼让行人；不能酒驾。要是在高速路上驾车，上了高速之后，不到路口你下不来，绝对不能逆行。百姓常说的"君子爱财，取之有道"，这都叫规矩。所以，"道路"引申出来的第二个意思就是规矩，不守规矩就要出事。

自然界的道要是走错了，就是违规；身体的道要是堵了，就会生病；而社会生活的道要是堵了，问题更严重。老辈人就怕后生"下道"。人生的路，选择比努力更重要。要是堵了这条道，或者是走错了，违背了做人的规矩，那就会有大问题。

三、哲学论"道"

道的另一个重要的思想就是规律。我们祖先发现，在天地自然社会人生中，还有一条跟交通意义上的道不一样的道，这个"道"你看不见，摸不着，但它还存在。这是什么呢？这是一种规律，对于这种规律，古人还有个描述，可是它说起来特别费劲，怎么说都说不明白，怎么说都说不清楚。

最典型的对"道"进行表述的就是老子。他对"道"的描述有过这样一番话："有物混成，先天地生。寂兮寥兮，独立而不改，周行而不殆，可以为天下母。吾不知其名，字之曰'道'。"大意是：有个东西浑然天成，比天地生成都早。寂寞，没有声音，你听不见；辽远，没有边际，你看不着。既听不见，也看不着，是个无形的东西，但它是独立的客观存在，不以人的主观意志而改变。周而复始，永不消歇。天下事事物物都是从这里出来的，因为有了这样的规律，所以生成了各种各样的现象。这是什么呢？如果硬给它起个名，就叫"道"吧。

你能明白什么意思吗？好像懂了，但还说不出来……有这样的感觉就对了。你要是说，我全明白了。那你是蒙人！因为老子都觉得自己没说明白，你怎么能听明白呢？老子一着急，就说："道可道，非常道"。"道"是可以说的，但它不是外面说的马路。虽然存在，却看不见、摸不着。那么它到底是什么？老百姓回答得最简单、最准确、最质朴，一句话，就叫"不知道"。

"不知道"这三个字很经典，出自《礼记》："玉不琢，不成器；人不学，不知道。"因为"道"比较难，又跟我们息息相关，所以我们总讨论它，知"道"？不知"道"！说多了，就变成一句稀松平常的话了。

实际这里面有很大名堂，这个道非常重要。比如说，一年四季的运行是自然之道。春天一来，草木萌发；秋风一起，万物肃杀。这都是根据地球围绕太阳转动、宇宙运行的规律。不懂得这些规律，你就看不懂这些林林总总的现象，因为这些现象都是从这里产生的。老子就有这样的话："道生一，一生二，二生三，三生万物。"当你明白了这个规律，那些事事物物的现象就能懂了。一定要透过现象看本质，看到背后的规律性，这个规律性在中国文化中就叫作"道"。对道理解很重要，孔子说："朝闻道，夕死可矣。"

"道"把它定名为道路，定名为规矩，定名为规律，同时它也是一种理论。（道的规律性案例见《富强》篇）

四、百姓悟"道"

百年前，关东大地有一个农民，是东北的一个人物。这位老者大字不识，但是不影响他聪明。有一回他偶然听到了民间讲道，就是讨论做人的道。讲座完了，老人就有点感悟，对啊，干什么事都有道，我作为农民的道是什么呢？他带着这个问题，一边干活，一边思考。有一天忽然悟道了，什么道呢？他说以后我给别人干活，要抓住两点：第一，活要多干一点点；第二，钱要少拿一点点。一个农民悟出这么个道。

这个农民这样说，就真的这样做。秋天收割，别人一天收四根垄，他收五根垄。其他农民都说了："别人都收四根，你为什么收五根？这不是逞能吗？你收五根，以后地主不得让我们收五根吗？"那好，我不逞能。和大家收得一样多。但是，晚上收工了，回到地主家，我扫扫院子行吧？院子干净了，我挑两桶水中不中？水缸也有水了，我劈点柴火，柴火也有了，那我就收拾收拾猪圈。不管怎么说，活儿我得多干点。然后呢？钱，我得少拿点，别人干一天拿一两银子，我拿八分。外人看来这是傻，老人却说："其实活多干点累不死人，钱少拿点也饿不死人。"即便是你多拿点，也富不到哪儿去，但是因为这是自觉自愿，自我认同就形成了他做人做事的一种规矩。从那以后，他给谁干活绝对不糊弄，工作就特别有品质。工作有品质，地主都愿意用他，而且用他的时候，还不把他当一般农工来看。你别看这是一个大字不识的农民，人家做人做事是有讲究的，干活是有原则、有要求的，是宁愿自己吃亏，也要对别人有利，这是厚道的、有标准的君子。从那以后，地主一边用他，一边又很尊重他，他做人就很有尊严。

我们想一想，一个农民，因为"活要多干一点点，钱要少拿一点点"，结果是工作既有品质，做人又有尊严，你说他得到的多，还是失去的多呢？实际上他也没有什么损失。如果你是地主，你是东家，你不想用活多干、钱少拿的人吗？所以，最后的结果是别的农工三天五天没有一个活，他的工作排得满满的。中国老百姓都说"舍得舍得"，你得敢舍，才能真正有得。这就是百年前东北一个老农民的"道"。

五、职业守"道"

人生的这个道走不好，如果方向错了，劲使得越大，"下道"就越快。我们国家在改革开放之初，下海人多，"下道"的人也非常多。一旦"下道"，获得的是一时的暴利，失去的却是长久的安宁。做人的规矩不能乱，一定要守住规矩，走好人生这条道。柳青先生说"人生的路虽然漫长，但关键时候只有几步……尤其当一个人年轻的时候"，千万不能"下道"。有些规矩是千百年来祖祖辈辈留下的智慧结晶，你觉得胆大，敢于破坏；破坏之后，是要承担后果的。

儒家代表人物孟子说过这样的话："可以取，可以无取，取伤廉。"大意是可以拿，可以不拿的时候，我们不要拿，拿了就有伤廉洁。领导干部犯错，一个重要的原因是取得太容易。有的时候大家私下开玩笑说，边远地区之所以犯罪率低，不是因为那些人思想境界高，而是因为机会太少。机会多了，其实对人是一种考验。"可以取，可以不取"的时候，要慎重，不能轻易取。

那么反过来呢？我们的祖先太智慧了，他们还告诉我们："可以与，可以不与，与伤惠。"这句话对我们现在生活非常有指导作用，可以给，可以不给的时候，就不要轻易给，因为一给就有伤于恩惠。有时候我们的企业家、女同志、青年人心里都很阳光，在生活中，一看到有的人可怜就想帮，心思很好，但是往往被利用，老百姓不都说了吗，"可怜之人必有可恨之处"。不信就试试，有些人你帮一次，他感谢你；帮第二次，他也感谢你，但感谢程度就不如第一次了。你要是帮三次五次之后，他就觉得是应该的了。等到了第六次你不帮，他反过来就会恨你，这就叫"久恩成仇"，这都是老辈给我们的告诫，是人生经验。中国老百姓还说，帮人一斗米，你是他的恩人；帮十石米，就是仇人，他就不平衡，就仇富了。"斗米恩，担米仇"，大家一样活着，怎么你就这么富呢？这些都是人生经验，都是做人做事的规矩。要是遵守了这些规矩，守住这个道，人生就不至于出问题；要是守好了"道"，对你的人生就很有帮助，你会收获很多。

好多年前，中央电视台春节联欢晚会演过一个小品，叫《钉子》，演一个在改革开放之初，下海做生意，干了几年，捞了第一桶金的小老板的事。这一天，公司的营业执照批下来了，他特别高兴。这下可好，要开公司了，今天开业大吉，所有的事情都准备好了，就是有一个小细节出了点问题：想把营业执照挂墙上的时候，缺了个钉子。小老板自言自语地说："去买钉子，这钉子一定要'买'。"一听这个话你就能猜到，以前一定有赊别人货不给人家钱的事。改革开放之初，经济市场有点混乱，皮包公司诈骗，怎么斗智斗勇，这边想着把你的货弄来而不给你钱，那边想着怎么把你的钱弄来而不给你货，这样的事不少。但是随着时光的推移，如果这个人有良知，会时时想起、会愧疚、会想办法去弥补。你要是不补偿，老天会逼着你补偿，而且比那个补得还重。今天，谁要是上了"失信名单"，那代价可是很大的，坐飞机、住宾馆都要受限。能够踏踏实实做事是最大的智慧。互联网时代，行端表正成本最低。

这个小老板拿了100块钱，就要去买三个钉子。结果，一出门碰到个掌鞋匠。小老板说："今天我开业大吉，高兴，你就跟着我沾光，就在你这里买吧。"诸位想一想，对于一个掌鞋匠而言，大清早有人拿100块钱买三根钉子，不跟捡钱一样吗？

但是这个掌鞋匠挺有个性："你要用三根钉子吗？送给你，这东西不值钱，谁家都有应急的事，拿去吧。"小老板说："不行，今天我公司开业，图吉利，这钉子一定要买！""买啊，对不起，我不卖。你要，我可以送给你；你要买，我不卖。"这两个人就较上劲了。最后，这个掌鞋匠说出了一番非常深刻的话，他说："你能上浴池买拖鞋吗？你能到饭店买炒勺吗？我告诉你，我掌鞋的，不卖钉子！"最后他说出一句话："要想守住这个摊，必先守住这个道。"摊是什么？摊床？摊位？是你的职业；这个道又是什么？用过去的话讲，就是行规。用现在的话讲，叫职业操守。"我掌鞋的不卖钉子"，这是我的规矩。不能因为一时的便宜，就乱了我的规矩，就下道了。

那个时候说这些事还很新鲜，但是现在大家看看，所有的食品安全问题、工程质量问题、论文抄袭问题、为师不尊问题不都是"下道"了吗？做人做事一旦"下道"了，早晚出事。所以，要想守住这个摊，必先守住这个"道"。

六、德者得也

"道"，我们了解了。那么"德"呢？为什么老子五千言叫作《道德经》？为什么《大学》的第一句话是"大学之道，在明明德"？为什么孔子一生追求"志于道，据于德"？

道是客观规律，德是人文修养。"德"是什么呢？还要从文字上看。"德"是双立人旁，前面讲过，也跟"路"有关，"心"之上这个部分是"直"字的变形。中国汉字在竹简或者木牍上书写时，是从上往下写，"直"下面再加个心，太长，变形，不好看，不美观。汉字强调方方正正，方圆有致，有时候是内方而外圆，有时候是内圆而外方。做人都从这里得到启迪。但是不管你是内方外圆，还是内圆外方，反正是没有规矩不成方圆。所以，这个字要想方方正正、规规矩矩，怎么办呢？就把纵向拉长的部分横过来，然后变成了这个状态**直**。所以心上边就是个"直"字。直字的原型就是它↲。这个字的主体就是目，现代汉字是把它立起来，线条化了，这个眼睛画得非常形象，好像昨天没睡好觉，还有眼袋，目下的一横就是眼袋，眼睛在那里瞄直线呢！看正不正？直不直？就是这个直字。由图形不断符号化，独体字的时候变成了"直"；作为一个部分又改变成了"**直**"。下面是个"心"字，构成了这个"德"。

这三个要件组合在一起是什么意思？用我们的心，衡量一下，我们走的道正不正？直不直？什么事问问良心，扪心自问。所以德是什么？德就是"得"。《说文解字》的解读："德者，得也。"但不是一般的"得"，而是一种心得。"得之于心"，然后又"施之于人"，就是德。你要是觉得现在过的日子好，就让你周围的人也过这样的日子，你就有德了；你要是觉得自己学习好，你帮着同学也都一起好好学习，就是有德了。"得之于心，施之于人""己欲立而立人，己欲达而达人""己所不欲，勿施于人"，就是德。

七、道德之别

道与德最大的共同之处和区别是什么呢？首先是都强调"路"，但一个是重在脚趾（止），强调实践性；一个是重在观察（目），强调感受性。另外，道强调的是首，德强调的是心。

道强调头脑，重在理性思考，关注客观规律；德强调心得，重在主体感受，关注主观经验。一个强调客观规律，一个强调主观经验；一个强调理性，一个强调感性。"道"是改变不了的，因为它是客观规律，因此我们说"要明道"；但德是主观感受，主观是能调整的，因此我们说"要养德"。

百姓最简单的一句话：说道的时候是"知道"，说德的时候是"积德"。明白这些，就知道教育为什么有德育，没道育。强调"德智体全面发展"，而不是"道智体全面发展"了。现在的教育核心理念叫"立德树人"，一定要养德，因为这是主观积累的东西，可以通过努力去培养。

德是中华文化所有人文修养的总称，其他都是具体化。仁，仁德；义，义德；等等。最初，德不分品质好坏，不好的品质叫凶德，但是在发展的过程中，德就主要表达好的一面，美德、优秀品质。

八、道德关系

道是德的途径，德是道的收获。"道为德之体，德乃道之功""以道得之谓之德"，按照人间正道，按照客观规律，坚持不懈地走下去，收获的都是"德"。所以，大学之道在于"明明德"。"有德此有人，有人此有土，有土此有财，有财此有用。"土是什么？疆域。在今天，就叫市场。市场在哪里？有人认为早市、晚市是市场。错！最大的市场在"心"里，心理需求叫市场，心中认可叫品牌。有德就有人，有了人就有市场，有了市场就有财富，有了财富，你才能用它实现各种理想，这是中国文化中最经典的，就是强调要养德。

曹操叫什么？曹孟德。"孟"是中国古代老大的排行，孟德就是最大的德。了解了这个常识，就知道孟姜女不姓孟，而是姓姜，是指老姜家大丫头。刘备叫什么？刘玄德。中国人的名字起得都挺有意思，为什么大家都重视给孩子起名？名是命，"名者，命也"，但不是宿命，而是使命。担了这个名，就行使这个责任，就肩负了这个使命。因为总要提及这个名，就想追求名副其实，就得奔这条道上去走。刘备就是这样，"备"就是很全面。刘备、关羽、张飞，这哥仨往一起一凑，谁当老大？名都说得很清楚：刘备，玄德，张飞，翼德，是帮着这个"德"的，就是给"德"按上一个翅膀，让"德"可以起飞，翅膀是什么？羽。飞得如何？山高水长，关羽，关云长，哈哈，这是江湖先生望文生义地解读。但是，选得很有讲究，要起个"玄德"的名字，就得奔这个玄德使劲。《尚书》中说"玄德升闻"，意义很深刻，你修养好，德行厚，越是深藏功名，越会逐渐显现出来，誉满天下。刘备在中国文化中就是奔"德"使劲儿。作为长者，就应该仁德，对下边人好，百姓一传，刘皇叔真有德行，一旦形成口碑，得民心者得天下，什么时候都是你的天下。德就是这样，你对大家好，就能得到大家的心，自然能有所得了。

"玄德升闻"是说：越是向内心深处修这个"德"，越能在外体现出来。"上德不德，是以有德。"如果总是以道德标榜，反而没有什么德行。当然，《道德经》对"玄德"要求更高——"生而不有，为而不恃，长而不宰，是谓'玄德'"。依着我的朋友王干城解释：就是民有、民治、民享，这里的"玄德"简直就是对"民主"的另一种称谓，是西方民主的祖师爷。刘备深谙养德之道，所以人缘好，人气旺，"有德此有人"。养德怎么养？那就是修身，对内修心性，对外修言行，心—身—行，心性修好了，叫"德性"好。德性好，人格魅力就强，有人缘儿；德行好，就建功立业，有益于社会了，所以"太上立德，其次立功，最下立言"。

这就符合了儒家对德的判断。德是个大概念，分成很多细节，有仁、有义、有勇、有忠、有孝，这都是好的品德。今天我们国家提倡要有"四德"：第一，个人品德；第二，家庭美德；第三，职业道德；第四，社会公德。所以，我们建设文明城市，都要开设道德大讲堂、文明学校、文明班级，都有一个立德树人要求；我们要明白一个"道"，要走中国特色的社会主义之道；我们要养育好各种"德"，一定要培养社会正气。优秀的人都是往这个方向努力的，叫品学兼优，叫德才兼备，叫德能双修。

仁
义

仁义是最有儒家文化特征的概念，不是之一，没有第二。

仁者，爱人；义者，宜人。都是儒家文化满满正能量的好意思、好字眼儿。

孔子强调"仁"，孟子强调"义"，仁义之道就成为孔孟之道的标志。孔子论"仁"，把仁推到高于生命的境界："志士仁人，勿求生以害仁、有杀身以成仁"，孔子说杀身成仁，孟子就补上一个"舍生取义"，孟子说："鱼，我所欲也，熊掌，亦我所欲也，二者不可得兼，舍鱼而取熊掌也；生，亦我所欲也，义，亦我所欲也，二者不可得兼，舍生而取义者也。"

中华文化儒、道、释三家，说"仁义"，就想到儒家；说"无为"，就想到道家；说"慈悲"，就想到佛教。仁义是中华主流文化儒家的概念符号、品牌标识。

一、仁者人也

仁是儒家文化的核心理念。儒家经典《论语》中虽曾提到"子罕言利与命与仁"，但其实孔子关于仁的论述较多。杨伯峻先生做过统计，在《论语》中，"仁"出现多达一百零九次，可以说仁是孔子思想乃至整个儒家文化中最重要的概念。

从造字上看，"仁"字一般有两种解释：一是一个人护卫着他下边的孩子，也就有了爱护的意思。还有一种解释，仁的"亻"下边就是"二"字，也就是说仁是双向的，我对你好，你也要对我好，主要是我对你的心要好。所以，《论语·颜渊》中"樊迟问仁"，孔子就说"爱人"。

要想理解仁，还要探讨人的本性，仁就是儒家认定的人的本质属性。这涉及儒家文化中的一段公案。当年孔子并不具体而微地去讨论人性，他只是含混地说"性相近也，习相远也"（《论语·阳货》）。孔子虽不去谈人性，但孔子强调仁是人的本质属性，由此可以看出他倾向人性是善的思想。这种人性之善，儒家的孟子就叫它"恻隐之心"，而佛家叫它"慈悲之心"，百姓把它叫作"不忍心"，现代汉语中叫"同情心"。孟子认为"恻隐之心"就是"仁之端也"。仁的文化属性就是源于人心的善良。

《中庸》里记录了孔子谈到"仁者，人也"的言论，孟子也说"仁也者，人也"。可见儒家认为：仁是人的本质属性，仁就是人性善的体现，仁最主要的特征就是爱人。这也是仁字的造字本义，是一种积极健康、正向人生所必须秉承的原则。

《孟子·尽心上》中说："君子之于物也，爱之而弗仁；于民也，仁之而弗亲。亲亲而仁民，仁民而爱物。"君子对于物尽管也是喜欢，但是不对它讲究"仁"，是爱而"不仁"，不用去考虑仁的问题，对物品只有喜爱和不喜爱之分，而没有仁和不仁之分。对人就不一样了，对人有仁有爱，对人的爱就是仁爱，而对物的爱只是喜欢，只是物欲。对百姓有爱心，但并不是把他当成自己的家里人来对待。做到什么程度合适呢？对百姓讲究仁爱，对亲人讲究亲爱，对物品就是喜爱。这个区别是非常明确的。

《论语·述而》中孔子说："仁远乎哉？我欲仁，斯仁至矣。"仁距离我们很远吗？不远。要真的想仁的话，仁就到了，仁就在我们身边。对父母尽孝就是仁，对弟妹友善就是仁，对子女慈爱就是仁，对朋友有信就是仁。仁是从自己身边最贴近的事情产生，推而广之到整个社会。如果社会上充满了仁，也就是世界充满了爱，那么一个和谐友爱的社会就会形成。所以，仁是儒家经济天下的一个非常重要的思想。

二、五者为仁

《论语·阳货》中子张问仁于孔子，孔子说"能行五者于天下，为仁矣"。怎么样做是仁呢？孔子从"恭、宽、信、敏、惠"五个方面做了解答，做到了就是仁。孔子又具体解释说："恭则不侮，宽则得众，信则人任焉，敏则有功，惠则足以使人。"什么是"恭则不侮"？对人很恭敬，对事情很认真，有一个恭敬别人、尊重别人的态度。你敬别人，别人也敬你，就不会轻易遭到侮辱。这种恭敬的表现实质上就是仁。"宽则得众。"宽容，有时也是孔子一言以蔽之的"恕"，因为你对大家都很宽厚，人们就愿意跟你交往。宽厚本身就是一种仁的体现，而且能得到大家的支持、拥护和爱戴。宽恕、包容，对待自己很严格，对待别人却很厚道，"躬自厚而薄责于人，则远怨矣"。"信则人任焉"，要是做什么事情都很守信，别人有什么事情就愿意委托给你。有事需要朋友帮办，肯定得找守信的朋友，所以信也是仁的具体体现。"敏则有功"，做事情有效率谓之敏。做事情有效率、有业绩，无论是领导安排下来的工作，还是自己所承担的责任，都能够用最经济的时间、方式把它处理好，这就是敏，也是仁的表现。不拖沓、不怠政，这个要求对当下政府公职人员的办事态度有很好的借鉴意义。"惠则足以使人"，惠本身就是一种仁的最直接的体现。惠者，施惠于人，有什么好事分给别人。现实生活中，领导能够带动整个团队工作，总有生意可做。对领导来讲，这就是敏则有功，还能把薪酬很丰厚地分配给下属，这就是惠，大家就都会努力工作，就是"惠则足以使人"。

三、里仁为美

孔子还说"里仁为美。择不处仁，焉得知？"选择居住的地点，一定要选民风淳朴、街坊邻里都有道德修养的地方。是以仁为邻，"有良邻，则日见君子"。要在这样的地方居住，环境习染就能够帮助你、培养你的德行，"孟母三迁"就是例子。如果你抛开了这样的环境，那这个人就不够聪明。其实智的一个体现是能够在培养仁的德行上有所选择。营造、选择有优秀品质的人文环境，就是"里仁为美"。《诗经·旄丘》："何其处也？必有与也。何其久也？必有以也。"笔者认为这是《诗经》三百首诗中，洗尽铅华，最深刻、最富有哲理的话。你处在什么样的人生境界，看你与什么样的人和事为伍；你的事业能发展多大多久，就看你的初心怎样。

四、刚毅木讷

孔子在《论语·子路》中说"刚、毅、木、讷，近仁"。

刚毅，这个人性格刚强、坚毅，不动摇；冷面热心，用霹雳手段、行菩萨心肠，都属此类，其实是仁。

木讷，说话不是很快，也不是很善于言谈，有的时候反应慢一点，让人感觉到这个人挺迟钝、愚笨，这样的人往往和仁这种品德很接近。孔子讲的并不一定有非常明晰的理论支撑，但是这种社会现象确实存在。这是基于一种心理分析而形成的对社会现象的判断，基于对人性格的分析，而对道德品质所产生的评价。当然这种评价是概括性的，是一种有涵容度的评价。《论语·颜渊》中，孔子说"仁者其言也切"。仁者说起话来有点费劲、语迟，而弟子司马牛问老师说："斯言也切，其谓之仁矣乎？"说话慢就是仁吗？这就要进入一个内在的、逻辑的、理性的分析，形式上，看这个人说话慢，这就是仁吗？孔子说："为之难，言之得无切乎？"做起来不容易，说起来能那么轻松吗？这就揭示了为什么刚毅、木讷才能近仁，为什么"仁者其言也切"。因为在社会生活中，很多事情不是轻飘飘的一句许诺就能够兑现的，轻许诺言可能就是一种不负责任的态度；而你要是真的很负责任，就会考虑到问题的难度和程序，所涉及方方面面的条件和因素。因此，在你要答应别人什么事情的时候，你要说话的时候，一定要先思考，能不能做到，能不能兑现，要有责任感，而这种责任感就是仁的表现，是仁爱、仁心，所以"刚、毅、木、讷，近仁"。孔子在本色教师之外，最应该称赞的就是社会学家，对人情世故有深切的体认。

相对于木讷，孔子还说"巧言令色，鲜矣仁"（《论语·学而》）。这是从否定的角度去分析说话与仁的关系。话说得很漂亮，总是眉飞色舞，这样的人，一般仁爱之心都不是很强。这是基于对社会现实的经验分析给出的结论，关于这个问题并不一定百分之百都这样下定论。但它给我们在社会生活中做了提醒和警示：巧言令色、能说会道、花言巧语、眉飞色舞……我们遇到这样的人，就要用这个标准去思考，这个人是不是够厚道、有仁爱之心。当然，也要具体情况具体分析。例如，教师想让教学的效果好，就要和学生进行有效的沟通。有的时候不仅要把自己的语言梳理流畅，还要想怎么能够通过自己的容色举止，传达对学生有所增益的内容，要是从形式上看，那不就是"巧言令色"吗？

这是不是和仁发生矛盾了呢？要具体情况具体分析。在《论语·乡党》篇里，孔子在不同场合说话，表现得就不一样。有时候言语迟钝，"似不能言"，但有时候就"侃侃而谈"。孔子在《论语·述而》里就说过这么样一番话："若圣与仁，则吾岂敢？抑为之不厌，诲人不倦。"从一个教师的角度来讲，要是能做到诲人不倦，那就是做到了仁。你真的是能够在课堂上把你的知识、心得，从心里流出来传授给学生，不断地把教师的那份职责做到最好，这就是仁的体现。

五、仁能好恶

孔子在《论语·里仁》中说"唯仁者能好人，能恶人"。《大学》也说："唯仁人为能爱人，能恶人。"这句话很有分量，什么意思呢？仁者爱人，是不是见谁爱谁？对谁都好，才是仁呢？不是。孔子对子路说过"六言六弊"，其中第一条就提到了"好仁不好学，其弊也愚"。如果你只有一颗仁爱之心，却不通过学习去分析清楚社会中哪些是应该支持的，哪些是应该打击的，哪些人是值得你尊敬的，哪些不良品行是应该通过我们的文化把它逐渐克服掉的，那你对仁的认识就还是很模糊。真的仁人应该是既能爱人，又能恶人，爱憎分明，好的我就支持，不好的我立场坚定地予以打击，这也是仁的一种表现。（"六言六弊"见学习章）惩恶的本身就是扬善。仁人就得能爱人，还得能恶人。敢爱敢恨，立场鲜明，我们既谈了仁者能爱人，能好人，同时又区分出了仁者能恶人，这样才是对仁的一个全面的、准确的、适度的理解。

六、先难后获

孔子还说："仁者先难而后获，可谓仁矣。"比如说，我们想要获得社会的财富，或者得到社会的肯定，要靠什么呢？要靠努力，要靠行为，要靠你埋头苦干的精神，而不是靠哗众取宠，这样才能符合仁。因为你付出了劳动，劳动之后才能获得，这种获得是心安理得的。

在《论语·雍也》中，子贡问："如有博施于民而能济众，何如？可谓仁乎？"孔子回答说："何事于仁？必也圣乎！尧、舜其犹病诸！"子贡问得很高明，仁者爱人，是让世界充满爱。广泛施惠于民众，让天下的百姓都得到好处。哪个地方发生灾害，能够得到及时救济，能够让人们过上和谐、安定、幸福的生活，能做到这一点的人，是不是就可以被称为仁者呢？孔子一听就说：这哪里仅仅是仁者啊？这不就是圣人吗？我们总说孔子是圣人，孔子说我不敢说我自己是圣人，要是能做到"博施于民而能济众"，这才是圣人，这是高于仁的标准。要想做到这一点，哪怕是古代的帝王，比如传说中非常完美的尧、舜，也还是为这个问题苦恼，也感觉做不到，要真能做到这一点，那就是"圣"。随着时光的推移、社会的进步，我们的生活越来越好，我们觉得今天是中华民族走向强盛的一个时期，农民终于能够在我们这一代不用缴纳农业税了，这是以土地为生的中国农民几千年来的理想！真的能够让我们的农民从那种艰苦的劳作中解放出来，真的能够让我们社会所有的民众都过上幸福和富足的生活。真的在扶贫路上一个都不能少，这就解决了古代圣王如尧、舜等人的心病。社会的发展，科技的进步，过去"齐天大圣"的本事，在现在看来已经是小儿科了。

孔子在《论语·卫灵公》中说："民之于仁也，甚于水火。水火，吾见蹈而死者矣，未见蹈仁而死者也。"这里对仁又做了更进一步的讨论，是如何对待仁与我们生活更为贴近的论述。人性本是善的，善和爱本来就是人的需求；人对于仁的需求就相当于物质生活中对水和火的需求。我们对物质有基本的需求，我们不仅要吃饱吃好，还要吃出健康；我们要穿得好，不仅要穿得冬暖夏凉，还要穿出品位；我们要有房屋住，有房屋不仅仅是用它来遮蔽风雨，还要装修，还要讲究舒适，这都是物质上的需求。人们在物质需求之上，还有精神上的需求，还有一种自我价值实现的需求，仁是一种文化的需求。

仁是精神需求的体现。要高于对水火的需求，物质的需求是基本的需求，它是发展到一定程度，就能够得到的基本满足的需求，而精神上的需求是无止境的，"水火，吾见蹈而死者矣，未见蹈仁而死者也。"物质需求像水火，它既有有利于人的一面，也有有害于人的一面。水火是我们生活中不可或缺的物质。人世间生活没有水火是不行的，但是我们现有生活中最大的自然灾害是什么？水灾。发大水的时候，受灾害的地区特别多。火也是我们每天生活所不可或缺的，但是发生火灾就可能会死人。所以，孔子说，我见过蹈水火而死的人，但是我没有见过有谁是因为想要行仁道、热爱仁而死的。但即便是这样，人们也没能将这种优秀品质视为"必需品"。

但是儒家把"仁"这个概念从众多概念中选拔出来，不断地推举，使之不仅成为修养人生的必需品，而且是高于生命的最好品德。

在《论语·卫灵公》中，孔子说"志士仁人，无求生以害仁，有杀身以成仁"。真的志士仁人不为生命去违背仁、伤害仁。当仁与生命发生冲突的时候，我宁可杀身，也要成仁，这实质上是把仁的道德观念从身边的小事说起，一直推举到生命同等的程度，一直高扬到了超越生命的境界。

七、义者宜也

孔子强调"仁"，孟子就提出"义"来。从此，中华文化中仁和义并称，我们常说"孔曰成仁，孟曰取义"。仁义之道就成了孔孟之道的代表，孟子对于义的论述，在我们民族文化中的影响也特别大。

如何理解"义"呢？"义者，宜也。""义"强调和人相处的时候，让别人很舒服的那种感觉。对我们自己而言，做事得有一点利他性，你有事，我帮你，这就是义。遇到难事的时候我去，这事情我担着，这就是义。咱俩一起做买卖，分钱时我多给你些，这都是义。义的繁体字"義"，上边是个"羊"，下边是"手"执着一个"戈"字，可以理解成遇到物质财富分割的时候，要分割得平等，不能让别人吃亏，甚至可以给别人分得多一点；遇到需要付出牺牲，敢于争先、不能落后，得有担当，这就是义。孔子说仁说得比较多，他也说义，如"见义不为，无勇也"，见到你该做的事情而不做，那就是怯懦，是畏葸，是无勇，你这个人内心就比较胆怯，就是没有勇气。该做就做，这就是"义"。"不义而富且贵，于我如浮云"，靠不义而得来的富和贵，对我来说都是天上的浮云，带不来，带不走。

八、舍生取义

孟子特别强调"义"，强调到什么程度呢？那就是在我们百姓层面上都非常熟悉的一段著名语录。在《孟子·告子上》中，孟子说："鱼，我所欲也；熊掌，亦我所欲也。二者不可得兼，舍鱼而取熊掌者也。生，亦我所欲也；义，亦我所欲也，二者不可得兼，舍生而取义者也。"红烧鱼好吃不好吃？好吃，我想要吃；扒熊掌好不好吃？更好吃，我也想要吃。但是红烧鱼和扒熊掌不能同时得到怎么办？给我上扒熊掌，我不吃红烧鱼，因为扒熊掌比红烧鱼更珍贵。说鱼与熊掌只是比喻，接下来话锋一转：生，是我需要的，谁不想要好好活着？义，也是我需要的，是高尚的人生境界。两者都得到当然好，两者不可兼得的时候，这就需要选择。选择什么呢？在孟子这里强调：宁可舍生，也要取义。这就和孔子所强调的宁可杀身，也要成仁达到了同样的高度，因而我们常说孔曰"杀身成仁"，而孟曰"舍生取义"。仁义之道就成了孔孟之道的标志。

九、仁义之实

从概念上对义理解不是很容易梳理，但是事上非常明晰。中国文化对义的阐释特别经典，还涉及中国文化的另一对概念——"孝悌"。"仁之实，事亲是也；义之实，从兄是也。"孟子说仁的实质源于事亲，在家里对长辈孝。而义的实质是源于从兄，就是听哥哥的。事亲是对爹妈好，那就叫作"孝"；而从兄是听哥哥的话，那就叫作"悌"，也就是说，孝悌和仁义是一个意思。孝悌又是仁义的实质、仁义的根本、仁义的来源。为什么用了两个称呼、两个概念呢？

因为使用的范围不一样。在家叫"孝悌"，出门叫"仁义"；在家是"孝悌"之人，出门就是"仁义"君子。懂了这句话，才能读懂《论语·学而》中说的："其为人也孝弟，而好犯上者，鲜矣；不好犯上，而好作乱者，未之有也。君子务本，本立而道生。孝弟也者，其为仁之本与。"真正的孝悌之人不作乱，听父兄的话，讲究上下伦理秩序。经过这么一转换，你会发现儒家的这些思想都是不离常行日用的，不过就是使用的范围大小、环境不同而已。在家对爹妈就叫孝悌，放大到社会，就叫仁义。

十、江湖义气

在中国文化中，如果把"义"的文化引入团队，它会产生什么效果了呢？因为"义"强调的核心就是从兄，你得听老大的。你的属下听你的，不是因为你的权力大，不是因为你的钱财多，而是他作为属下，小弟听大哥的，就讲究，就符合了"义"的文化。义在社会上的影响力特别大，为什么旧社会都拜关羽？就是无形地督促着你，要听大哥的。当然有些人可能模仿其形，也不知道什么意思，但朦胧之中觉得这东西有用。关羽最优秀的品质，或者说千古绝唱，就是过五关斩六将、千里走单骑去寻兄，这是最典型的"富贵不能淫，贫贱不能移，威武不能屈"的大丈夫，是义的化身，所以关羽像到处都有。但是"事要听老大的"这种文化理念很容易出现问题，本来见义勇为是挺好的，结果因为盲目地听大哥的，最后就可以不在乎法律、制度，不在乎善恶。武松为了义，不在乎法律，就能设私刑杀人；关羽为了义，就可以华容道放曹操，这就是不在乎制度。很多社会团体、社会组织，特别是旧中国、黑社会，只要是做小弟的就得听老大的，老大让我干什么我就干什么。所以，义在中国文化中，有时演变成哥哥对弟弟的道德绑架，因为它高于法律，忽略善恶之辨了。它流入了江湖，走进了社会，沾上了一身江湖气、社会气，甚至有匪气、流氓气。我们为了限制它，在前面加了一个"正"，就是正义；为了让人明白它，加了一个"道"，就是道义；为了能够往好处走，加了一个"仁"，就是仁义。

做领导的重视"仁"，做下属的重视"义"，君仁臣义，文化是双刃剑。如果上级不体恤下情，下级就要说："你不仁，我不义。"当然，如果下级心量大，胸襟开阔，就可以说："你可以不仁，但我不能不义。"那么，这样的下属就更有抗击打能力，就可以逆境成长，逆风飞扬，就可以艰难困苦，玉汝于成。

仁是仁心，义是义行，所以居仁由义。仁，内也；义，外也。仁强调的是内在的善良品质，义侧重的是对外的利他行为。有了内在的认同，外在的行动，就是知行合一，就是内修外用，就是内圣外王。因而，仁与义就这样完美地统一起来了。

诚于中，形于外。仁是向内用力，义是向外用力。仁体现在内心的柔和，义体现外在的刚强。一刚一柔，一内一外：仁与义配合，才能形成中国人思想行为和谐统一的道德标准。

孝悌

　　仁义之内是孝悌，"仁之实，事亲是也；义之实，从兄是也"。事亲就是孝，从兄就是悌，其实仁义与孝悌是一回事，在家叫孝悌，在外叫仁义。概念虽不同，其实一也。

　　中国文化，儒、道、释三教并行，儒家关注现实生活，道家渴望回归自然，佛教思考人生彼岸，三教各有侧重。儒家特别关注现实人生。现实生活中，家是我们最基本的生活环境。在家里，父慈子孝，兄友弟恭，夫妻和睦，就是天伦之乐。在儒家的伦理体系中，"孝"被认为是众多伦理关系中最重要的。养儿防老，父母唯其疾之忧人。生老病死，代代传承就是民族得以维系的根基。

　　《孝经》中说"孝者，德之本也，教之所由生也"。孝是众德之根本，是教化的源头。儒家文化系列代表著作十三经中，唯一以"经"称谓的就是《孝经》，孔子是"志在《春秋》，行在《孝经》"。《孝经》中说"夫孝，天之经也，地之义也，民之行也"。孝不是天地自然的属性，但孝就像天地自然一样，它是人的文化特性，人与其他动物之所以不一样，就是因为人有文化。而人的众多文化中，孝文化是很重要的一个内容，它是人伦之始，是人人都不可忽视、必须学习的文化。

你仔细想想：对幼子的爱护是所有高等级生命的共同特征；而对长者的赡养与亲爱则是人类文化的特有。所以，重视孝相当于重视人类文明的特征。

"孝悌"是中国人传统伦理的基本构成，孝和悌是相生相伴的情感。一个人拥有孝和悌的品质，被看作为人为事的道德保障。"有仁有义"，这不正是对一个人的最高评价吗？有一片赤诚的孝敬之心，即是仁者，存有一份热忱的手足之情，即是义士。如果说"孝"是两辈人之间理想的相处模式，那么"悌"就是同辈人之间理想的相处模式。孝和悌共同完成了家族之内的和谐。孔子以孝心构筑了仁德，孟子以悌道生发了义气，孝悌之道保证了家齐国治的基本元素。

一、孝字演变

"孝，善事父母者。从老省，从子。子承老也"。——《说文解字》

"孝"字从老，那我们就从对"老"字分析说起。

在《说文解字》中说："老：考也。七十曰老。从人毛、匕。言须发变白也。凡老之属皆从老。"

"老"字的原型就是一个人，头发很长，腰弯了，手里拿着拐杖；到汉代，文字演变转换，变成了今天我们能够看得明白的"老"字。而作为一种符号意义的"老"字，已经没有人老了的象形状态。但从农耕文化土葬特性上解读，什么是"老"？"老"字的重要部件是"耂"，如果滑稽一点解释：人生就是一个不断往土里扎的过程，这从文字源流上讲是没有依据的，尚属望文生义。但从文化学角度讲，是有一定意义的。基督教文化，《圣经》里就强调这一点——"你是尘土，必归于尘土"；在中国文化《礼记》中也有过几处论述：《檀弓》："骨肉归复于土，命也。"《祭义》："众生必死，死必归土。"《效特牲》："魂气归于天，形魄归于地。"所以，从文化角度来讲，两种文化对生命的理解很相似，都可以用来说明这个"老"字。汉字中凡是跟土字加一撇相关的"耂"字，都跟老有关。虽然我没有找到十足的证据，但并不等于说这就是一个荒谬的解答。这也可能是文字的造字根源。现在我们仔一看，"老"下边的部分是匕首的"匕"，西方人把时光比喻为悬在头上的一把利剑。东方人说：时光是顶在我们腰上的一把匕首（当然，"老"字下面的"匕"不是"匕首"，而是胡须），时光是不可逆行的，很让人恐惧。那么怎样才能不让人恐惧呢？最好的办法就是忘掉时光，换上儿孙绕膝，享受天伦之乐，去掉"匕"，换上"子"，让孩子背着老人往前走，这就是"孝"从"老"字的转换，所谓"从老省，从子，子承老也"。从文字梳理来看，根据"老"和"孝"的图形，孝道就是儿女对父母的一个反哺、感恩。

教也是这样。《孝经》说："夫孝，德之本也，教之所由生也"。𤔲是教原来的字形，左上角是一个"爻"，《周易》六爻就是这个字，《周易》是因数成象，由六七八九形成阴阳爻，用大衍筮法组合成爻的图形，就是摆木棍，是象形图，下面是个孩子，相当于在做计算题，右边是一只手，拿着一个很粗糙，甚至是带权的棍子，等于说当爹妈的手里拿着一个棍子，在看着孩子写作业。这就是中国古代的一个"教"。也是到了汉代经过文明的进化，经过对文化的整理，经过对前代知识遗产的反思，教育就成了用文明的手段让我们的下一代懂得孝顺这种道理。这就是文字的流变。

二、人兽之别

人类文明进化为什么比其他动物迅速？第一个原因是人类学会了用火。为什么我们举办奥运会、全球盛会时，大家都要祭奠圣火？是仅仅实现人们奥运追求的百年梦想吗？在中国文化意义中还有其他意味，是中华民族千百年来"夸父逐日"的追求，还是整个人类从蒙昧走向文明的一个标志。

在史前时代，山火一着，所有的动物都向山外边逃窜。人的可贵之处在哪里？人一旦脱离火海，就不跑了，不但不跑，还回头看，然后还伸手尝试着抓，当然抓到着火的地方把手上的毛燎掉了，但是抓到没有火的地方，或正在燃烧的树枝，把它一举，这就是奥运火炬。从此，黑暗中就有了光明，寒冬里就有了温暖，从此，人类告别了茹毛饮血的蛮荒时代，由吃生变为吃熟。因为由吃生变成吃熟，寿命就得到延长，瘟疫就得到了控制，人类有的器官功能就退化了。哪些地方退化了呢？首先就是两颗小虎牙的退化，原来那是獠牙；其次是美甲，原来叫爪子，配合獠牙撕咬小动物，但是因为吃了熟食，牙齿就退化了，爪子变成了纤纤玉指。牙齿和指甲都退化了，哪里发达了呢？大脑，脑袋就越来越大。儿子的"子"原字形为"𗊅"，为什么是大脑袋？这里就有很多文化含义在里边，就因为脑袋大了，所以人类的母亲就特别伟大。为什么？因为在所有高等级哺乳动物里，人类的母亲分娩是最痛苦的。脑袋太大，生产困难，母亲冒着生命危险让我们来到这个世界上，人类的母亲每次分娩都是一次生死考验。所以，儿女反思怎么回报父母恩情就逐渐产生了孝的思想。在高等生物群体里，对孩子好，对晚辈好是所有高等级生命的共同特征，换句话讲，这叫本能。但是反过来，对老人好，对长辈好，这才是人类文明的特有，其实孝就是如此。就像人类会使用火一样，是人类独有而其他动物没有的一种文化。会用火，引发人类整体的物质文明进化；重视孝，则是中华文明突出的特色，特别是儒家文化的特色。孝文化是人类和其他动物的根本区别之一。

有一次，我们学院退休的老教授领着孙子到校园玩儿，大家看到，都很羡慕地说："呀，您老都当爷爷了，真幸福啊！"谁知老爷子听了，并没有显得很高兴，反而显得心里不平衡，带着气地说："爷爷？谁是谁爷爷？我是他爷爷？他才是我爷爷。"老教授一诉苦，大家就全明白了。小孩的父母不在他身边，当爷爷的早上要打车把孙子送到学校，然后自己要挤公交车回来；晚上挤公交车到学校，然后打车把孩子接回来。儿子儿媳一个月回不来一趟，回来之后也不管他，就看小孩，胖了？不行。瘦了？不行。吃肉不行，不吃肉还不行；穿多了不行，穿少了也不行。每次儿子儿媳围着孩子看的时候，老教授说他的心就和小媳妇似的，恐怕他们不满意，恐怕把人家孩子伺候出点毛病来。老教授说这些的时候，大家还没太注意，就一乐当开玩笑，觉得现在很多家庭都这样。但是他接着说的这一番话就值得我们注意："当初我年轻的时候，我出差时，看到好东西的时候就想：这东西我儿子喜欢，于是我就给我儿子买。而我就没去想我爹妈喜欢什么，当时我的一个想法非常直接：我对我儿子这么好，我儿子长大能对我不孝顺吗？岂不知，等我儿子长大出差，想着也是给他自己的儿子买，不去想我。"这说明什么问题呢？都向下一辈使劲，这是动物的本能，你并不比小猫小狗更优秀，但是你要反过来知道照顾老人，这是人类文明的特有。

人和其他动物的本质区别是人有文化，而文化众多因素的一种就是孝。孝是人特有的属性，动物到目前还没有这一点。

严格意义上讲，孝也是人类比其他动物更加进化的表现之一。都说"乌鸦反哺"，谁见到过？都说"羔羊跪乳"，那是因为羔羊跪着吸吮母羊的乳头高度正好。人看到了，触景生情，托物言志，借此类比，教育孩子要懂得孝顺父母而已。所以，我们举了"羔羊有跪乳之恩，乌鸦有反哺之义"，是人为了教育下一代，用动物做的拟人化比喻，人不能禽兽不如。认真想一想，其实对孩子好是所有高等级动物的共同特征，猫呀狗呀都能做到；而对老人好，那才是人类文明的表现，更是中华优秀传统文化的特点，是儒家文化家庭伦理中最为重视的良好德行。再仔细想一想，只懂得对孩子好，人老了怎么办？而有了"孝"的思想，老人对孩子好是本能，孩子对老人好是文化，父慈子孝，人生的链条就生生不息地继续下去。

从社会学来看，家是最基本的社会细胞。青年男女结成夫妻，组成家庭，是从原有的各个生活中分裂出来，产生新的社会细胞，形成一个新的生活环境、新的社会组织。《周易·序卦》对此就有所表述："有天地，然后有万物；有万物，然后有男女；有男女，然后有夫妇；有夫妇，然后有父子；有父子，然后有君臣；有君臣，然后有上下；有上下，然后礼义有所错。"那么在家庭这个结构中，有一系列的思想和行为准则能够让家中生活变得有亲情、和谐。维系着亲人之间的情感纽带,一个最重要的因素就是"孝"。

三、天经地义

《孝经》是儒家系列经典十三经之一。而历代对十三经的注释解读都是专家学者,只有对《孝经》的注释是由一位皇帝唐玄宗李隆基来完成的。

为什么连一位帝王都重视《孝经》呢?不仅因为《孝经》是孔子为他的学生曾参讲述关于"孝"的道理而作,纪晓岚在《四库全书总目》中认为该书是孔子"七十子之徒之遗言",更重要的是中国人在众多道德品质中,认为"孝"是最基本的美德。"孝"就像天之经:四时运行、春秋变化一样;"孝"就像地之义:养育万物、承载山河一样。"孝"就是人的最优秀品德,"孝"最直接的意思是对自己父母好。古代汉魏取仕,举孝廉,强调"求忠臣必于孝子之门"。老理儿认为:一个对自己爹妈都不好的人,说他对企业老板好,你敢信吗?你敢用吗?所以,孝是立身的根本。而且孝文化之所以在社会生活中影响巨大,又不仅仅局限在对自己父母好的层面,你能不能做到"老吾老以及人之老?"做到推己及人?一旦领导者能注意重视这一点,员工的忠诚度就会提升,"孝慈则忠",而且同志之间关系也能好,甚至业绩额都能上升。"敬其父则子悦,敬其兄则弟悦,敬其君则臣悦",以孝治家,以孝治企,以孝治国是有很好效果的。当然孝文化也有大量的糟粕,比如传统的《二十四孝》里面就有很多违背人性的诡异之事。当年鲁迅先生批封建旧传统,不就是以旧《二十四孝》中"郭巨埋儿"为例吗?为了能够古为今用,为了能够推陈出新,全国妇联推出新二十四孝，其中"教老人上网""支持单身父母再择偶"等都是充满着时代气息，与时俱进的良好体现。

四、《论语》言孝

《论语》中有一系列关于孝的讲述，如孝敬、孝顺、孝心、色难、子承父业等。

《论语》中有这样一句话说得是很沉重，当然也是很贴近的："子曰：父母之年，不可不知也。一则以喜，一则以惧。"随着岁月的推移，我们既为父母的健康长寿感觉到欢喜，又知道岁月是在不断流逝。人生终究有走到尽头的时候，所以在高兴的同时，还有一份畏惧，还有一份担忧。真是一则以喜，一则以忧啊！

我们常说"树欲静而风不止，子欲养而亲不待"。子路当年也走过一段非常贫穷艰苦的岁月。他在贫困的时候，曾经百里负米孝顺自己的父母，后来做官了，生活富裕了，但是父母已经去世了。他感叹说，我虽然还想百里负米孝顺我的父母，但是已经没有这个可能了，因为父母已经不在了。儒家文化强调人的各种美好的品质和道德，都是从自己身边的事说起，最贴近的就是孝和悌。孝最好的下手地方就是把父母的年龄牢牢地记在心里。

对父母怎么样尽孝呢？孔子曰："事父母，几谏，见志不从，又敬不违，劳而不怨。"这要求就相对要难一些，在侍奉父母的时候，见到父母在言行处事上有一些地方有小毛病的话，你也要好言相劝，"几谏"：细微委婉的劝导。而不是父母有毛病，就义正词严地申斥，很激烈地批评，那不是孝子所为，"见志不从"，父母不听，你还要敬而不违，而且要劳而不怨、任劳任怨。怎么样去尽孝道？不能脸上表现出来不满的情绪，内心还有一些怨言。

"事父母，几谏。"人生就是长江后浪推前浪，一代更比一代强。从自然发展的角度来讲，你是一定要比你父母强的，如果你不比你父母生活更进步的话，这个家族不是一代不如一代了吗？在奶奶辈儿还是九斤老太，后来就变成七斤了，再后来就变成六斤了、五斤了，最后不就成早产儿了吗？这是鲁迅小说中的一段故事。如果一代更比一代强的话，那你会感到你的父母在有些事情的处理上未必就很恰当、未必就很公允。遇到这种事怎么办呢？儿童时期特别崇拜自己的父亲，认为自己的父亲就是世界第一英雄。随着年龄的增长，自己也成长壮大起来，回头一看，父亲不过是一个很普通的人，而且毛病很多。这时，自己胆气也壮了，看有什么不对的时候就批评他，那能行吗？他们在处理生活问题时，如果有什么地方不妥的话，你可以和颜悦色、非常委婉、很有耐心地提出一些意见来，给他们提醒，供他们参考。

有很多学生向孔子提到怎样对父母才能算尽孝，孔子针对不同学生的提问，从不同的侧面做了回答。《论语》中涉及的这些问题，也可以为我们如何尽孝提供一份参考。如果我们从理性上接受了这些思想，在社会生活中一遇到这件事情，我们就能够心平气和地去对待这样的事情。

孟懿子问孝。子曰："无违。"樊迟御，子告之曰："孟孙问孝于我，我对曰'无违'。"樊迟曰："何谓也？"子曰："生，事之以礼；死，葬之以礼，祭之以礼。"

孟懿子是当时执掌鲁国国政的三家权臣之一孟孙氏的后人，孟懿子作为贵族向孔子问怎么样尽孝，孔子说"无违"，孔子就这一句，背后意味深长。樊迟是孔子的弟子，他驾着车拉着自己的老师，老师在乘车的过程中主动跟学生说了，把刚才说的话跟樊迟又交流了一下，他说"孟孙问孝于我"，我对曰"无违"。其实这番话也是在启发樊迟，对于孟懿子而言，要"生，事之以礼；死，葬之以礼，祭之以礼""尽子孝父之道，行子孝父之礼"。

因为那是贵族，强调生死葬的一贯性，相当于"慎终追远，民德归厚"。像我们平常人家里，儿孙绕膝、亲密无间。如果在这一方面特别强调礼，我们反倒无从下手。以礼来为父母尽孝。父母去世的时候，有的人家葬礼办得轰轰烈烈，外人就说，活着的时候干什么来着？活的时候好好尽一份孝心，用不着在这个时候搞得大张旗鼓。

这是孔子对孟懿子问孝的回答，这里面其实还有更深刻的意味。因为孟懿子还执掌着鲁国的国政，分管鲁国的政权，他这种孝实质上就是在社会生活中、在政治生活中，是不是也能按照父辈的志愿，不要僭越、不要过分，既不能松弛懈怠，也不能超越礼制去处理自己的行为。如果你把这些事情做好了，也是对父母的孝。

孟武伯问孝，子曰："父母唯其疾之忧。"孟武伯是孟氏家族的另一代，他问孝，孔子回答就不像上一个回答得那么复杂，孔子说"父母唯其疾之忧"，这一句话有三解：第一解，什么是对父母的孝？就是要考虑父母的身体状况，对他们的健康一定要十分关注，有病你要放在心上，要及时带他们去治疗。第二解，除了有病之外，在其他方面就不要干涉父母的生活。"唯其疾是忧"，唯，只在此留意，这是一种解释。第三解，什么是孝？自己一定要有一个健康的身体，不要让父母为子女的身体担忧。要惦记父母的健康，自己也要保持健康。把这两方面都考虑到，就是对父母最好的孝心的体现。

子游问孝，子曰："今之孝者，是谓能养。至于犬马，皆能有养，不敬，何以别乎？"子游问什么是孝，孔子说现在所谓的孝，就是能养老而已。我们对宠物也能养，不懂恭敬，和养宠物有什么区别？你能养猪、养鸡。但是养这些东西是养而不爱。没谁听说我养头猪，我很爱它。但是你养宠物，你就爱了。你养那小狗、小猫，养那小宠物，它乖巧，逗你乐，你就觉得特别讨人喜欢，但没听谁说我喜欢家里的小狗，我回家之后就先给他鞠个躬，这叫爱而不敬。但是你对老人就要孝敬。你得敬着他。当然有的时候怎么做，你得把握好分寸。亲情之间也用不着太客气，所以在这个问题上，孔子谈到了孝不仅是口腹之养，更是要尽孝心的。我们现在生活中，特别是一些豪华住宅区，有些人养的宠物吃的猫粮、狗粮价值都不菲，营养也很全面。但是你能把那个和对父母的孝等同起来吗？差别在哪里呢？差别就是一个心情。在这个问题上，古人做出了很好的榜样。

在《孟子·离娄章句上》中有一段关于养老的话："曾子养曾皙，必有酒肉。将彻，必请所与。问有余，必曰'有'。曾皙死，曾元养曾子，必有酒肉。将彻，不请所与。问有余，曰：'亡矣'。将以复进也。此所谓养口体者也。若曾子，则可谓养志也。事亲若曾子者，可也。"这里的"养口体"与"养志"是孝的一大区别。曾子，大家知道他在孔门弟子中是以孝著称的。曾子侍亲，他的父亲是曾皙，就是弟子各言其志章里"吾与点也"的曾点（见《志气》篇）。曾子赡养曾皙，是经常要有酒肉的，而且酒肉每顿要有富余，宁可剩一些，不能不足。等撤下来的时候，曾子每次都问：这些食物要不要送给谁一些呢？曾皙说把它送给谁，曾子就送给谁。曾皙若问还有没有了？曾子一定是回答有。曾皙去世之后，曾子的儿子叫曾元，曾元在养曾子的时候，也是模仿着他父亲孝顺他爷爷的形式，也是常有酒肉，但是父亲吃完之后，他不问给不给谁送一些了，当父亲问他还有没有的时候，他说没有了。实际上有没有呢？有，他是想留着给父亲下一顿吃。那么这两代人比较起来，谁更孝？历史上是肯定了曾子，因为曾子的孝不仅让父母在物质上得到满足，从心理上还能得到满足。父亲问还有没有剩余？有，证明我们家生活富裕，让父亲很宽心。东西分给亲戚朋友，做父亲的非常欣慰、非常高兴。你要理解老人的心，如果你今天包饺子，给大伯送了一盘，明天做红烧肉，给二姑端去一碗，你的父亲会非常高兴。第一，那些人是他的兄弟姐妹，亲如手足。第二，你的父亲在父辈之间可以很骄傲自豪，看看我的儿子多孝顺！不仅对我好，对你们都好，瞧瞧你们家那两个忤逆，六亲不认。而曾元养曾子，曾子问还有没有了？曾元说没有了，其实他说没有，是不想给别人，留着下一顿还给他父亲吃。但是，这只是对父亲物质上的一种赡养，没有懂得老人的心情。所以，孟子就评价曾子是"可谓养志""事亲若曾子者，可也"。这就是孝心。

子夏问孝，子曰："色难。有事，弟子服其劳，有酒食，先生馔，曾是以为孝乎？"孝顺的另一个表现就叫"色难"。一定要注意什么呢？脸色。不管你在生活中遇到什么情况了，在工作中有什么压力了，这一天天的呀！最后搞得表情都僵硬了。但是你要是回家看父母的时候，进家门之前，你一定要用手把脸上的肉往上推推，让僵硬的肌肉活起来。孔子说色难，就是强调面对父母时，这个表情非常重要，"孝子之有深爱者，必有愉色"。愉色，就是愉快的颜色。回到家里，你的脸色非常好，大家觉得你轻松、快乐、事业有成、工作有进步。大家就觉得好。父母亲看着你也开心。"必有和气"，说话别冲。有的人说父母是老小孩，有的时候老人做事是挺怪异，但是你不能因为他做的事挺可笑，就"这不对，那不行！那样不对，这样不好"。你不能吆喝他，而是要口气和缓、和气。"必有柔声"，说话声音要低、要软。然后"必有婉容"。就是脸上洋溢着一种微笑，透着幸福感、获得感，对生活很满足的样子。我们过去为什么有女性名字就叫婉容？其实婉容就是对父母脸色很好。我们这个脸色都不用照镜子特意去看，只要心情一变化，脸色就像阴晴表一样，都能透射出来。

子曰："父在，观其志；父没，观其行，三年无改于父之道，可谓孝矣。"父亲在世的时候，看儿女的理想；父亲去世的时候，看孩子的行为，三年初心不改，沿着父亲追求的理想去努力，不离父亲遵循的道路，不违背父亲的处事原则、规矩，这样的行为就是"孝"。这里强调的孝不单单是生前的赡养，还有父辈逝世后，对其理想志向的继承。比如：大禹治水，其父鲧也是治水的，因为使用"堵"的方法，没能治理好水患，被舜帝治罪杀身。大禹继承了父亲的遗志，用"疏通"的方法，"随山刊木""随山浚川"，治好水患，完成了父亲未竟的事业。再如：司马迁，其父司马谈就是太史令，作为史官，司马谈为自己一生没能修一部史书而遗憾，汉武帝封禅泰山，作为太史令的司马谈都不在参行的名单里，羞愧难当，含恨而逝。司马迁子承父志，发愤忘食，甚至身遭腐刑，仍矢志不渝，终于著成五十二万字的史书巨著《史记》，"究天人之际，通古今之变，成一家之言"。

由此观之，在我们的生活中，"孝"不仅仅是常回家看看，给老人吃好喝好，还有更具体的"色难"和更深刻的"子承父志"。家庭伦理中，"父慈子孝"的对应，"兄友弟恭"的扩散，向社会延伸的"仁""义"等，以"孝"为中心，形成中华文化的家庭伦理系统。

五、悌道从兄

"悌"字左边是个竖心，右边是个"弟"字，它主要是讲做弟弟的对兄长要尊敬、顺从。我们在社会生活中强调的是兄友弟恭，做哥哥的对弟弟要友爱，而做弟弟的对兄长要恭敬、顺从。

《说文》："悌，善兄弟也。"贾谊《道术》曰："弟爱兄谓之悌。"悌的本意是敬重兄长。而推演开来，"悌"就是兄友弟恭，就是兄弟姐妹之间的和睦相处。

悌是什么？悌就是义。我们说儒家文化中特色最突出的道德标准就是仁义。其实仁和义从哪里来的？怎么样才能做好仁和义？就是从孝和悌这儿来的。"仁之实，事亲是也；义之实，从兄是也。"事亲是孝，从兄是悌。为何关羽、武松都被当作义的代表？因为两个人都在"从兄"，也就是"悌"道行得好！如果说孝道解决的是上下辈分的关系，那"悌"道解决的就是平辈之间的关系。

《三国演义》武圣关羽，做人义气高于军事本领，《水浒传》聚义厅、忠义堂，现代武打小说、电影等都是变幻着不同的道具，演绎着相同的主题，这个主题就是舍生取义的精神。文学作品中讲的义就是要听大哥的。"听大哥的"往家庭范围内一归拢，不就是悌吗？悌就是用心做好小弟，因为有了在家里面弟对兄的恭敬，才能有社会中做小弟的要听大哥的义气。在家庭中，它叫作悌，推到社会上，它就叫作义。因而仁的根本是孝，而义的根本就是悌。

仁义跟孝悌两个概念其实是一回事，一回事为什么用两个概念呢？使用的地点不一样，在家叫孝悌，出门叫仁义；在家是个孝悌之人，出门才是个仁义君子，实际就是家里家外的事。

儒家文化就是基于人与人之间，日常生活关系的伦理文化。读《论语》，你就会发现这些观念都源于人与人之间的血缘亲情，而且是由自己最近的亲情，一点一点向外部延伸拓展的。因而说，孝和悌是儒家文化所有道德观念的根本。

《论语》开篇第二章："有子曰：其为人也孝悌，而好犯上者，鲜矣；不好犯上，而好作乱者，未之有也。君子务本，本立而道生。孝悌也者，其为仁之本与？"孝悌是子女对父母尽的一份爱心，是兄弟、姐妹之间表现出的一种友爱和恭敬。人要是孝悌的话，他在社会生活中就很少做出犯上的事。鲜者、少也。对上很恭敬，反过来要去作乱，这样的事其实是不会有的。为什么呢？因为行为是来自思想观念的，你得想要作乱，才能去作乱。而你的内心世界是对父母的孝、对哥哥姐姐的敬，你怎么能够犯上呢？你对上都不犯，怎么能够作乱呢？

笔者年轻的时候，在工作单位处不好与上级领导的关系，和前两任院长有矛盾。后来，又来一位女院长，关系处理得还不错，同事开玩笑，你好色啊！笔者想一想，没有这个因素啊！为什么呢？想不出个头绪。后来，自己也当了院长，有一天，遇上我们前任院长，他已经退休了，笔者就与他聊天，问当年在单位，因为什么总是产生矛盾呢？他说："我都退休了，都没有想明白这个问题。"我问：那你说一说对我的印象吧！他说印象？你只要一出现，我就觉得是威胁！他这么一说，我一下子全明白了，我的家里兄弟四人，我是老大，我之上没有兄长姐姐，我不知道怎么做小弟，做了半辈子大哥，到哪里都要有大哥的样子，在单位，本来领导是老大，可你一出现，又来一个老大，所以天生就有一点威胁。但是我会做大哥，现在做院领导，我觉得一点都不陌生，和在家里做大哥没什么区别，遇事要有担当，见利多惠及属下。中国文化，从"齐家"到"治企"，再到治国平天下，其道理都是"一以贯之"的啊。所以孔子说："孝乎惟孝，友于兄弟，施于有政。是亦为政，奚其为为政？"

孝和悌，推而广之，是整个人在社会交往中立身的根本。

"君子务本"，"本"是什么？"本"是一个指示字，它是一个木，然后在木的这个主干的根部画上一横，所谓的"本"就是树根部的地方。这是一个起始点，不管我们所学的文化知识有多么多，也不管我们传统文化中，它给出我们的道德观念有多么复杂，甚至也不管有些观念它多么形而上。优秀的人，首先要立住根本，根本立住了，发展的路、做人的道也就出现了。孝悌就是"为仁"的根本。

传统文化中有很多形而上的概念离我们并不远，只要我们沉下心来，在文献中把它梳理出一下，就会发现传统文化是"不离日用常行间，直指先天未化时"，它的下手处就是"愚夫愚妇可与知也"，它的高明之处是"虽圣人亦有所不及也"。

六、不悌乱国

《春秋》里有一句话叫"郑伯克段于鄢"。《春秋左氏传》把它扩展成一篇文章，做了详细解释："初，郑武公娶于申"，郑武公在申地娶妻，"曰武姜"。"生庄公及共叔段"，生了庄公和共叔段。"庄公寤生"，寤生？有人说，姜氏在梦中生的，就是她睡着的时候，孩子就出生了，这样就把母亲吓着了；也有人说是逆着生的，就是腿先出来。不管怎么说，就相当于我们现在的难产，因而就把母亲吓着了，所以母亲就不喜欢老大庄公，而喜欢小儿子共叔段，总想让共叔段来替代庄公。按照中国社会嫡长制，那是轻易做不到的，庄公接了班之后，做母亲的就总向老大给老二要条件，今天要点财政拨款，明天要点优惠政策，搞得老二特别自满，自己领地修的城墙比老大的都高。结果其他的一些臣子就说了，"都城过百雉"，这是一种危险信号，就告诉庄公，你得管管，要不然一个国家像有两个君王似的，天无二日，国无二主，这样下去，我们到底服从谁？照理说，庄公是应该管的，作为长子，他可以直接和母亲交流：你别那么宠我弟弟，你看都把他宠坏了。作为大哥甚至可以直接和弟弟谈一谈：你什么意思呀？你想当老大呀？你想当老大你来呀！你只看君王这个位置挺好，你知道当老大多辛苦啊！中国历史上，伯夷叔齐不就是不坐王位都跑了吗？但是庄公这些话都没说，不但不去做这些工作，当别人跟他说这个事的时候，他说了一句："多行不义，必自毙，子姑待之。"总做坏事，早晚有一天要出事，咱等着瞧！这按着中国文化讲，这就是"心达而险"，心里很明白，但是用心不良。庄公首先没有尽好当哥哥的责任，接下来这弟弟做得更过分，"又收贰以为己邑，至于廪延"，自己将"西鄙、北鄙"边城的管辖权兼揽了过去，越来越得寸进尺，贪得无厌，胆子越来越大，越来越嚣张，最后，"大叔完聚，缮甲兵，具卒乘，将袭郑"，就明摆着要造反夺权了。而且，这件事最奇葩的地方，是"夫人将启之"，当妈的居然做内应，参与这场阴谋叛乱，真是匪夷所思。这一切的行为早已在庄公的掌握之中，本就想找机会除掉段，但是段不叛，庄公无借口，率先发难，大家会认为当哥哥的残忍，不容弟弟。现在，你先造反了，大家都知道了，于是一切尽在计划中，庄公一句"可矣"，最后的结局，先是"京叛大叔段"，后是"大叔出奔共"。

多么可笑的一场闹剧！《春秋》二百四十二年间，乱哄哄的宫廷内斗剧就是从这家拉开的大幕。据孟子统计，春秋期间，"弑君三十六，亡国五十二，诸侯奔走不得保其社稷者，无计其数"。所以，孔子著《春秋》，乱臣贼子惧，因为孔子的春秋笔法是一字之间含褒贬。"郑伯克段于鄢"，郑伯与段，实为兄弟，势同水火，如两国之君相斗一般，兄不友，故不称兄，"段不悌，故不称弟"，多可悲的人生！哥哥不友爱，弟弟不恭顺，手足兄弟，反目成仇；做母亲的也没原则，是这场事件的重要参与者和同谋。纵观春秋史，可谓"春秋乱，妇人半"，女性的因素占比极大。所有的问题都是由家庭引起，波及社会。所谓天下国家，天下之本在国，国之本在家，家庭伦理出现了问题，天下都乱了。这是一个深刻的教训。

中国封建社会是嫡长制，帝王家同辈之中，长子一般是接班人的后备人选，掌握优势资源。如果兄不友，就容易对弟弟造成伤害；如果弟不恭，则更容易引发内乱。历史上，纣王与微子启、曹丕与曹植、李世民兄弟之间上演了一幕幕惊心动魄的悲剧，值得深思；相反，舜之于象、伯夷与叔齐又给我们留下一个个温暖的历史画面，究其本质，就看是否符合悌道，"孝悌也者，其为仁之本与"。

忠恕

忠恕是儒家文化孔子思想的核心圆点。

尽管我们常常说孔子思想的核心是"仁"，有时说是"仁义"，但"仁义"其实是儒家区别于其他家的特征之一。特征不是核心，而是你的长相和别人的区别。我们在"仁义"章说过：中国文化中，儒家、道家、佛教，要是从语言特征上，就能分辨出它们的不同，像"慈悲"，一听就是佛教的；要说"无为"，那就是道家的；说到"仁义"，肯定就是儒家的了，这就是特征，但不是实质。实质是人或事物最本质的属性；核心是一种思想体系的根本或依据，是从这个点向周围扩散开来的。其实，"仁义"是儒家与道家等学术流派观点不同的特征所在，把"仁"或"仁义"当作孔子思想核心，是后人说的，不是孔子的意思。那么，孔子思想的核心是什么呢？

一、一以贯之

《论语·里仁》记载："子曰：'参乎！吾道一以贯之。'曾子曰：'唯。'子出。门人问曰：'何谓也？'曾子曰：'夫子之道，忠恕而已矣。'"这段文字大体是这个意思：有一天孔子对曾参说："参啊，我的思想自始至终都是一致的。"曾子说："是啊。"孔子出去后，其他学生问曾子："老师说他的思想一以贯之，你就说'是啊'，老师的思想究竟是什么呢？"曾子回答说："老师的思想理论核心就是忠恕罢了。"

这段话有点像佛教故事里的打禅机，据说佛陀拈着花微笑不语，他的弟子大伽叶就连连点头，表示心领神会了。儒家不像佛教那么玄乎，很现实地有一问一答。

虽然有了曾子的转述，我们知道孔子的"一以贯之"之道明确表达是"忠恕"，但这毕竟不是孔子亲口表达的，孔子自己是怎样说的呢？《论语·卫灵公》有两个片段可以相互证明："子曰：'赐也，女以予为多学而识之者与？'对曰：'然。非与？'曰：'非也。予一以贯之。'"这里又一次论及"一以贯之"，孔子对子贡说："端木赐啊，你认为我学识渊博、博闻强记吗？"子贡回答说："是啊，难道不是吗？"孔子说："不是，我只是始终如一、专心致志罢了。"

但是孔子专心致志的思想是什么呢？孔子的学生子贡就直截了当地问了。"子贡问曰：'有一言可以终生行之者乎？'子曰：'其恕乎！己所不欲，勿施于人。'"子贡问老师："有没有哪句话、哪个字是可以作为终生一以贯之的行为准则、指导思想的呢？"孔子说："那就是'恕'吧。就是自己不愿意做的，也不要让别人做。"孔子认为，人一生的信条、核心思想就是将心比心、换位思考、推己及人、理解宽容。曾国藩说人生有三个字——"勤、孝、恕"——可以让人一生祥和："勤致祥，孝致祥，恕致祥。"当别人冒犯你的时候，想一想，如果放在自己身上，是否也会犯同样的错误，如果可能，那么就原谅他、宽容他，得"恕"道者，一生不树死敌。

《中庸》说："忠恕违道不远，施诸己而不愿，亦勿施于人。"《大学》里的"絜矩之道"，以及《论语》里的"己欲立而立人，己欲达而达人""己所不欲，勿施于人"都是这个意思。

二、何为忠恕

什么是"忠恕"呢？朱熹在《四书章句集注》中解释得很好："尽己之谓忠，推己之谓恕"，从文字构成上看，或曰"中心为忠，如心为恕"。"忠"是忠于内心，"恕"是如同其心。忠于内心，就是你心里是否真的这么想？别心里想一套，嘴上说一套，那就不是忠。忠还得是尽心，如果做什么事，只是尽力了，那不行，用心才是忠。那么恕是什么呢？叫作"推己及人之谓恕"。如其心，将心比心，也就是换位思考，站在对方的角度思考的方式。

三、尽己之心

曾子反省过自己："吾日三省吾身：为人谋而不忠乎？与朋友交而不信乎？传不习乎？""为人谋而不忠乎？"给人打工也好，自己当老板也好，做这个事用心了吗？要说我尽力了，那不行，尽力就是把这个事做了，但是做到什么程度不大在意。什么是敬业？如果你工作八小时，下班后，这个工作你连想都不想，这就是你的职业；但是你上班、下班都在想着这项工作，不达理想状态决不罢休，那就变成了你的事业。能把职业变成事业，就是敬业，就是忠。

传统文化看下属忠不忠，还有以下几个方面的考量：

（一）为君分忧

什么叫作为君分忧呢？就是为你的领导分担忧虑，解决他的困局和窘境。你的上级正为这个事儿烦心，而你通过努力给他解决了，对于上级而言，你就是他的忠臣。

（二）为君得人

为君得人就是为自己的组织举荐人才。为什么说曾国藩是大清功臣？因为他出山后向皇帝推荐了很多人才。不管跟自己有关没关，只要是自己认同的，就尽力举荐，像左宗棠、胡林翼、塔其布、彭玉麟、李鸿章等，导致那个时候曾国藩幕府人才济济、群星璀璨，大清的中兴气象都出来了。曾国藩的影响力太大了，带出了李鸿章，李鸿章带出了袁世凯，袁世凯带出了北洋政府，张勋、段祺瑞、徐世昌等，一梳理溯源，都是由曾国藩这一支培养人才带出来的。

有一次曾国藩同另外一位湘军主帅胡林翼巡视长江，胡林翼看见长江里的轮船"呜——呜"地长鸣，突然之间口吐鲜血晕过去了。抢救过来后，胡林翼跟曾国藩说："曾公啊，将来灭我们中华的，不是长毛，而是这些洋毛啊。"曾国藩比较冷静，他想办法解决问题："师夷长技以制夷"——就是那个时代一批精英给国家献的计策。曾国藩就是用自己的人格魅力、影响力，召唤天下乡绅、企业家们，大家有钱出钱，在国内选出一百名优秀的小孩子送出去学习西方的技术，学好了回来报效国家，修建铁路的詹天佑就是其中之一。曾国藩这个行为得到了中华民族很多正义之士的支持。最后就成为这些有识之士的一个传统。只要企业家一有钱，就拿出一部分基金来做这个事。

（三）有犯无隐

有犯无隐也是忠。有犯无隐是说：对上级可以冒犯，但是绝不能去欺骗。意见不一样的时候可以去争，理不辩不明，不能因为他是领导，就将就着他——反正是领导说的，对错我不管。那不行，宁可去冒犯，但是不能欺骗，这是非常重要的。中国传统文化中就有这么一个故事：吕端是宋代的宰相，这个人在小事上有点糊涂，但是在大事上绝对不糊涂。有一次皇帝当朝，文武百官聚会，准备商议事情。结果就吕端没来，大家就在那儿等，等了三刻钟，他还没到。皇帝有些不高兴，就问为什么吕端还没来？吕端是百官之首啊，官员和他关系都挺好，就想为他遮掩一下，于是大家就在下面小声嘀咕，其实就是故意让皇帝听到，说："这几天的事情怎么特别多？大家每天都要工作到后半夜啊，太累了……"大家就是想给吕端找个借口。过了一小时，吕端匆匆忙忙地跑来了。大家一看他跑来了，就说："皇上现在生气了，不过我们都说这几天工作特别多。你就说昨天晚上加班到后半夜，咱们可别说到两岔去。"吕端说："好，好，好。"结果到殿前往那里一站，他不吭声了。皇上一看很生气，问他为何晚了，吕端说："喝酒了。昨天晚上喝多了，没起来，一觉睡到自然醒。"皇帝一听，气得骂他："这么多人等着你开会，你在家里睡得挺舒服，还一觉睡到自然醒。"骂了几句后，皇上就想，我也有喝多的时候，何况这次他也没误了什么大事，于是批评了几句，下不为例，这个事就这么过去了。等到一散朝，大家就急了，跟吕端说："宰相啊，你可太笨了！大家都说了这几天工作特别多，你就说一句昨晚上加班了，不就过去了吗？"吕端说："不行。喝酒是人之常情，我喝醉了，没起来，不是故意的。我这事儿再大，也就是个迟到，皇上顶多是生气骂我几句。但我要是撒谎，那就是欺君之罪。我迟到这个事，面儿上看着大，其实不大；我要是撒谎，看着事小，实际上不小。我至于犯一个大罪，去掩饰一个小毛病吗？"所以百姓常说"诸葛一生唯谨慎，吕端大事不糊涂"。吕端有犯无隐，这就是忠。

（四）推功揽过

中国历史上的著名将领岳飞该不该杀？这始终是学界争论不休的一个热点话题，以换位思考的方式，从皇帝的角度想，一个兵马元帅，带兵出去打仗，皇帝想要召回你，下十二道金牌，你不理不睬，是什么意思呀？如果我们再往深想一想，岳飞直捣黄龙府是要干什么？他要迎回徽、钦二帝。别忘了这个时候宋高宗已经继位了，你觉得这是报仇雪耻，真要实际处理呢？一个国家三个皇帝，不全是麻烦吗？更重要的是，岳飞带的是国家的军事力量，却被他打造成"岳家军"，把一个国家的军事力量改造成私人部队，如果真有一天，你的下属给你黄袍加身，你怎么办？赵匡胤不就是这么当上皇帝的吗？如果这种可怕的可能性成为现实，对赵宋王朝岂不是"以其人之道，还治其人之身"吗？简直是现世报应，是皇帝最怕的事情。但是，岳飞文武全才，宣传做得好啊，岳母刺字"尽忠报国"，老太太天生就会文身的手艺。岳飞文采又好，写的《满江红》全社会传唱："怒发冲冠，凭栏处，潇潇雨歇。"结果全国人民都说"这是我们的救星"，诸位想一想，封建社会除了帝王之外，又出了个救星，皇帝能不恨你吗？但是恨还不能动，因为粉丝量大呀，一旦亲自动手或明确下令，等于残害忠良。想收拾还没法儿收拾的时候，一个傻小子站起来了："老大，我去。"这个傻小子是谁呀？秦桧。秦桧做的这些就叫"推功揽过"，有好处都是领导的，有毛病全是我干的。我们有时候说"苟利国家生死以，岂因祸福避趋之"，说起来可容易了，实际操作一下试试？或者是千古流芳，或者是骂名千载，真让你选择的时候，我们不一定能有秦桧那个担当啊。

当然岳飞不一定有谋反的想法，别忘了，岳飞临死的时候才三十九岁，用儒家文化讲，人生四十才不惑，这是一个傻乎乎的小伙子，凭着一腔热血把自己送上了断头台。

帮忙，别帮倒忙，曾国藩在平定太平天国之后，和左宗棠两人都是钦差大臣，英雄相惜，俩人聚会，纵论天下，相谈甚欢，喝了一天茶，喝了一宿酒。一天一宿之后，俩人翻脸分手了，话不投机，开始互相谩骂，搞得两边阵营里的其他人都觉得挂不住脸了，你俩这么高地位的人怎么还能打起来呢？实际大家全蒙在鼓里，那是真打吗？那是俩人半夜就商量好了的，这么做，是因为封建社会的帝王最怕这些有影响力的大臣结党。

曾国藩一手组织起来的军队，不叫"曾家军"，而叫湘军，平定太平天国后，马上解散部队，然后刊发自己的家书、日记，为什么？这是让天下人都看看：这二十年来始终如一，我心日月可鉴，坦坦荡荡！这才叫忠心，和岳飞形成了鲜明的对比。

（五）忠臣宋江

宋江就是个忠臣，宋江的所有行为都是在履行着宋代范仲淹在《岳阳楼记》里描述的，那个中国古代知识分子——"士"的那种担当。范仲淹说："居庙堂之高则忧其民；处江湖之远则忧其君。"所以进也忧，退也忧，什么时候乐呢？那就得"先天下之忧而忧，后天下之乐而乐"，忧以天下，乐以天下。宋江就是个典型的"处江湖之远则忧其君"的人，都已经沦落为草寇了，还念念不忘归顺朝廷，总想着替天行道，那不就是个忠臣吗？

四、絜矩之道

《大学》中的絜矩之道是什么呢？"所恶于上，毋以使下；所恶于下，毋以事上；所恶于前，毋以先后；所恶于后，毋以从前；所恶于右，毋以交于左；所恶于左，毋以交于右；此之谓絜矩之道。"

你要是讨厌你的领导天天吆五喝六地对待你，你就想一想，你有没有对自己下属颐指气使的时候；要是难以容忍下属拖沓之风，你让他周三交报告，他周四还没动笔呢，你就想一想，有没有上级安排给你的工作，你拖拉怠慢，一延再延的时候；你要是讨厌你前面的人站队"加塞"，你就不要以各种急事为理由、借口，排队时不按顺序"夹"在别人前面；你要反感"后起之秀"屡屡不恭，急于表现自己，好胜逞强争功，你就反思一下自己年轻时候是不是也是如此；你若是不喜欢左边的邻居养猫，就不应总是带着自己的宠物狗，把屎尿拉在右边邻居家的庭院里。反之也是一样。絜矩之道其实就是将心比心，推己及人的"恕"道。

五、儒家心法

"忠恕"的思想都与"心"有密切关系，是孔子承上启下的最关键切入点，从上而论，是当年尧、舜、禹三代帝王传承的政治"心"法："人心惟危，道心惟微，惟精惟一，允执厥中。"核心价值观模糊，就是"道心惟微"；道德滑坡，人心不古，就是"人心惟危"。而要挽救时弊，移风易俗，重在人心，所以孔子也是"惟精惟一，允执厥中，一以贯之"。

心是不好把握的，《孟子》："孔子曰：'操则存，舍则亡；出入无时，莫知其乡。'惟心之谓与？"正是有了孔子的"忠恕"，才引发出孟子的"四心说"："无恻隐之心，非人也；无羞恶之心，非人也；无辞让之心，非人也；无是非之心，非人也。恻隐之心，仁之端也；羞恶之心，义之端也；辞让之心，礼之端也；是非之心，智之端也。"笔者又加上一个"诚正之心，信之端也"。于是我们就明白了，所谓的"仁、义、礼、智、信"，不是古人强加在我们身上的道德信条，而是我们基于善良的人性，内心就有的因素，内因是根本，外因是条件，外因要通过内因起作用。先贤为我们点亮了心灯。古人比我们的高明之处不过是将这种内心就有、自性具足的感觉，用"仁、义、礼、智、信"的概念表达了出来，使它从自发变为自觉，由朦胧变得清晰罢了，忠恕是核心，仁、义、礼、智、信是这个核心结出的果实。

六、心学大成

明代心学的集大成者王阳明年轻时很聪明，儒、道、释什么都学，后来他觉得这样不行，做学问不能太过繁杂，于是选择回归到儒家，励志要做圣人。圣人要以天下为己任，惩恶扬善。所以，王阳明就和当时的权贵起了冲突，得罪了刘瑾，直接就被贬到贵州，到了龙场。他自己想：如果圣人到了这个时候会怎么做？念头一转，他突然之间开悟了：其实不管在什么环境下，人快乐的源泉来源于自己的内心。当时的贵州是蛮荒之地，乌烟瘴气，来到这里的中原人士，可谓九死一生，能看到的人都是当地土著，语言也不同，人们没有开化，能交流的都是看押他的管教，最初他觉得人生就这样完了。可是，当他的内心一变，世界就全变了：这个地方没经过开发，是一个纯自然的状态；这些土著生活品质这么低，我正有教化的空间；这些能跟我沟通的人是看押我的，都是我的敌人，说服他们，才能检验我这种理论的力量。马克思说过一句："理论只要彻底，就能征服群众。"结果王阳明在那里办书院、办学校，教化了当地的民众。因为他这套理论很好，使得看押他的人最后都成了他的弟子。这就是思想的力量，也就是心的力量。阳明心学，上承《大学》格致诚正，下启《西游记》心意性情，其实就是孔孟儒家思想"忠恕"的延伸和发展。

（这个问题其他专题亦有论及）

性情

修身在于正心，所以《大学·修身》章中强调"身有所……"，朱熹将"身"直接释为"心"，心正不正？"忠恕"是标准，心统性情，心如何修？"性情就是体现，修心性，养心情，让真情合乎人性，一本于"诚"。所谓修身、正心、诚意、戒性、和情，就是《西游记》中的唐僧、悟空、白龙马、八戒、沙和尚，五个形象的意义所在，我们在《性情》《和谐》《中庸》几章中皆有论及。

2020年上半年，大家都宅在家里，网上传来一些小段子，说有人在家里吃成了胖子，有的人饿瘦了，还培养出一批直播网红来，当然也有人在这一段时间养出一批娃……所以若干年之后，有孩子问他爸："为什么我们班里的同学都是同年同月生的呢？"爸爸沉思了一下说："那得从一只蝙蝠说起……"这个事儿说是一个玩笑，但其实它正揭示了我们平时生活中，吃胖了、饿瘦了、养娃……这些关乎食与色的问题。食色问题就是人的本性问题。而最能代表人的本性问题的就是《西游记》中的猪八戒。其实八戒是非常出色的文学形象，只不过我们对它认识得不够充分。其实和八戒相比，什么思想大于行动的哈姆莱特，什么行动大于思想的堂吉诃德，什么阿Q的劣根性等，统统是小巫见大巫。

八戒才是直击人性的艺术形象。

电影、电视剧里面有过几版猪八戒，当然还是过去传统的86版的猪八戒演得比较好，后来电视剧里面的猪八戒其实并没有很好地理解八戒的形象意义，把八戒搞得嘴脸很丑陋、凶恶，像一只山魈、山魃一样。实际上《西游记》里面的八戒突出了两个特征，第一就是肚子大，代表着好吃；第二就是色心强，好色。所以在《西游记》小说中出现的猪八戒就在这两个方面表现得非常突出。

一、食色性也

食色代表的是什么呢？就是我们中国文化中，特别是儒家文化里强调的性。孟子曾经说："食色，性也。"食色是我们的性，是我们的什么性呢？是我们的本性，是我们的天性，其实就是我们的自然属性，有的时候，我们把它叫作动物性。因为是与生俱来的，又有很多负面问题，我们也可以把它叫作人的劣根性，或者形象一点儿说，它就是我们身上的丑陋性。多丑呢？《西游记》告诉我们，就如同八戒那么丑。八戒首先表现出的特征就是贪吃，所以你看八戒一出场，挺个腐败的肚子，一看就是个吃货。

二、贪吃成性

《西游记》里描写八戒的吃描写得非常好，有几处活灵活现。其中一处是吃斋饭，在西天取经的路上（四十七回"圣僧夜阻通天水，金木垂慈救小童"），师徒四人到了一个庄园，里面的庄主信佛、斋僧，所以接待他们的时候很热情，吃饭的时候，每个人身边站着一个服务人员伺候。其他人吃得都挺斯文，但是八戒呢，一扬手一碗饭就没了。服务员马上又换来一碗，八戒一扬手又没了。旁边站着的人就觉得奇怪："师父啊，我见到有人把馒头装在袖子里，可没见过有人把饭往袖子里倒的。"八戒也很奇怪："谁倒在袖子里了？"服务员说："那你倒哪儿了？"八戒就说："我倒在嘴里了。"服务员就说："我也没看到你嚼啊。"八戒说："用得着嚼吗？我这喉咙是砖砌的。"八戒能吃，食量也大。

表现八戒吃到极致的是吃什么呢？是吃人参果，到万寿山五庄观，大家都知道吃人参果可以长寿，但是唐僧不敢吃，觉得那是一个未足月的小孩子。但是悟空、八戒、沙僧这些人见多识广，知道这是仙果，所以要偷来尝一尝。别人都嚼得津津有味，八戒"咕噜"一下咽进去了，没尝出来什么味儿，整个一白吃（痴）。笔者最初看这段的时候，就以为是作者开玩笑、夸张，所以也没太当回事，一笑了之。后来往现实生活中一联想，哎呦！多么深刻啊！我们现在有多少贪官，贪了一大堆钱，还没来得及消费呢，就被抓进去了，这跟八戒偷吃人参果不是一个意思吗？都是没等尝到什么味儿呢，就进去了。前几年演的《人民的名义》，北京的那位贪官贪了好几个亿，天天骑自行车上班，每天吃饭就是一碗面条儿。被抓起来的时候说："我连一分钱都没舍得花啊。"所以你看，这不也是没尝到什么味儿就进去了吗？只不过一个是进肚了，一个是进监狱了。但是不管进到哪儿，就像有的广告里面说的：小老鼠偷油的时候不都是"进去，就出不来了"吗？你看看，多深刻啊。

八戒首先代表着吃，然后因为贪吃而引申为物欲的贪婪。《西游记》为了表现八戒的贪，觉得语言都已经不给力了，于是作者灵机一动，给了八戒一个工具。八戒使用的这个武器太另类了——耙子。耙子的最大功能是什么？是搂啊！而且我们不要忘了，那是九齿钉耙，九是中国文化中最大的数，那就意味着"最能搂"啊。不是有意为之，能写得这么好吗？

所以我们看，《西游记》虽然是一个古典小说，但名著就是名著，它有着恒久的意义和价值，对我们的现实生活有一种深刻的、象征性的批判和讽刺。八戒这个形象非常饱满。

在人生的旅程上你会发现，一旦有了物质上的贪婪，接下来的就是生活上的腐败，一旦贪吃，接着就是好色，这两点如难兄难弟一样如影随形。所以《西游记》里面表现八戒的第二个特点就是色。

三、好色之性

八戒的色是作者在创造这个人物的时候，预先就设计好了的，要赋予他这么一个意义。因为大家都知道，八戒原来是天蓬元帅，就是因为在天庭上喝醉酒了之后调戏嫦娥，犯了色的戒条，结果被打下天庭，贬到人间。这很像基督教中所谓的"原罪"，人生来就是有罪的，上辈子就是犯了色戒打下来的，八戒贬下凡间，投胎到母猪的肚子里，然后克死了母猪，住在福陵山云栈洞，成了一个长相丑陋的妖怪。尽管长相丑陋，但他自我感觉还非常好，生活经历丰富，有一种"脸皮厚，吃个够"的劲儿，喜欢占各种小便宜。

西天取经的路上最能够表现八戒的色胆、色心的就是第二十三回——四圣试禅心。这一回，唐僧带着三个徒弟和白龙马走在西天取经的路上，遇到这么一个事儿：黎山老母带着文殊、普贤、观音，四个菩萨变成了一母三女，在唐僧他们前行的路上设了个局，进行组织部考核。唐僧师徒到了这里，投宿化斋，黎山老母开门见山，话说得很直白，说：我姓贾，我的夫家姓莫。唐僧其实心知肚明，一听就知道了这是假的，莫须有的。又说：你看我们家良田千顷，牛羊无数，吃不完的柴米油盐，穿不尽的绫罗绸缎，使不完的金银财宝，物质生活极丰富。但是就有一个遗憾，我的丈夫早逝，我年轻守寡，现在虽然徐娘半老，但毕竟是个资深美女。我还有三个女儿，一个十六，一个十八，一个二十，个个长得那是如花似玉，而且都没找婆家。我一个年轻的寡妇带仨漂亮的女儿，你一个小和尚带仨徒弟，这是多好的排列组合啊，还去什么西天啊？留下一起过日子得了。唐僧一听就知道这是在用色来诱惑我呢。唐僧眼皮儿一挑，装聋作哑不再搭茬儿了。

唐僧不为色所迷惑，而且能够很机警地战胜色魔。唐僧在这一路上都能顶得住这种色的诱惑，无论是把江山都要分他一半的女儿国，还是"陷空山，无底洞"的女妖，霸王硬上弓，唐僧都能用理智战胜情感，所谓陷空山，"色即是空，空即是色"，就是为色所困，而且色是个无底洞，填也填不满。

但是八戒就不行，一遇到色立马被降服。他一看这唐僧不为所动，自己就磨磨蹭蹭跑到后院，跟这黎山老母递小话儿说：他们不留下，你把我留下吧。黎山老母一看这是要上钩，就故意逗他，说那你要留下，你不跟你师父商量商量吗？这么大个事儿，你不得跟领导打个招呼吗？你看那八戒，这种见色忘友的劲儿就出来了，他就非常着急了，说：哎呀，什么师父啊？半道儿认下的，又不是我亲爹，婚姻大事我能做主。黎山老母一看他急成这样，还继续逗：那你留下，你看好哪一个了？八戒说我都看好了。黎山老母说那你都看好了，也不能都娶了啊。你看那八戒，说的那些话在我们今天的生活中其实都有警醒世人的意义。八戒说：哎呀，现在这个社会谁还没有个俩仨的？都娶我也享用得起。最后怎么样？被色的绳索捆绑住，吊了起来。

其实在食和色的问题上，色性更为顽固，难以克服，而且色的动物本性可能是要更大一点。西天取经成功了，八戒说了一句非常经典的话，他跟悟空说：师兄啊，这取经是成功了，我这脾胃怎么一时虚了呢。就是说明他已经不想吃了。但是一见到嫦娥，色心又起了。即使成了净坛使者，已经成圣、成仙、成佛了，物质的需求都已经很弱了，但这种色心仍然不减。所以这里面你要是真的能够透过现象看本质的话，八戒就是一个典型的食与色的代表。当你明白这一点之后，你再看《西游记》里面的八戒，就能对作者的创作意图有一个深刻的理解。

四、五荤三厌

在《西游记》中，八戒"戒"的是什么呢？是五荤三厌。五荤是什么呢？是大蒜、小蒜、大葱、小葱、韭。三厌是雁、狗、乌龟。先说这三厌，据说这是不能吃的，因为大雁作为礼品，不适合吃。狗是人类的朋友，也不忍心杀掉。乌龟在过去是灵物，也不适合吃。今天我们也强调了，少吃野生动物，这是一个非常需要注意的问题。这是三厌。五荤是葱、蒜和韭菜，为什么这三样不适合吃呢？有一种说法是：这些植物它们的火气重，吃了容易乱性。但是也有人说这些东西吃完之后口气太重，佛是有洁癖的。我们到佛前烧香，心中有佛就够了。如果你吃完这三样食物去拜佛，佛就会觉得这味儿太重了，讨厌。所以这三样是佛教徒要戒食的。但是这些加在一起才三样啊，不够五荤，作者为了凑数，就搞出来个大葱、小葱，大蒜、小蒜，实际这里面正好缺了俩，在中国文化中说，什么缺少，什么才珍贵。你不饿的时候是不想吃的，物以稀为贵，所以中国文化里面强调"大道废，有仁义；智慧出，有大伪；六亲不和，有孝慈；国家昏乱，有忠臣"。缺的才是最重要的，那么在八戒这里面缺的是什么？就是一个叫作食戒，还有一个是我们电影都演过的，叫作色戒。

你要是从这个角度去读《西游记》，八戒这个形象是"性"的形象代表。所以，在《西游记》里面强调要戒性，其中三个咒儿也是这功能，"紧、禁、金"，紧箍咒戒的是孙悟空的猴性，禁箍咒戒的是黑熊怪的熊性，金箍咒戒的是红孩儿的孩子性。猴性就是不稳定性，没有老成持重的样子。熊性就是一根筋、固执性。孩子性就是幼稚性，人要有童心，不要有孩子性。更重要的是要注意这种食和色、人的这种动物性、人性的弱点。这是作为一部文学作品，形象给我们的启示。

所以我们要想提升自己的道德修养，就要修身，对内修心，修心就要修心性。性格能表达出一个人的修养。搞清楚这一点，你就能明白：佛教为什么要强调"明心见性"，道家强调"任性自然"，儒家就强调"修身养性"，或者叫"修心养性""尽心知性"。实际提升修养就是从心性使劲的。谁要抓到它，就抓到关键了。

性情的修炼是儒家自我修养的关键，也是儒释道修养身心的焦点，文化之于人是否起了作用，为何有人被斥为有知识没文化？有才能无德性？和性情修炼皆有密切关系。

五、性之善恶

涉及人的本性问题就引申到了人性的善恶讨论。人性的善恶，孔子很清楚，但是他不直接说，他只是含糊地强调："性相近也，习相远也。"人性都差不多，是后天的习染、环境使之有了差别。在《汉书·贾谊传》中也记载孔子类似的话："少成若天性，习惯如自然。"他为何对人性不直接下判断？不说清楚？因为他知道有些问题一旦说实了，反而起纷争。有些表达点到为止，有一个"度"的权衡，他对人性善恶是有非常清楚的判断的，但是通过另一种方式表达。《论语》里孔子对樊迟问仁，答以"爱人"，《中庸》里引孔子的话："仁者，人也。"

两个部分一相加，可以清楚知道，孔子认为"仁"是人的本质属性，特点是"爱"（见《仁义》篇），可以证明，孔子认定人的本性是善的，但是孔子是"我知道，我不说""我则异于是，无可无不可"。他拿捏得恰到好处，所以是"至圣"。孟子是个有火气、有个性的学者，他觉得孔子没说清楚不行，于是他一步到位说："人性本善。"我们教育小孩子的启蒙读物《三字经》，开篇就是："人之初，性本善，性相近，习相远。""人之初，性本善"就是孟子意见的表达，其实比孔子的"性相近，习相远"晚了一百多年。

为什么说孟子是"亚圣"？因为关于人性善恶的讨论，孔子说"性相近也，习相远也"，谁都不反对，而孟子一说人性本善，就引发了后来荀子的反对。荀子认为人性是恶的，必须"化性为伪"才能改善，于是才有了《劝学》，这个"伪"不是贬义"虚伪"，而是人为的合成，就是主观努力改变。当然，后来关于人性又有"无善无恶说"和"有善有恶说"，莫衷一是。我们对这个问题当然有清晰的认识，在"兽人神"一章里再讲。笔者在此告诉大家，基于对人性善恶的判断引发了儒家"礼治"和法家"法治"的分野，以礼乐还是以刑罚，是儒法两家基于对人性善恶的判断不同而导致的不同思考。

儒家对"性"的讨论还可以衍生，《中庸》开篇三句话："天命之谓性，率性之谓道，修道之谓教。"也是直击了这个问题，当然，那个是强调历史性、社会性、时间性、区域性，我们在《中庸》讨论中详说。

儒家修养的重要因素是修心性，所谓"修身齐家治国平天下"的功夫要来源于"正心诚意致知格物"的修养。而正心、修心，紧要处之一就是修心性，性是儒家关注的命题，但是《论语》中，子贡说："夫子之文章，可得而闻，夫子之言性与天道，不可得而闻。"这里提及的性是不是指"人性""本性"？当然肯定不是今天所谓的"性格"，孔子弟子各自的性格特征都很鲜明，比如子路："行行如也"，但是没有用性格这样的概念。

后世说孔子是圣人，他的学养修为品德，都是我们学习的榜样。但其实他也是我们现实生活中很朴素平常的人，他遇到了人生的三不幸：少年丧父、中年丧妻、老年丧子。尽管有三不幸，但他对于生活的态度仍然非常乐观，甚至还有些可爱，不装假。他见到美女眼睛也直。《论语》里就记载："子见南子，子路不说。"孔子看见卫灵公的夫人南子，眼睛就直直盯着，都有点失态了，学生都看出来了。学生在旁边说：哎，老师？老师？干什么呢！结果弄得孔子很不好意思，说了一句："吾未见好德如好色者也。"我没见过对道德修养的追求像对美色追求这么强烈的人。谁要是像搞对象那么追求道德，你说什么道德修不出来啊。我给学生讲课的时候说："吾未见好学如好色者也。"谁要像好色那样好学，什么学校考不上啊？有一次把学生说急了，学生说："老师，吾未见好教如好色者也。"要是像好色那么用功，什么教授评不上啊。看来人都有相同性，"性相近，习相远""大德不逾闲，小德出入可也"。人要有真性情，但是得有度。"天理人欲"，让天理把控人欲，让人欲合于天理。

六、修养心情

性情者，何谓也？性者，阳之施；情者，阴之化也。人禀阴阳气而生，故内怀五性六情。情者，静也，性者，生也，此人所禀六气以生者也。故《钩命决》曰："情生于阴，欲以时念也；性生于阳，以就理也。阳气者仁，阴气者贪，故情有利欲，性有仁也。"

五性者何？谓仁、义、礼、智、信也。仁者，不忍也，施生爱人也；义者，宜也，断决得中也；礼者，履也，履道成文也；智者，知也，独见前闻，不惑于事，见微者也；信者，诚也，专一不移也。故人生而应八卦之体，得五气以为常，仁、义、礼、智、信是也。六情者，何谓也？喜、怒、哀、乐、爱、恶谓六情，所以扶成五性。性所以五，情所以六者何？人本含六律五行气而生，故内有五藏六府，此情性之所由出入也。

"性"是不好修，不好改变的。俗话说："江山易改，本性难移。"心性不好改，还必须改，不好修还必须修，怎么办？我们修

"心情"。性难改，情可控，性是内隐的，情是外显的；性格是复杂的，情绪是单向的，如果你抓住了心情的修炼，你就抓住了中华文化自我修炼的脉门。所以要想提升修养，向这儿使劲，把握心情。现在你心情怎么样？你立刻就知道：是高兴，还是很没劲。

大家想想生活不也是这样吗？为什么有的人情绪激动的时候要抽根烟？不就是为了控制情绪吗？为什么有的时候朋友聚会要喝点小酒？不就是为了提升情感吗？甚至有些人情绪控制不住了，要拽到医院打一支安定？不都是为了让你情绪稳定下来吗？有些人长期情绪不好，最后形成心理疾病了。最后没办法了还得看心理医生。最搞笑的是，心理医生天天面对的都是心情不好的人，最后病人好了，心理医生疯了。

但是不管怎样，最后都是奔性情使的劲。你要从中国的中医中药看，为什么这人老爱发火啊，春天来了火旺，吃点护肝片，那护肝片是什么啊，苦胆粉、绿豆粉，都是滋阴降火的。火气一消，你就平衡了。有些人情绪低落，用中医一看，肾动力不足，肾虚。一补肾，精气神一来，好了。你要不明白这一点，有些中药的名字你都不明白是什么意思，现在药店有一味女性用的药，叫逍遥丸。刚开始我不明白什么叫逍遥丸，寻思吃完就逍遥啦？那不跟摇头丸没区别了吗？结果一看，就是调节内分泌、阴阳平衡的，让你情绪稳定的。包括医药、包括文化、包括宗教都奔着这方面使劲的。

所以大家记住，要想修养自己，就要把情绪控制住。我们为什么觉得领导有修养，实际上就是你着急，人家不着急。你急得都拍桌子了，人家还微微笑呢，最后你还得觉得领导确实比你有修养。实际就是人家情绪控制得比我们好。大家就得奔这儿使劲。

怎么使劲呢？告诉大家一个简单的办法，当然这个办法说起来简单，做起来难，每天早上睁开眼睛，对自己大声说三句话：我这一天"不着急、不生气、不发火"。然后这一天有意无意地奔着这方面使劲，要是能做到，晚上回家给自己画"正"字，从周一到周五正好一个正字。周六周日你别管它，放松一下。道德修养不能看得太紧，因为看得太紧容易反弹，一反弹，道德滑坡就特别快。

大家不信试一试，谁要是能画三个"正"字，那你修养太高了。我就试过，一个"正"字都没画出来。有的时候发火是莫名其妙的，有的时候突如其来，别的情绪好控制，但是别人惹你，你这气一下就来了，这玩意儿没法儿控制。

有一次我问一个讲佛学禅修的老师，突然发火怎么办？他说没事儿，在发火前，你在心里默数三个数就好了。我寻思这玩意儿挺简单，试试吧，一试才知道，扯淡。我一般都是发完火了才想起来：哎呀，还得数仨数呢。发火之前想不到数仨数，要是发火之前想到了，不用数数就不发火了。

从西方心理学角度来讲，21天即可养成一个人的行为习惯。21天正好是三周，三周正好画三个"正"字。谁要能做到，谁的修为了得。然而孔子说21天是不够的："其心三月不违仁，其余则日月至焉而已矣。"谁要是能三个月性情上不愠不火，那太了不得了。大家想想，一个男同志，三个月遇到什么事都不着急、不生气、不发火，那是什么？那不就是如来佛吗？女同志呢？遇见什么事都不生气，谁说我两句我也不发火，总是笑眯眯的，一片善良的心态对待，那是什么啊？那不就是活菩萨吗？所以佛教说什么是佛？心念一善是神佛，心念一恶是妖魔。佛在哪里啊？心性就是佛。

所以《西游记》里不是说吗，"佛在灵山莫远求，灵山只在汝心头；人人有个灵山塔，好向灵山塔下修"。谁能把心这块儿做好，谁就是佛，一心一佛。不信你就试试，你在窗口行业，要是有个客户来，对你态度不好，对你大吼小叫，你面带从容的微笑去对待他，把这事处理圆满了，你自己都觉得佛光笼罩。

奔着这方面使劲还有更妙的地方，你坚持了三个月，控制得很好，你自己不是在那里画"正"字吗，但是别人怎么看？没人会说，哎呀，你情绪这半年控制得真好，大家会说什么？哎呀，这半年我怎么觉得你性格变了呢。说明什么问题？说明性格虽然难改，但也不是不能改。要想改变性格，也从控制情绪入手，情绪的把控是量的积累，性格的改变是质的飞跃。要想化性，就去和情。

我们人与人交往就要有情。亲属之间的亲情、朋友之间的友情、夫妻之间的爱情，你做事都是因为你对这事有感情。不就是这样吗？所以把这个"情"用好更重要。记住两句话：一句叫控制情绪，一句叫健康情感。这都是内心的，内心要是修好了，一旦透射出来，就进入形态中，就进入了行为。这方面一旦做好了，你就会发现：不知不觉中，你的修养就提升了。

大道至简，自我修养的不二法门：平衡情绪，健康情感。

乐以和情，古琴音乐帮助人们真正修行到不悲不喜，不忧不惧，古琴与其他乐器不同，它是用来调心的，而不是用来表演的，是用来自修，而不是用来悦人。所以君子"左琴右书"，看一眼心情就静了下来。"不忮不求，何用不臧"。遇事内心淡定从容，一团和气，一身正气，才是真正懂得、做到孔子说的"成于乐"。内心平静祥和、从容淡定、阳光快乐，才是一个人真正成熟的标志。

和
谐

如何构建和谐社会？有三个层面。

第一，就是身与心的和谐，是情绪平和。

第二，就是人与人的和谐，是社会和谐。

第三，是人与自然的和谐，是天人合一。

拿什么喂养我们的心灵？这是当物质需求达到基本满足之后，从精神层面上提出一个更高的需求，这是在多元文化共存的背景下，怎么样构建和谐社会必须思考的一个问题。所谓多元文化的共存，应该是传统文化和现代文化的共存，应该是我们民族文化与外来文化的共存，应该是现实文化与虚拟文化的共存，应该是主流官方意识形态和百姓日常习俗文化的共存，应该是雅文化和俗文化的共存。在这种多元文化共存的背景下，应该强调具有中国特色的民族文化，"和而不同""和而不流"。

上一专题"性情"中，主要论"性"，以八戒为例，戒性。

本专题"和谐"中，继续论"情"，以沙和尚为例，和情。

一、何谓和谐

我们现在强调要构建和谐社会，什么是"和谐"呢？"和谐"是中国传统文化中比较古老的思想。

什么是"和"？它首先是指声音。"和"字，从口，从禾，右边是一个"口"，左边是一个禾苗的"禾"，意味着口里发出禾的声音。在古文字中，口与禾中间，还有一个类似排箫的乐器，它象征着从口里发出的一种像禾一样的声音。

其次是指味道，所谓的"五味调和"，大羹调和。据说商汤王时期的名臣伊尹是一个非常善于烹调的人，他能够把不同的味道组合在一起，形成一种美味。有一次，他为商汤王做了一道菜，商汤王感觉非常好吃，怎么才能达到这么美味的程度呢？伊尹就推出这么一个思想，把不同的味道合在一起，形成一种新的美味，这就是五味调和。

"谐"呢？这个概念就源于中国古代上古之书《尚书》。《尚书》里有"诗言志，歌永言，声依永，律和声。八音克谐"，就是把不同的声音，哪怕是一些嘈杂的声音很好地调整有序，编排到一起，形成一种交响、一种旋律。

其实，"和谐"这个思想，在中国传统文化里，它又是儒家和道家的不同世界观、人生观和价值取向。为什么说中国社会主流思想是儒家文化呢？我们看道家面对社会纷纭复杂的、不合理现象的时候是一个什么样的取舍态度呢？老子就有这样的话："五味令人口爽，五音令人耳聋，五色令人目盲，驰骋畋猎令人心发狂。"那怎么办？最好是去彼取此。所以老子强调说"不见可欲使心不乱"，于是老子便骑上青牛，出了函谷关，"莫知其所终"。

但是我们看以孔子为代表的儒家，他是基于对社会的认知状态后所做的选择，是对已知的判断，而不是或然的可能。不是"五色令人目盲"吗？那我能不能"好德如好色"？不是"五味令人口爽"吗？那我能不能让这种五味变得和谐起来？五音也是这样，你认为是五音令人耳聋，我认为能够把它形成一种教化社会、移风易俗、阳光健康的音乐交响那般美好的乐章。所以孔子的行为取向和老子正好相反，他是喂饱马，套上车，带上弟子周游列国，开始传播文化。

所以，"和谐"这个概念是儒家文化非常重视的核心理念。《论语》里有这样的话"君子和而不同"，如果要是同，同样的东西放在一起，那还是一样，就没有这种兼容并包的意味了。只有不同的元素组合在一起，然后还能够和谐相处，彼此尊重，这才有"和"的价值。

如果只是就着这些经典，从理论层面去说"和谐"的话，那老百姓是不易理解的。怎么能够通过形象的方式把这个"和"的内涵解释清楚呢？在中国古代著名的文学作品——《西游记》中就有一个形象对这种和谐做了很好的注释。谁呢？沙和尚。

二、和谐形象

我上大学的时候文学评论家说，《西游记》里这些人物写得最不好的就是沙僧。为什么呢？因为这个人没特点，文学形象要"文似看山不喜平"，一个人物形象，如果没特点，那应该是写得不好，塑造得不成功。开始我们都认同，后来我发现不对，把沙和尚写成这样，那是作者故意的，你要是从社会学或者从文化学角度看沙僧，这个人物最有特点，大家想想他的最大特点是什么？他最大的特点就叫"没特点"。为什么？因为那是作者故意的。

作者给沙和尚起这个名就很有意义，他是"指沙为姓"，你是什么啊？你就是恒河两岸无数沙砾中的其中一粒，你说大河两岸沙滩上的一粒沙子有什么特点？把你这粒沙子扔到沙堆里都找不出来，因为你没特点，说明什么？你就是个平凡的人，你就是个小人物，你不仅平凡，甚至你都有些平庸，但是《西游记》通过沙僧这个小人物告诉我们一个大道理：哪怕你很平凡，甚至很平庸，你就是一个小人物，但是只要你加入一个优秀的队伍中，你跟着走，就能成功。你看看沙和尚跟着走下来了，最后摇身一变成了"金身罗汉"，这个形象对我们普通人多有启迪啊。不管你多普通，只要你加入一个优秀的队伍，成为其中的一分子，你能坚持不懈地跟着走到底，最终就能成功，连白龙马最后都成了"八部天龙"。你看现实生活中不就是这么回事吗？多少小人物就是因为参与到一个优秀的事业中，最后获得了巨大的成功。

有一次我到井冈山去给地方政府和企业界的一些领导者讲课，就用井冈山革命斗争的事迹来教育我们今天的领导干部。我去讲课的时候，头一天组织课程的人跟我说："金老师，井冈山对我们可有启迪了，为了把明天的课讲好，咱俩先上去看看。"我们就上去了，到那个八角楼，是真有启迪，楼上是毛泽东跟贺子珍当年的住房，那个没有什么感觉。但是他那个楼下有一个小屋，引起了我的重视，那是一个小耳房，非常狭小。当年里面住着两个人，那个房的旁边挂个小牌，有对这两个人的介绍。大家上网都能查到，两个什么人呢？一个叫黄达，一个叫龙开富。干什么的呢？一个是当年给毛泽东养马、喂马的马夫，一个是给毛泽东挑行李、挑书的担夫。一个马夫，一个担夫，是不是都是小人物？但是你一看那个介绍，用我们今天大家调侃的话讲，那真是羡慕嫉妒恨。中华人民共和国成立后，1955年黄达被授予少将军衔，安排到沈阳军区做政治部主任。龙开富，辽宁省委书记处书记。一个马夫，一个担夫，凭什么到最后有那么好的结局？人家说了，因为跟对人了，因为走对路了，因为坚持不懈地走下来了，就成功了。

我上大学的时候，学校请一个老红军讲中国革命史，这个老红军胸前挂了很多奖章，给我们羡慕的，我就问，我说您在红军路上打死了多少敌人啊？他说打死敌人？红军长征路上我没放过枪啊。我说你怎么连枪都没放过呢？他说我是炊事班的，我放那个干什么？我说那你怎么有这么多的奖励呢？他想了想说，我跟着走下来了。那么艰苦的岁月我能跟着走下来，那么当革命成功的时候，有这样的荣誉，我就有这样的奖励。《西游记》里的沙僧就是，这么一个小人物加入优秀队伍，跟下来，走下去，最后成了成功的经典案例。

三、以和为尚

沙和尚这个人还有特殊的意义，有人半开玩笑说，假如西天取经的路上唐僧不幸牺牲了，请问谁能做第二任领导？如果你是人力资源部的，你选谁？你能选孙悟空吗？孙悟空能力是强，但是破坏力也大，真来情绪了，一个跟头回花果山了，这个队伍就散了。你能选八戒吗？一见到美女就挪不动步了。悟空和八戒，一个是情绪不稳定，一个是情感不健康，选来选去你会发现：沙僧是唯一的人选，为什么？因为他最像唐僧，因为他最中庸，因为他在整个队伍中起的是一个和谐的作用，这个很有意思。大家想，西天取经四个和尚，唐僧不叫唐和尚，孙悟空不叫孙和尚，猪八戒也不叫猪和尚，唯独沙僧叫沙和尚。什么是和尚？以和为尚，出家人，僧人，或者叫比丘，或者叫比丘尼，只有修行好的人才能叫和尚，他追求的就是"以和为尚"。

沙和尚在这支队伍中起的最大作用就是和谐，细读《西游记》你会发现，沙僧这个人心态特别积极阳光，沙僧在这个团队中跟谁处得都好。他从来不挑衅、不窝里斗、不带着负面的心态和人相处，他只要一张嘴，传达的都是正能量。在和谐的社会中，在和平发展的年代里，这样的人最为可贵，"无用之用"是为大用。

还有一个数字"三"，三个徒弟里他是老三，他是第三个人，实际上这个"三"就很有味道了。道家强调"道生一，一生二，二生三，三生万物"。如果什么事情都是非此即彼的话，那就走了极端。一定有一个第三条路的思考，才能够让两边和谐起来。"执其两端，用其中于民"，这个"中"就是调和两端、协调发展的选择。

而且你看，《西游记》里这几个人使用的武器也各不相同：孙悟空用的是金箍棒，一条棍棒打天下，横扫千军，所向披靡，那是一个勇者；八戒使用的那是九齿钉耙，意味着"最能搂"；但是你看沙和尚的武器是"日月铲"，日月就代表着一阴一阳，"万物负阴而抱阳，冲气以为和"，相互和谐配合这么一个思想。

实质上，《西游记》里就用这个看似没有能力却不可或缺的角色强调了一种"和谐"的人生、一种"和谐"的状态，给你树立了一个"和谐"的形象。

四、有用的废话

有些人看不懂沙和尚，之前有媒体恶搞沙僧，说沙和尚西天取经的路上一共就说过五句话，哪五句？第一句："大师兄，师父被妖精抓走了。"干什么呢？汇报。第二句："二师兄，师父被妖精抓走了。"干什么呢？分别汇报。第三句有点意思了："大师兄，二师兄被妖精抓走了。"新情况出来了，还得汇报。然后："大师兄，师父和二师兄全被妖精抓走了。"问题严重了，怎么办？还得汇报。最后一句最搞笑："大师兄，我们在这儿。"连我在内，全被抓走了。怎么办？汇报。他是上情下达，下情上达，他善于沟通，及时汇报。这个是非常好的，在中国文化史上，儒家文化说，为了构建这种"和而不同"的、"多元并存"的社会生活，有的时候你得学会说一些很平常的、好像没用的那些话，庸言庸行，我们开玩笑说你得学会说一些"有用的废话"。什么叫"有用的废话"呢？这话本身价值并不大，但是说有价值，你要不说，人与人之间关系太生涩。男同志不爱说话，傲慢；女同志不爱说话，矜持。中国人就是这样，早晨起来了，大家一见面说"你吃了吗？"那就是打个招呼，你要是以实对实，"我没吃，你想请客啊？"那就搞差了。他得说个话，不说话那两人太僵，说了又不能都是有用的话，句句都是直接要答案的话，那不行，你得善于说一些好像没什么价值的话。会说话，善说话，能够有人气，能够和谐人际关系。

《论语》里有这么一个经典的案例：孔子周游列国的时候，到了楚国，楚国的诸侯是楚昭王，他跟自己的属下说，你看孔子这个人真挺让人佩服的，历尽千辛万苦，四处游学，总想实现自己的梦想，尽管到现在也没有成功，但他还矢志不移，要不这样吧，咱给他六百里，让他做一个试验田，实现自己的梦想，好不好？他这个想法刚一说出来，他手下的一个相（令尹）叫子西，说：你千万别给他，你不知道中国历史上"圣人百里而王"吗？真正聪明的人，你给他一百里的地方，最后他就能把它发展成一个强大的国家，周文王就是如此。子西说：你看看咱们手下这些人，有哪个人像颜回那么有德行、那么仁义的吗？有哪个人像子路那么勇敢的吗？有哪个像子贡那么聪明伶俐的吗？没有！你要真给他六百里，将来说不定他把你都替代了。楚昭王一听，说那算了，这事就撂下了。但是子西这个人在楚国又确实是有一些作为的。就在这种情况下，有人问孔子：你觉得子西这个人怎么样？孔子怎么回答？孔子说他好？如果不是因为他，孔子可能就有六百里的试验区了，因为他的一句话，就阻碍了自己这种理想。但是能因此就说人家不好吗？那也不妥，难道对你不好，人家就不好啊？儒家文化说"扬人恶，即是恶"，你要总说人家不好，那你就有问题了，来说是非者，常是是非人。孔子又不能说他不好。说好也不行，说不好也不行，怎么办？你看《论语》里记载得非常形象有趣，孔子当时说了四个字："彼哉，彼哉。"什么意思？彼就是他，哉就是一个感叹词，别人一问孔子，子西什么人啊？孔子说："他啊，他。"完了。说话没说话？说了，有没有内容？没有。

有的时候在我们生活中是需要这样的，说实话也得分场合，大家都去看一个病人，患者病重了，会说话的怎么说？"气色不错啊，别有心理压力，好好养养，有两三个月出院了，大家还等着你聚会呢。等你出院之后，咱们一起出去野游，我又发现一个鱼塘，那鱼才好呢。"你说完，他心情愉快，这是懂得人情人性。你偏要说实话，一见面就说："刚才我看病例了，医生说了你就有三个月的时间了。"完了，你这么说，三个礼拜他可能就完了，吓也让你吓死了。这个话分时候怎么说？看着是简单，其实是很有艺术的。

但是它是为了一种"和"，和从哪里入手？要想构建和谐社会，要想提升自己的修养，要修身，对内要修心，一者要修心性，再者要修心情。能够让真情合乎人性的就是"诚"，所以要想提升修养，从心情入手最方便。修心情就是两句话——控制情绪，健康情感。有负面的情绪要把它控制住。

要想构建和谐，得从"和情"入手。所以沙和尚代表的是情绪的平和，你看他不像孙悟空那么激动，也不像猪八戒那么消极，高兴的时候他也跟着乐，不高兴的时候他也跟着流泪，但是都不过分，看着好像没特点，实际人家是守中，文化修为一定得奔这方面使劲儿，你读懂了这一点，你就能读懂儒家文化的一些经典片段。有些时候，儒家文化的那些经典片段表面看着挺简单，实际可能是你没读懂。比如说《论语》开篇的三句话。

五、《论语》开篇

《论语》开篇有三句话，我们在中学就学过："学而时习之，不亦说乎？有朋自远方来，不亦乐乎？人不知，而不愠，不亦君子乎？"说什么呢？有人说这不挺简单吗，第一句说"学而时习之"，我们现在强调学习是把它连着读，古人是分开的，古人认为学是学，习是习，学是汲取知识，习是运用知识。学习知识并经常复习运用知识，这不也很开心吗？

第二句呢？"有朋自远方来，不亦乐乎？"古人又解释了，什么叫朋呢？跟我们现在不一样，"同门为朋"，大家是一个师门出来的叫"朋"，"同志为友"，大家有共同理想的就叫"友"。所以在中国古代，"同志""朋友"都是非常严肃的称谓，不像我们现在，在一起工作就叫同志，喝顿酒连人名字都不知道，就说这是我朋友，那不行。要说有朋自远方来，有这样的人聚到一起，不也很高兴吗？这样解释"朋"行不行？也行。

第三句："人不知，而不愠，不亦君子乎？"别人不理解我，我也不生气，这才是一个有修养的君子。这么解释第三句行不行？也可以。

但是把这三句往一起一放，你不觉得这三句有点东一句西一句的吗？孔子这么说话啊？孔子是意识流吗？别说孔子不能这么说话，我要这么给大家讲课呢？我说《西游记》里有大名堂，拉登哪天死的来着？咱东北这天啊，冷一天热一天。我这么说话，大家会觉得这个老师是不是有毛病啊。我都不能这么说，孔子能这么说吗？

其实你仔细琢磨琢磨，这三句话里有一个统一的思想，那就是它们有一个"一以贯之"的主题，这个思想是什么？前两句在后半截，后一句在前半截，孔子要表达的是"说乎""乐乎""不愠"，实际说什么呢？就是说一个心情，这样你才能懂得孔子在这三句话中是说什么呢。他是说不管在什么情况下，都要保持快乐的心情，哪怕我一个人，在一间狭小的屋子里，读一本书，哪怕灯光很暗，但是只要打开一本书，一个大千世界就到了我心中，我的心就跳出了这个狭小的屋子，走向了大千世界。就像朱熹所说的："半亩方塘一鉴开，天光云影共徘徊。问渠那得清如许，为有源头活水来。"我高兴。

接着再说，扩大了，说过年了，同学来了，亲戚朋友来了，大家坐到一起，说一说事业，说一说爱情，说一说今后的发展，吃点饭，花点钱，没关系，我高兴。有朋自远方来，我高兴，这是朋友圈。

再扩大一点呢？进入社会层面了，我在这个社会中为人处世，只要我对得起天地良心，只要我对得起爹娘父母，只要我对得起同志朋友，哪怕我做的事别人不理解，我也高兴。

你这才能理解这三句话。就像把石头扔到一个水塘，要溅起一圈一圈的波纹，最小那圈是"自我圈"，扩大一点是"朋友圈"，再扩大一点是"社会圈"。但是不管在哪个层面上，我一定要保持阳光的心态、健康的情感，保持一份积极向上的快乐情绪。这样你才能理解孔子这三句话说的是什么，我这么解释行不行？

所以中国文化强调：要想提升自己，一定从性情修炼使劲。为了做到这一点，中国人还给了一个具体的方式，可以用音乐来调整情绪，叫"乐以和情"。

六、乐以和情

中国古人非常聪明，他发现音乐不作用于你的理性，而直接作用于你的情感，跟你学的知识多少没什么关系，不管你是博士毕业了，还是小学没毕业，一到火葬场，进了殡仪馆，一听哀乐都想哭。所以大家一定记住，用音乐调整情绪的效果非常好。没事的时候听一点舒缓的音乐，放松心情。

如果你是在服务部门工作，或者是说你作为政府公务人员，在一个接待场所，那边上访的群众气呼呼地进来了，你说别着急，先喝杯水，有事慢慢说。然后这边放一段古琴音乐，他听上三五分钟，心情就平静下来了，你再跟他沟通就容易了。家里也是，周末早上起来了，打开音响放些阳光点的音乐，这一天都舒服。如果感觉到自己的情绪有点懈怠了，听一听《男儿当自强》《真心英雄》《爱拼才会赢》等激励人心的音乐，情绪就起来了。如果你想懂得中华民族为什么有一种生生不息、积极进取的精神，那就听一听我们的国歌，《义勇军进行曲》，那是最能代表民族精神的一支歌曲。歌词就给了我们一种忧患意识，它总是强调"中华民族到了最危险的时候"，但是不论多么危险，你都要不断"前进、前进、前进进"，这就使得一个民族尽管有几千年的漫长岁月，但到今天仍然是"周虽旧邦，其命维新"。

所以用音乐来调整情绪，来和谐心理，效果是非常好的。音乐霸道到什么程度，用音乐可以瓦解部队的斗志。韩信最后打败项羽，用的一招就是"四面楚歌"。估计韩信当时就是把楚军围起来后，把扩音器调到大的功率，播放萨克斯曲《回家》。那楚军一听，谁也不想打仗了，都想往家跑。中国古代最善于用音乐。一敲钟，唤醒心灵；一击鼓，士气就上来了；一敲那个破锣，不用喊跑，撒丫子就往回跑，鸣金收兵嘛。所以音乐能够调整情感，这就叫"乐以和情"。

七、礼乐文明

中国文化中用音乐调整情感，这是"内修"，然后用礼来节制行为，这叫"外用"。内修外用，内外双修，最后达到"内圣外王"。行为层面是什么？视、听、言、动，也就是我们所说的言行举止。孔子说"非礼勿视、非礼勿听、非礼勿言、非礼勿动"，什么意思？就是不符合文明的东西少看、少听、少说、少做。礼是节制行为的，大家好好看看这两句，"乐以和情，礼以节人"，内外一统一，你就能突然之间明白为什么我们把中华文明叫作"礼乐文明"。

当年周公给中华文明留下的最大贡献就是制礼作乐，现在社会上一旦出现了道德滑坡，核心价值观模糊了，在古人讲这叫什么啊？叫礼坏乐崩。由于音乐是调整内在情绪的，内心世界看不着，你看到的是外在的行为，你看到的是礼。所以你发现中华民族"礼仪三百，威仪三千"，我们是一个礼仪之邦。我们常说礼多人不怪，你看谦谦君子都是彬彬有礼。实际上还有内在的一个方面，就是用音乐来调整内在的情绪和情感，用文明节制外在的言语和行为。我们通过沙和尚看到的就是这样，"和"从哪里入手？和情。

八、和谐社会

我们平时都说构建和谐社会，和谐社会怎么构建？不是虚说的，光说无益，我们不仅要构建和谐社会，达到极致的时候甚至要构建和谐世界。2008年北京奥运会就专门有这么一个节目，表现要构建和谐世界，怎么表现呢？中国汉字立起来了，推倒，一起一伏之后推出一个字——和。中国人一看这是宣传构建和谐世界。有人开玩笑说，就这个节目外国人都看傻了，外国人说你们中国人在那里干什么呢？中国人说你看我们干什么呢？外国人说：打麻将。怎么看出打麻将呢？外国人说你看那牌立起来又推倒了，一起一伏之后，推出一个字——和。倒了三次，和了三把。

他们看不懂，你看懂了也没用，怎么做？学了《西游记》你就知道：要想构建和谐生活，首先是从情绪入手，这是追求"和谐"的第一个层面，叫作"身心和谐"。一旦实现了这种身心和谐，自己跟自己不较劲，自己看自己不别扭，你才能有一种从容的、健康的心理，然后去面对生活，去看待别人。那么，你走出自我之后，就能形成一种社会的和谐。比如，夫妻和谐、家庭和谐、组织和谐等，这是人与人之间的和谐，也可以称为"社会和谐"。再往前走一步，就能达到人与自然的和谐。

实质上，人类的发展要走过几个阶段。实事求是地讲，当你自己肚子都吃不饱的时候，你哪有心思去顾及南极企鹅怎么活着？所以，要想构建和谐社会，首先强调自我和谐、身心和谐，然后强调人与人之间的社会和谐。你自己跟自己都较劲，你能和别人相处得好吗？你天天自己心里都很阴暗，你怎么能用一种阳光的心态去处理事情？所以，身心和谐、家庭和谐、团队和谐、社会和谐，最后是人与自然的和谐，那是真正的天人合一。用《中庸》的话讲就是"致中和，天地位焉，万物育焉"。

中　庸

　　《中庸》和《大学》是《礼记》里的两篇文章，到了北宋，二程认为《大学》和《中庸》非常重要，应该给予特别的重视，不断地强调。南宋朱熹就把《大学》和《中庸》从《礼记》中抽离出来，和《论语》《孟子》一起形成了《四书》。朱熹对这四本书加以解释、梳理形成了《四书章句集注》，就是我们今天所看到的代表着儒家文化思想的经典著作《四书》。

　　中庸的关键就是用中，"执其两端，用其中于民"，从尧舜禹传承下来的智慧："允执厥中"。执两用中，体现在平常生活里，庸德庸言庸行，不偏不易，中不偏，庸不易。用中是手段，和谐是目的，真诚是根本，诚——中——和，起点、过程、目标，我们说中庸之道，是用的中庸智慧，孔子说中庸之德，强调的是中庸修养。情绪情感的中正平和，才是中庸的修炼要诀，你才能明白，为什么《中庸》说："喜怒哀乐之未发，谓之中，发而皆中节，谓之和"，人性修养，就要"本于诚，用于中，致于和"。

一、四书排序

我讲座时强调：《大学》是人生规划蓝图，《中庸》之道是具有中国特色的成功大道，而《论语》所论、《孟子》所言就是中国人在这条成功之路上的"交通法规"。

关于四书的学习顺序，我们习惯上有以下三种：

第一，按照朱熹《四书集注》排列：《大学》《中庸》《论语》《孟子》。

第二，按照由浅入深的学习排列：《大学》《论语》《孟子》《中庸》。

第三，按照文献先后的顺序排列：《论语》《大学》《中庸》《孟子》。

四书当中，《大学》是纲，《论语》是细目，《孟子》是对《论语》思想的发扬、引申和具体阐发，《中庸》是一个综合提升的过程。《中庸》在儒家思想中是一篇哲学价值最高的文章，整个儒家的思想在《中庸》里面都有一个形而上的体现。

二、中庸作者

《中庸》为孔子的孙子孔伋所做。孔伋，字子思，子思受业于孔子的晚年得意弟子曾子，圣人不亲教子。孔子的儿子是孔鲤，字伯鱼，伯鱼也和孔子的学生一起学习，孔子对自己的孩子并没有特殊的照顾，所谓的独家秘诀、开小灶这些事都没有。关于这个事情在《论语》中有记载，孔子有一个弟子叫陈亢，有一次他就问伯鱼，老师有没有教过你一些我们没学到的东西？伯鱼说："没有啊，只不过有一次在院子里，老师一个人站着，我是'趋而过庭'，然后老师就问我'学诗乎？'我说未学，老师说'不学诗无以言'。还有一次也是这种情形，老师又问我说'学礼乎'？我说未学，老师说'不学礼，无以立'。"陈亢一听挺高兴：我这是问一得三，第一知道要学诗，第二知道要学礼，第三知道圣人不亲教子。可见，孔鲤在他父亲那里庭训家教，也没有得到特殊的教育。而且孔鲤资质平平，不是很聪明，但孔鲤长大结婚也生了个儿子，就是孔伋，这孩子特别聪明，孔子就让学生曾参来教孙子，所以曾子又是子思的老师。为什么让曾参教呢？因为最理解孔子思想的就是他晚年的小弟子曾参。曾子对孔子的思想理解得最为透彻。

《论语》记载了一个小故事：老师对曾子说"吾道一以贯之"，曾子说对。然后老师走了，其他同学不懂，就问曾子，老师说他的思想从头到尾是一致的，你就说"是的"，老师的思想到底是什么？曾子说"夫子之道，忠恕而已"，老师这个一以贯之的道就是忠恕。据说《论语》就是曾子和有子的门人在一起讨论老师的思想，最后编写而成的，为什么这么说？因为在《论语》中，对其他的孔子学生都是称名、称号，像子路、子贡等，相当于我们现在称呼人的张先生、王先生，而对曾子和有子却是以子相称的，相当于现在我们提及自己的曾老师、有老师，特别尊重。子思就是曾子的学生。到了子思这个时期，在孔子那儿来讲是爷孙辈了，子思担心后人不理解孔子的思想，因而把这种思想整理成了《中庸》。可见《中庸》和《论语》形成于同一时期。《论语》是孔子思想的原始资料，而《中庸》就是孔子思想的哲学提升。

当然后来也有人说《中庸》是战国晚期的作品，甚至有人说《中庸》是汉初的作品，为什么？因为在《中庸》里面出现过"书同文、车同轨"这样一句话，而书同文、车同轨是秦始皇统一中国时候的事，因而有人就认为这篇文章不可能早于秦始皇统一中国。笔者对这个问题有了一个辩证的分析，倾向认定《中庸》是子思所做，其中有些语句是后人在阅读的时候，以注释的形式加进去的，而后人的后人在整理文献的时候，又没有把原著和注释标示出来，而是一起传抄下来，在传抄的过程中也没有加以区别，因而我们现在看到的《中庸》既有它的原文，也有后人加进去的一些注释性语句，当然这个区别现在已经不是那么明显了，我们现在的传世文献是把它们合在一起来学习。

《中庸》反映的是孔子"执中"的思想智慧，《论语》里也有几次涉及"中庸"，其中一次是上课时学生提问。子贡问："师与商也孰贤？"子曰："师也过，商也不及。"曰："然则师愈与？"子曰："过犹不及。"子贡问老师："子张（师）和子夏（商）比较起来，谁更好一些？"孔子说："子张做事总是过了一些，而子夏又总是达不到。"子贡说："那是不是子张好点？"孔子说："过和没到位都一样。"做事讲分寸，既别过分，也不要不及，就是恰到好处。《雍也·第六》中孔子说："中庸之为德也，其至矣乎！民鲜久矣。"而《中庸》里也说"中庸其至矣乎，民鲜久矣"。既然不易达到、不好理解，那么子思就要帮爷爷给后世解释好、传播开，于是就有了《中庸》。

三、中庸三解

《中庸》全篇不长，仅有四千余字，然而这篇经典却是古代知识分子学习"四书"时最后才敢攻读的著作，公认是儒家学说中最难懂、最深奥的理论。

郑玄注："中庸者，以其记中和之为用也。庸，用也。"他认为，"庸"就是用。综述来讲，中庸就是使用适宜的、运用正好的、符合常规的、适于常理的、正中常道的。程颐解释中庸为"不偏之谓中，不易之谓庸"。即不偏不倚就是"中"，不变不改就是"庸"。《三字经》将其概括为："中不偏，庸不易。"而朱熹进一步指出："中者，无过无不及之名也。庸，平常也。"他的意思是既无过，也无不及，中道即为常道。比如庸言庸行，《周易》用这个观点，"庸言之行，庸行之谨，闲邪存其诚，善世而不伐，德博而化"。

按照"庸"是"用"的解读，将中庸反过来念，即为"庸中"。"中庸"最简单直接的解释就是"用中"，中庸在孔子本身的解释中，就是"执其两端，用其中于民"。就像一个坐标，横向说：不偏不倚，居中、中正，把着两头用中间，统筹兼顾；纵向说：不过分、无不及、正好、适度，就是我们常说的科学发展观。

"度"的把握是中国文化的"中庸"智慧。中庸不但强调横向的"执两用中"，还强调纵向的"无过无不及"。

"执两用中"就是不执一，不是僵死的，而是动态的。长春师范大学教授綦天柱博士说"西方的公平像天平，而东方的公平像杆秤"，比喻得非常好。秤的公平就不仅仅在于左右的平衡，更在于纵深的力量。孟子说："执中无权，犹执一也。所恶执一者，为其贼道也，举一而废百也。"

理解了天平与杆秤，你能对中国的智慧有一点领悟，我们说西方的公平像天平，天平的原理很简单，类似儿童的跷跷板，中间一个支点，两边谁重就向谁倾斜，只有横向的分量相同，天平才能平衡。而中国的"杆秤"就不那么简单了，支点不居中，秤盘不对称，秤杆叫"衡"，秤砣叫"权"，小秤砣压千斤，秤盘是纵深的重量，而秤杆是横向的长度。移动秤砣，就是权衡，它是一种动平衡，它的奥妙在于既有横向的比较，又有纵向延伸。换到我们看社会问题，就不仅仅有社会现象的横向比较，还有历史传承的纵向延伸。有一次笔者在天津南开大学讲座，有人对我说中国社会问题太多了，怎么治理？我说：中国的问题很像你天津的大麻花，局部看都是弯的，但是拧在一起就直了，所以看中国社会治理是要有高超政治艺术的，其实麻花的随弯就势也是中庸智慧，是杆秤原理的又一形象表达。

四、开篇三句

《中庸》开篇三句话那是一个总纲领，也是一个前提性概论。"天命之谓性，率性之谓道，修道之谓教。"开篇就提出几个大的概念——"天""命""性""道""修""教"，每个概念都是抽象的形而上。

我们平时说"五十而知天命"，一般解读都是人到五十，年过半百，命运如何基本确定了，用不着再拼了，再挣扎还能挣过命吗？这儿的天命是宿命的意味。其实，五十而知天命还有别的意思。后面在"富强"等篇中我们说到，中国社会，百年发展，经历了三十年军事斗争、三十年政权稳定、三十年经济繁荣、三十年文化振兴的发展之路。如果你认同这个规律性，你会发现，当下社会，理论自信、道路自信、制度自信、文化自信是历史发展到今天的社会特性，也是我们这代人的时代使命，这种历史使命、时代特性（换着说亦然）也叫"天命之谓性"。我们这一辈人用半百的人生经历、半百的学识积累，甚至是半百的经验教训，才真正清楚地感受到这个看不见、摸不着，但确乎存在的"天命"，这个"天命"，不是"宿命"，而是"使命"，是历史和时代赋予我们的"社会责任"，这也叫"知天命"，而且是更为积极的"知天命"。《论语》中说："夫子之文章，可得而闻，夫子之言性与天命，不可得而闻。"因为子贡说夫子之言"性与天命"不可得而闻，于是子思就直接将这个命题拈出，直面而论，说"天命"、说"性"，这个性既有时代性，又有区域性，更有人性。有时我们不愿意认这个"命",但换角度想想,你是男性女性是你自己决定的吗?你的时代性、地域性、国民性、经济性、文化性都在于那个时空构成的"天命"。"天"就可以解释成天时,时间性;而"命"就是被赋予,天命就是时代赋予我们的特性、使命。

第二句"率性之谓道",道是什么?道是天地、自然、社会的运行规律,道是我们所处在这个社会的秩序、道德规范,是行为准则,能不能看见?看不见。"道可道,非常道",不是我们门外的马路。看不见,但是它存在。怎么样才能合乎天地、自然、社会的规律呢?怎么做才能符合这种社会发展的规律,才能和社会这种秩序、这种道德规范不相冲突而相互和谐呢?寻找这个道。往外一看,就失去了自我,自己就没有了。其实你往回一看,"道不远人",道就在你身边呢。《中庸》里说"率性之谓道",就按照这种时空环境赋予你的特殊性,把这种特殊性做得很到位,就合乎道了。什么是合道?就是率性。按照历史性、时代性、社会性和人性的特征去思考问题,去行动,就合乎了"道",合乎了规律性。人性问题就是人的属性问题,什么是人?人的本质是什么?人和动物有什么区别?人有哪些自身具备而其他物质现象所不具备的东西?拿出来就是一个大的问题,谈到人性的问题,谈到人的心性的问题,就要谈到人性善恶的问题。

对这个问题的认定就得有一个前提,对人性的本质就得有一个认同。人性是善的,还是恶的?如果说性是恶的,你要率性的话,那你不就是做恶吗?"率性之谓道",你不就走入魔道了吗?那我就开始胡作非为,让我的恶性自由地发展,那就合了魔道,合了鬼道,合了妖道。所以这一句很关键,这一句的潜在语言那就一定是先要认定人性是善的,人性是善的,你就可以率性,让这种善良的本性发挥到淋漓尽致的程度,就合了人道。"率"可以做两种解读:第一,你是领导者,你就率领它,按照社会规律可持续性去发展,就合了道;第二,你不是领导者,你就跟随它,率性,任由这样的特性引领你前进。

基于对人性善恶的判断，形成了礼治、心学等。后来儒家的大思想家们讨论的根本问题都没有逃离出这个范围。比如朱熹的理学、王阳明的心学。阳明心学是最为典型的，王阳明强调"致良知"，你要做什么事情，不用去问别人这个事怎么做，按照我的良心去做，就不会做错。扪心自问，反躬自省，实质上这也就合了大道，合了孔子的"忠恕"的思想。忠，忠于本心，"尽己之谓忠"；恕，如其心，"推己之谓恕"。也就是合乎了这种内在的感觉和外在的规律。所以"率性之谓道"这一句，大家要想解，一定得有一个人性本善的前提放在那儿。上天有好生之德，天赋人性就是一种善良，给的是一种善的本性，在这个基础上让善良的本质发挥得淋漓尽致，就合乎了道。

真的能够把"道"认透，按照自己善良的人性去体认，把这种善良挖掘透，其实就找到了为人之道，所以叫"致良知"。实质上要是人人都能认定人性是善的，然后去思考怎么把这种善良的本性都发扬出来，不就合了道吗？为什么有人做不到呢？因为他没有这方面的觉悟、体认，甚至有的时候连对这个问题思考的意识都没有。我们有些人从来都不反省，总是自我感觉良好，对错从来不在他的思考范围之内。属于使小性子的"任性"，而不是按规律做事的"率性"，不能做到率性，不能体认你的本性的时候怎么办？你对道不明的时候，就要从认识道、学道、修道这个角度去下手、去努力，这就叫作"修"。

所以"修道之谓教"，"道"不明就去修，学习的目的，教育的使命都是"知道"。教化、学习的根本目的就是让我们认清人与天地自然、人与社会、人与自己的内心这些规律特征的问题。学习的目的在此，教育的目的也在此。因而"修道之谓教"。教育就是要让我们"学修传"，涉及修这个问题，又和其他的儒家经典合二为一了。修身，我们说"自天子以至于庶人，壹是皆以修身为本"。"修身以道，修道以仁""仁者人也，义者宜也"，仁义就是修养的价值取向。

儒家是入世的，不去空谈。因而这三句实质上是从儒家对人性的判断和人生的道路应该怎么样去走做了一个纲领性的概括。"天命之谓性，率性之谓道，修道之谓教"，《中庸》这三句意味无穷无尽，这三句参透了，整个儒学的思想其实也就到位了。而《中庸》难解也就在这儿。开篇没有什么铺垫，开门见山，直指主题。慢慢悟去。哲学性的文章特别抽象，形而上学，在有形之上的东西是无形，讲的是理，而不是有形的器。

道家也谈道，谈得很玄，儒家怎么强调这个道？"道也者，不可须臾离也；可离非道也。"关于这个问题，其实西方的一些大学者也都是这样看的。荣格有一句话就深深地打动了笔者："不管人生理想多么高远，其实是依据着你基本的感觉生活，你每天都是在做你身边能做的事，这就是你的道。"依据自己的基本感觉去做身边能做的事情，这就是道。把我们身边每天所涉及的事情处理好就合道了。比如笔者去讲座，换了一条裤子，一穿有点紧，那在饮食之道上有问题了，胖了，都是身边的事。从自身生活中体认的话"道不远人"。

子曰："道之不行也，我知之矣，知者过之，愚者不及也；道之不明也，我知之矣，贤者过之，不肖者不及也。人莫不饮食也，鲜能知味也。"这句话实际上和《大学》中的话是相互映衬的，《大学》也强调"视而不见，听而不闻，食而不知其味"。这里面也说。人莫不饮食，鲜能知其味也，饮食的过程中真的都能品味到食品的真味，这才是知味。实质上孔子是用饮食来做比喻，告诉我们要像饮食知味那样去了解在我们生活中的那个道，那个无过无不及的"中庸"之道。

五、恶紫乱朱

儒家经典著作中的《中庸》和平时常说的"中庸"本质有什么区

别？《中庸》里面强调的是一种适度，它是一种哲学的标准，而我们在生活中说某个人的行为很中庸，实质上是指那个人平庸为人处事圆滑。在词义上，这个"中庸"和我们经典中要求的中庸相似，但实质不同。一定要注意，不要把那个"中庸"当成我们讲的"中庸"。

孔子就强调：恶似是而非者，似是而非是很讨厌的事情，你说它不是吧，它还有三分像，你要说它就是吧，本质上其实不一样。恶紫之乱朱也，讨厌那个紫色，它扰乱了红色，因为紫色是红色和蓝色勾兑成的杂色。"恶郑声之乱雅乐也"，郑声是靡靡之音，它也是音乐。但是这种音乐不能激励人上进，不能纯洁人的心灵，不能给我们一种健康的文化享受，而是腐蚀着我们的心灵，影响着我们的情绪，所以孔子说"恶郑声之乱雅乐也"。同样孔子也讨厌乡愿，说"恶乡原，恐其乱德也"。乡愿就是我们平时看到的似乎很中庸的人，他们是"非之无举也，刺之无刺也；同乎流俗，合乎污世；居之似忠信，行之似廉洁；众皆悦之，自以为是，而不可与入尧舜之道，故曰德之贼也"。所以一定要区别开，哪个是我们平时说的那个"中庸"，哪个是我们在儒家经典文献中所要提倡的"中庸"，这个"中庸"实质上是走到一条合乎于度的正确的路。我们平常说的"中庸"是指一个人含糊其词、优柔寡断、明哲保身、耍小聪明，《傅雷译文集》翻译《贝多芬传》的语言："中庸、苟且、小智小慧，是我们的致命伤。"而儒家的"中庸"强调的是"度"，是"恰好"，有时是"此一时，彼一时"的变通，有时是"爵禄可辞，白刃可蹈，中庸不可能也"的坚守。所以，儒家的"中庸"和我们平时所谈的"中庸"不是一个意思，现在人们用"中庸"这个词，其实是对传统文化"中庸"精神的误解。

在这里更需要提醒的是，我们说"中庸之道"，那是强调在客观世界中有一个"第三条路"，比如我们今天强调的"道路自信"。之前我们只强调社会主义与资本主义的斗争，守着机械僵化的"社会主义"，就像朝鲜生活穷困，改弦更张走资本主义？学苏联一样解体？性质改变了，也没看出希望在哪里。为什么我们说邓小平同志很了不起，他说市场经济不是资本主义独有的，社会主义也能搞市场经济，我们要走出一条具有中国特色的社会主义道路。既不失社会主义性质，又吸纳了资本主义发展中合理的因素。"执两用中"，走出一条"中庸之道"，中庸之道是第三条道。老子说："道生一，一生二，二生三，三生万物"，凡事有个三，不是非此即彼、非好即坏、非黑即白，比如人不只是"好人、坏人"，还有第三种人，还有"无间道"。懂得中庸之道的人更懂平衡、更懂综合、更懂创新。当一件事让你感到左右为难，如果你懂中庸，善于用"中"的智慧，你会灵感一闪，还有一条道，能够让我从"左右为难"变成"左右逢源"，这就是把两边不利因素压到最低、把两边有利优势发挥到最好的道，这就是创新的道，没有凭空的创新，都是在原有的基础上重新整合，温故知新，返本开新，推陈出新，守正创新。

然而孔子不说"中庸之道"，孔子说"中庸之德"。通过对"道德"的讨论我们知道：道重客观规律，德重主观修养，孔子是把中庸当作一种修养的品德来对待的。只有分清这一点，才可以理解《中庸》对"中庸"的论述："喜怒哀乐之未发，谓之中；发而皆中节，谓之和。中也者，天下之大本；和也者，天下之达道也。致中和，天地位焉，万物育焉。""喜怒哀乐"是人的性情，是情绪和情感，这些情绪、情感是人与生俱来的，在人身上没有外显出来的时候，是"藏于中"，发出来不温不火，从容恰当，"发而皆中节"就叫"和"。知道孔子强调的"中庸"重点在性情，就能理解为什么中华文化重视"礼乐"，因为"乐以和情，礼以节行"。真正明白了、会用了，就能达到孔子所说的"立于礼，成于乐。"内心从容快乐是人成熟的标志，这是人格人性的根本素养，是"中庸之德"。

六、执两用中

子曰："道其不行矣夫"，现在道已经推行不下去了，因为人虽然也在生活中，但是他不反省，他不明白自己这个道。智者是过，愚者是不及，贤者是过，不肖者是不及，都未能合乎这个中道，不是过，就是不及，所以这个中道已经很久没能够很好地推行贯彻了。周道——那个理想的、和谐的社会秩序——已经全被打乱了。所以孔子感叹说"道其不行矣夫"，实质上这也是指在社会生活、政治生活中要走一个中道。

历史上哪些人用"中"用得好？孔子接着又说"舜其大知也与！舜好问而好察迩言，隐恶而扬善，执其两端，用其中于民，其斯以为舜乎！"舜是一个大智之人，舜好问，他求知心很强，遇事就问，不仅好问，而且"好察迩言"，能够就我们身边的言语行为去认真地考核、体味，从寻常日用的生活中提炼出应该怎么样做人的道理。他隐恶而扬善，社会生活中有恶的一面，有善的一面，怎么样对待这些善与恶？不去经常提及恶的一面，强调的是善的这一面，如果强调恶的这一面，哪怕总是在批评着恶，人们的注意力也在恶上，是有负面影响的。比如说，我们现在的新闻媒体对社会上的一些问题进行披露、批评，有些媒体一段时间内是专以批评为能事，好不好？有它一定的功效，它强调让大家看到社会上那些负面的东西，尽可能把它消除，但是由于过分地强调了这些负面的东西，大家目之所视，耳之所听，心之所想都是这些负面的东西，就产生负面的影响，形成负面心理。

教育不如正面的教育，特别是在儿童教育方面。有人提出对于儿童的教育要以表扬为主，说好孩子是夸出来的。在儿童成长的过程中，总是听到表扬、肯定的话，他会更积极地向好的那一面努力，不好的习惯、毛病逐渐就忘却了、萎缩了，戒除掉了，所以正面教育非常好。如果你对一个孩子像有些母亲一样专挑他的毛病，最后这个孩子都觉得自己身上全是毛病，没有优点，一旦超出了他的心理承受能力，他便破罐子破摔，就奔这个不好的方向去了，一旦儿童产生了逆反心理，你再过分地挑他的毛病，过分地对他进行批评的话，反而会把他推向这个问题的另一端。

大舜是隐恶而扬善，他知不知道恶？他知道恶，他知不知道善？他也知道善。但是他执其两端，而用其中于民。他在治理国家的时候，他在率领着民众向前走的时候，既不过分地强调我们要向着一个极高的目标去做，也不把那些社会上一些落后的不健康的问题都拿出来，他要求人不过分，总是用中。在儒家这些经典著作的记载过程中，尧传位于舜就是强调"允执厥中"，等到舜传大禹的时候，这一句话就分成了几句，舜告诉大禹说"人心惟危，道心惟微；惟精惟一，允执厥中"。世风日下，而这种道越来越不明显，怎么样才能合乎于道？要"惟精惟一"，非常专注地去执着这个道，要允执厥中，厥中者其中也，强调的都是执两而用中。

这也就是儒家崇尚的"执中"的思维方式。执其两端用其中，这个"中"并非简单的中间派，而是要在两种极端、两种可能里选取最合宜、最正中目标的那一个。因此，可把中庸理解为：不偏不倚、中正平和的人生态度，凡事不求绝对、不求偏激的适度原则。

遇到原则性问题，"天下国家可均也，爵禄可辞也，白刃可蹈也，中庸不可能也"。不可能做到吗？是很难，不可能做到也要坚持，也不要改变，就是一种执中固守。

七、择乎中庸

对于中庸这个问题，如果要是把它解释开的话，我们也都能理解，中庸不是不好懂，不就是无过、无不及吗？不就是要适度，要走中间的路线吗？能懂，但问题不在这儿，是在于懂了也很难做到。孔子说："人皆曰予知，驱而纳诸罟擭陷阱之中，而莫之知辟也。人皆曰予知，择乎中庸而不能期月守也。"

罟擭是捕兽的机关、机槛，陷阱也是为了捕兽而在地上挖的深坑，上面做了伪装，一旦野兽经过就掉进去了，下去之后自己是上不来的。人也是这样，人都说我懂，真的要把人陷到罟擭这种机关或者陷阱之中，"而莫之知避也"，也是逃离不了的，而这仅仅是一个例子。

"人皆曰予知，择乎中庸而不能期月守也。"中庸我也知道，不就是这么回事吗？但是真能够做到，按照中庸的标准去生活的话，其实能做满一个月都很难。所以光知没有用，知了之后要行。中庸最难做的不是对中庸的理解，而是对中庸的实行。有一些道理就是这样，它非常简单，所谓"三岁孩子听得懂，八十老翁做不到"，从理解这个层面上是不难的，但是按照这条道路去做，并一以贯之地去做，那就特别难。所以能做到这一点，才是达到一定的境界。

在孔子的心中谁能做到这一点？当然在历史上他所推崇的大舜是这样的人，在他的弟子之中其实也有这样的人，虽然说不能始终如一都做得那么好，但确实有人是按照中庸的要求去做的，谁呢？那就是孔子的弟子颜回。所以，孔子夸奖颜回说："回之为人也，择乎中庸，得一善，则拳拳服膺而弗失之矣。"颜回这个人确实是值得让人佩服，他选择了行中庸之道，怎么能够印证他选择的是这样的道路呢？他学习上一有收获，行为上一有经验，朋友的一句忠告，老人的一句叮嘱，甚至是一有对问题正确的理解，他就按照他这种理解去做，是拳拳服膺，非常诚恳、非常认真地按照他所认识的、他所理解的这种善努力去做，而且是抓住不放。这也是中庸的一种体现，他是在追求着中庸，也是在用中。

八、中庸之理

《中庸》是一篇逻辑性非常严谨的文章，是最能够集中地反映儒家哲学思想的文章。《中庸》实际上就是一种总结性的文章。它要把儒家思想的一些核心精神按照儒家对世界的认识形成一个内在的逻辑关系，如果你不能理解这种内在的逻辑关系，那读起《中庸》来相当费劲。

《中庸》好在哪里？《中庸》是"始言一理，中散为万事，末复合为一理"。从论述角度来讲是很严密的，开始拿出一个观点立论，然后中间用各个层面上的、理论上的、实践上的事情来证明，这是一个演绎的过程。提出一个理论，然后把它分解，等把层层面面都分解到位之后，又进行一个归纳总结。这是程子对《中庸》的一个评价。他说像《中庸》所说的道理，"放之则弥六合，卷之则退藏于密"。我们要是粗读《中庸》的话，它是一篇非常形而上很抽象的文章，但是程子懂了。理论来源于实践，高于实践，他从这个理论中看到了能够总结出理论的方方面面的现实。因而他说皆实学也。"善读者，玩索而有得焉，则终身用之，有不能尽者矣。可以受用终身。"朱熹就很推崇《中庸》，但是朱熹感觉到自己一个人的推崇没有说服力，就把二程先生对《中庸》的评价拿过来，作为对中庸章句的评价。大家对《中庸》推崇备至，把它提得这么高，它究竟好在哪儿呢？其实《中庸》开篇就为所有的人生道理寻找了一个源头，而且它对源头的认识应该说是整个儒家思想的内在逻辑认定。

以此看待"中庸"，它就不再高高在上、玄之又玄了，中庸本就早已落实到了万事万物发展的核心规律上。中庸之道就在平常道中。然而就是这种看似最平凡不过的理念，却几乎是儒家学说中最高的精神追求，也是最难的处世法则。因此人们又称："极高明而道中庸。"在平实的中庸里达成的是完美。

正因"庸"为常态，才难提炼；又因"中"为恰好，才难实践。中庸是待人的态度，也是做事的艺术，更是把握局面的能力，尤其个人品德的修养。

九、中庸之用

《论语》中还有这么一段情境，孔子有两个学生，跟孔子在一起讨论怎么样做事的问题。冉有问，"闻斯行诸？"听了就要去做吗？孔子说，那当然，听了就要去做。子路也问"闻斯行诸？"孔子说，有父兄在，怎么能听了就做呢？别的学生一听就有点蒙，老师"冉有问您，听了就做吗？您说听了就做。子路问您，听了就做吗？您说不能听了就做。为什么啊？为什么同一个问题有不同的答案？真理没有统一的标准吗？"孔子有教无类，但是因材施教。冉有这个人有一点内向，所以孔子为了激励他，说听了就要去做；而子路这个人有一点鲁莽，所以孔子就打压他，你不能听了就做。子路的性格有一些过，冉有的性格有一些不及，过和不及都不行，都要正好，既不要过，也不要不及。戒过免不及，这就是在用中。

按照中庸的理念，面对纷争，就不是简单的快刀斩乱麻却后患无穷，而是能体察到多方的顾虑、苦衷、利益、隐患，找到让各方都尽可能满意的协调方法。在当代国际关系交往中，1955年周恩来总理于亚非万隆会议上提出的"求同存异"方针就是中庸思想的最好体现。保持各自的差异，承担共同的责任，使制度不同、文化不同的亚非国家得以互利。可以说，中庸就是平衡之后的共赢。

另一运用了中庸智慧，就是邓小平同志"一国两制"方针的提出。一个国家，两种制度，既可实现国家统一，又可维护特殊区域的利益，照顾各方利益，保证全面富强。在复杂关系中，所有关系都处理得恰到好处，这就是用中的智慧。

所以有人就认为，中庸是中华文化的核心。其实，"建设有中国特色的社会主义"，我们每天都在受惠着这一基本国策，就是发扬和践行着中庸的智慧。一阴一阳之谓道，而阴阳之和谐、阴阳之平衡就是中庸。《中庸》的思想其实是儒家和道家可以融合在一起的一个交结点。因为道家强调了"道生一，一生二，二生三，三生万物"。以前我们对社会生活的认识都是一分为二的认识，都是两分法。两分法的错误之所在，就是不是左的就是右的，不是好的就是坏的，不是社会主义的就是资本主义的。其实，在这中间还有一个第三条路，第三条路就是《中庸》之道，也就是和谐之道。

中庸之道达到一个最好的境界，那就是"致中和"，而"致中和"是"天地位焉，万物育焉"，所谓"天地位焉，万物育焉"，那就是天地与万物与人都能走向和谐，都能和平共处的境地。从哪里下手？就要从"诚"下手，"唯天下至诚，为能经纶天下之大经，立天下之大本，知天地之化育。"知天地之化育，则可以与天地参也，那就与日月同辉。看不懂《中庸》这篇文章的人，认为中庸有两个主题：一是"中庸"，一是"诚"。而实际上这篇文章的内在关系是："本于诚，用于中，至于和。""诚、中、和"，认识到这三个字，你对中庸的理解就不会太有偏差了。

胡适曾说："中庸的哲学，可说是一般中国人的宗教。"可见，中庸的指导思想在传统文化浸染的国土上无所不在。比如：兵家就提醒"穷寇勿追"，要给对方、给己方都留有余地；而政界多信奉"功成身退"，不登峰造极，见好就收；在做人上追求"光而不耀"，光亮温暖却不灼伤旁人，光芒瞩目却不刻意招摇。中庸提倡不张扬的人格、不极致的进阶、不逼仄的追逐、安近怀远、与人为善、进退有度、人我皆宜。

然而中庸绝非很多人误解中的好好先生、四面恭维，中庸是消解中的坚持、忍让中的坚定、平和中的坚韧、包容中的坚守。以中庸为体，面对世间，就能够减少因私欲而发的战争、因敌对而生的厮杀、因隔阂而起的冲突、因极端而存的矛盾。无论国际关系、民族关系、人际关系、自我关系，都可"本于诚，用于中，致于和"，因为赤诚而处理适中，因为适中而达成共赢。圆融变通，经世致用。

　　中庸的精义经两千余年而益发展现出蓬勃的生命力，融会贯通、和谐共融，能使理论举一反三、知行合一，真正将智慧落实到古今生活里。中庸是朴素诚恳的力量，是悲悯达观的情怀，是守中取正的情操，在至高至圣的哲学中闪烁，又在平凡常道的点滴里把握。

　　中庸将是中华民族贡献给全人类的最高智慧。

志气

孔子强调立志，孟子强调养气。孔子说"三军可夺帅，匹夫不可夺志"，孟子说"我善养吾浩然之气"。"志"是目标，但仅有目标还不够，所以孟子就补上了"气"。气是动力、能量，是人的主观能动性，通俗地说，就是人的心劲儿。浩然之气就是文天祥所歌唱的阳刚气，就是顶天立地、正大光明的人间正气。

因为要想实现一种理想，有了目标，还要有动力。譬如一辆车，目标归于方向盘的操作，动力归于发动机的支配。中国人称赞一个青少年，往往说这孩子真有志气。

志气，在个人，是人生态度，在家庭，就是家风；在企业，就是企业文化；在部队，就是亮剑军魂，在国家，就是一个民族精神。

儒家文化特别强调的是立志教育。比如说，教育小孩子，《神童诗》中的一首诗："朝为田舍郎，暮登天子堂。将相本无种，男儿当自强。"儒家强调立志。道家正好相反，老子说"虚其心，实其腹，弱其志，强其骨，常使民无知无欲，使夫智者不敢为也"。老子不赞成百姓太有理想。儒家不同意这个态度，为什么你可以有理想追求，而别人不要有？儒家认为：具体而微，可以和而不同，宏观而论，能把个人的志气和民族的追求融合在一起，就是"中国梦"。

孔子特别强调人要立志，孔子说过"吾十五有志于学，三十而立"。青年人成长过程中首先要立志，要立志于学。孔子还说："岁寒，然后知松柏之后凋也。"孔子在其他的场合还常常说"志于道，据于德，依于仁，游于艺"，强调志于道。孔子对于志于道这个问题，谈起来是不遗余力，他曾经有这样的思想——"朝闻道，夕死可矣"。孔子还说"苟志于仁矣，无恶矣"，强调要立志求仁。孔子对志是常谈，多有论述。志是什么？我们说志就是一个明确的目标，就是一种理想，就是人给自己生命中所规划的一个蓝图，或者说是一个愿景。

一、理想目标

志是内心的志向、理想，是我们所要达到的目标。"志"这个概念最早出现在《尚书·盘庚篇》，盘庚迁都的时候，就曾经有这样一句话"若射之有志"，就像射箭要有靶子。中国古代训练射箭，往哪里射呢？把一捆稻草用兽皮蒙住，在中心位置涂上一个红心标志，这个标志就是"志"。这就是我们射箭要射的目标，其实也是"目的"的"的"，后来逐渐演变，志就变成了做记号，再后来因为有了文字，可以传之异地，留之异时。所以，用文字对事物做记号、做标识，就是记录。人们用文字把我们这个地方的事给它做点标识，让它留存下来，这就叫地方志。如果我们要用文字作为媒介，把今天的事记录下来，就叫日志。这些词意是由原来义发生转换变成的记录，它最早的意思就是指目标。

孔子非常重视励志教育，重视人生理想，总是和弟子们开展理想的讨论，世界观的培养。孔子论的这个志就是一个目标，孟子非常理解孔子，孟子说："士何事？尚志！"一个独立立足社会的人，他追求的是什么呢？是尚志，要有一个崇高的理想。

孔子十五岁的时候就开始立志学习，立志读书，到了三十岁的时候就能立足社会，可以运用自己所学的知识来为社会服务了。为什么说是十有五而志于学，到三十就能立了？其实要想了解孔子的这一番话，我们可以参考中国古代的其他文献，班固《汉书·艺文志》里面有这么样的记载："古之学者耕且养，三年而通一艺，存其大体，玩经义而已，是故日用少而蓄德多，三十而五经立也。"他强调的是什么？古代的学者是一边劳动，一边学习，每三年学一经，十五年就将五经学完了。从十五岁立志学习，学了十五年就恰恰到了三十，因此五经学过之后，懂得先贤智慧留给我们的为人处世规矩，就能立足社会，才是三十而立。所以孔子强调：为学首先是要立志。

在中国文化中，要想在民族发展的过程里让自己一生走好，也要给自己建立一个目标。目标是什么？按照我们中国文化的儒家理想，就是"格致诚正修齐治平"。从格物到致知、诚意、正心，到修身、齐家、治国、平天下。平天下是一个终极的目标。我们民族文化中，设立的目标特别远大，因而落实到我们每个人来讲，也是不容易实现的，也正因为不易实现，才成为我们一代又一代中国人心中追求的梦想。有些目标一旦实现就超越了，也就不能成为我们的理想，而成为下一个目标的起点。

二、师生论志

孔子不仅从概念的层面上强调立志，他在平时的教学过程中也经常和学生们一起探讨人生理想。他经常问他的学生，你们都立了什么样的志？他的那几位得意的弟子要经常向老师汇报自己的志向。

《论语》中有一段孔子和颜回、子路三个人在一起讨论理想志向的片段。孔子说："盍各言尔志？"你们为什么不谈一谈自己的理想和志向呢？子路说："愿车马，衣轻裘，与朋友共，敝之而无憾"。什么意思？子路说我的理想是：有车马、穿好衣服，我可以和朋友一起使用，哪怕用坏了，我也没有什么可遗憾的，朋友是可以分财的，我想要和朋友共享这些东西。颜回说："愿无伐善，无施劳"，我的理想：有一点成绩不要自夸多么好，做一点工作不要总给别人添麻烦，增加负担。两名学生都是从他们人生美好的愿望出发，谈的理想。子路跟老师之间说话很直率的，于是他说，请问老师，那您的理想是什么？"愿闻子之志"，我也想听听您的理想、您的志向，孔子说：我的理想就是"老者安之，朋友信之，少者怀之"。能让老年人安度晚年，能够让朋友相互信任，奋斗一生给后人留点念想，让我们的下一代怀念我们。"少者怀之"也有一种解释是关怀未成年人，也可，但笔者觉得还是给晚辈留点念想更贴近。让我们做出的这番事业留给后人一批宝贵的思想遗产。这就是孔子的理想，这个理想高不高？对于个人而言不高，用点儿心都能做到，但是如果人人都做到了，什么小康社会，什么大同理想，就都实现了。就孔子自身而言，这个理想在今天看来，已经实现了。

《论语》中最长的一段文字就是记载孔子与弟子谈论人生理想：

"子路、曾皙、冉有、公西华侍坐，子曰：'以吾一日长乎尔，毋吾以也。居则曰：不吾知也。'如或知尔，则何以哉？"子路率尔对曰："千乘之国，摄乎大国之间，加之以师旅，因之以饥馑，由也为之，比及三年，可使有勇，且知方也。"夫子哂之。"求，尔何如？"对曰："方六七十，如五六十，求也为之，比及三年，可使足民。如其礼乐，以俟君子。""赤，尔何如？"对曰："非曰能之，愿学焉。宗庙之事，如会同，端章甫，愿为小相焉。""点，尔何如？"鼓瑟希，铿尔，舍瑟而作，对曰："异乎三子者之撰。"子曰："何伤乎？亦各言其志也。"曰："莫春者，春服既成。冠者五六人，童子六七人，浴乎沂，风乎舞雩，咏而归。"夫子喟然叹曰："吾与点也！"三子者出，曾皙后。曾皙曰："夫三子者之言何如？"子曰："亦各言其志也已矣！"曰："夫子何哂由也？"曰："为国以礼。其言不让，是故哂之。""唯求则非邦也与？""安见方六七十如五六十而非邦也者？""唯赤则非邦也与？""宗庙会同，非诸侯而何？赤也为之小，孰能为之大！"

这段长文的大体意思是这样的：有一天，子路、曾皙、冉有、公西华、几个学生和老师在一起，也可能是课余时间闲谈，老师在教学之余，就考核他的学生，老师说："以吾一日长乎尔，毋吾以也。居则曰：不吾知也。如或知尔，则何以哉？"这一段很文绉绉，什么意思？孔子说：我比你们岁数大一些，你们不要以我为榜样，你们要比我更有出息，不要把我作为你们学习的一个标准和尺度，你们要做得比我更好。平时你们经常说，没有人理解我啊，如果说真的有人了解你了，你要干什么？孔子教学循循善诱，是从学生自己的心理愿望出发，然后一点一点地引导，让学生们谈自己的理想和志向。

孔子经常谈到"不患人之不己知，患其不能也""不患人之不己知，患不知人也""不患莫己知，求为可知也"。他对弟子们也说，你们不是说没有人赏识你们吗？假如现在有人理解你们、想要用你们，你们想干什么呢？把弟子们心中的理想之光点燃。弟子们一听老师问这话，就来精神头了，最先发言的是孔门中的一大弟子、年龄比孔子小九岁的子路。子路在孔门弟子中个性特别鲜明，这个人好勇，他跟孔子的交往开始是不服气的，他想要欺凌孔子，而孔子用了一点点的启发、诱导，就使得子路心悦诚服，拜服在孔门之下。这个人平时和孔子说话的时候，也是有什么就说什么，他本身从善如流，然后性格又很直率，所以当老师一问弟子的志向是什么的时候，他首先就站起来了。

《论语》中记载"子路率尔对曰"，子路就是很直率、很直接、很爽快地站起来就说"千乘之国，摄乎大国之间，加之以师旅，因之以饥馑；由也为之，比及三年，可使有勇，且知方也"。千乘之国是大国，一乘指一辆马车，在古代，国家国力的强弱从军队中车辆的数目上就能看出来。据资料记载：那个时候是八百户人家向国家提供的赋税可以养一辆兵车。一乘有人讲是四匹马，也有人说是两匹马，从安阳殷墟去看，殷商时候实际上是两匹马，但是到春秋时期，四匹马的马车也很多。不管怎么讲，千乘之国也是大国。子路说，我是什么样的理想、志向？就是治理这种千乘之国，而且这种大国夹在其他大国之间，哪怕是还有战争，哪怕是又有饥荒，老百姓可能食不果腹，即使是这样困难的环境，假如说让我来治理的话，三年之间，我能够让这样的国家的人民个个都有勇气，而且能讲文明懂礼貌，懂得应该怎么样去面对生活。子路说完了这一番话，作为老师的孔子是怎么样的一个反应？这里有一段特别有趣的描写，"夫子哂之"。什么是"哂之"？一般解释说"哂"是微微一笑，说孔子听了这话之后就微微一笑。笔者觉得这种解释，第一有点过于拘泥，第二也未必符合原意。"哂"左边是个口，右边是个西，它是个形声字，从口西声，口是形旁表意，西是声旁表声。"哂之"是孔子发出的一种声音。那是一种什么样的声音？就是很不屑地发出一声"切"。我们现在也是这样，表达一种轻蔑态度。孔子为什么是这个态度？因为在孔子的思想中，要想治理好一个大国，首先要有礼，而我问及你的理想的时候，你站起来就大言不惭地说了一大通，你有点吹牛，你有点夸大，你本身都不知道礼让，都不谦虚，你怎么能够让你所治理的这个地方人民"且知方也？"所以夫子哂之，实际上是"切"这么一笑。

然后孔子接着问"求，尔何如？"求是谁？求是冉有，冉有做季氏家宰，因为帮助季氏家族给百姓增加赋税，孔子还对他很不满，让其他学生鸣鼓而攻之。在这里因为是几个弟子一起和老师探讨志向和理想，所以孔子打压子路之后，回过头来就问冉求，对曰"方六七十，如五六十，求也为之，比及三年，可使足民，如其礼乐，以俟君子"。冉求一看老师对子路轻率吹牛的架式采取了一种不屑的态度，自己就收敛了很多，语言就放得谦和一些。他不敢说千乘之国怎么样，他说是方圆六七十里，或者再小一点，五六十里这么大个地方，也有解释为长六七十里，宽五六十里的范围，如果说让我冉求来治理的话，三年的时间，我能让老百姓富足起来，能够让他们吃饱穿暖。但要是想让他们知礼好乐，我可能做不到，要等待更有德的君子，因而强调是"以俟君子"。这个态度就比子路要谦和多了。

孔子听完之后，没做过多的评价。接着就问"赤，尔何如"，赤就是公西华，公西华是年龄比较小的学生，公西华也在场看着老师对子路的这种态度，而冉求表达完了之后，老师没有加什么评价，于是他就把态度放得更为谨慎、更为谦恭。他就说"非曰能之，愿学焉"。这就不一样了，说我不敢说我能做什么，但是我愿意来学习。"宗庙之事，如会同，端章甫，愿为小相焉。"赶上有宗庙祭祀的时候，有诸侯相会的时候，我愿意穿上礼服，戴上礼帽，穿戴得整整齐齐，我愿意在这里做一个小相。小相是什么？用今天的话讲就是"司仪"。我想在这里面可以做个司仪吧！这就把身段又放低了一点，孔子听他这么说，也没有表示什么。接着又问另外一位弟子"点，尔何如"，点是谁？点是曾皙，曾参的父亲叫曾皙，也叫曾点，因为可能是在课余时间，所以弟子们都很放松。曾皙在干什么？曾皙这个时候正在弹拨着瑟，我们现在讲琴瑟也是古代的一种乐器。"鼓瑟希"，弹瑟正好是到将要结束的时候，然后"铿尔"，铿尔就是最后"锵"的一声，做了一个结束收尾的音，然后舍瑟而作，曾皙把乐器放到一边，站起来说"异乎三子者之撰"。曾皙说我的理想和他们三个人的都不一样，孔子就说"何伤乎，亦各言其志也"，没关系，咱们今天在这里就是各自谈谈理想而已，你说说吧！你想做什么？曾皙就说"莫春者，春服既成，冠者五六人，童子六七人"。莫春就是暮春，暮春三月的时候，我穿着春服，然后和五六个成年的朋友、六七个童子，"浴乎沂，风乎舞雩，咏而归"，春末夏初之际，我能够在沂水河里游泳。然后和我这些朋友一起在舞雩乘凉，"风乎舞雩"就是非常轻松畅快地在那儿乘凉。高兴的时候，我们就唱一唱卡拉OK，我们想抒发情感，就朗诵诗表达一下内心的感受，玩尽兴了再回家。曾点说，我的理想其实就是这样。

这是一种什么理想？这是一种要摆脱社会上那些风云争斗，想要一种回归自然、热爱自然、亲近大自然生活，那种和谐美好自然人生向往。这种生活很好，孔子听完之后"喟然叹曰"，非常有感慨地叹说"吾与点也"，我也想像你这样啊。其实这是要在社会和平发展时期，在人民生活相对富足、没有战争、很安定的情况下才能有的一种环境。如果说战争频仍、百姓流离失所、社会动荡不安，你怎么能够有悠闲的时光和你的朋友带着小孩一起去游泳，然后歌咏而归？吃都吃不饱，哪有这份闲情逸致？所以孔子这句"吾与点也"是儒家知识分子期望社会相对安定富足之后回归自然的一种人生感受。但是，儒家的亲近自然和道家、佛家不同，不是独享其乐，而是与朋友，孩子一起的"众乐乐"。"吾与点也"是儒家美学观点之一。这就是孔子和弟子们之间有关于理想和志向的一段对话。

这段话说完了，三子者出。子路、冉有、公西华出去了。曾皙就说"夫三子者之言何如？"老师，他们三个人说得怎么样？曾皙心里有点没底，就向老师询问，然后老师说"亦各言其志也矣已"，不过是谈一谈自己的理想志向罢了，曾皙就问："夫子何哂由也？"那您为什么单独嘲讽子路呢？曾皙对这一点有些不解，孔子说"为国以礼"，想要治理国家，那得以礼治国，而子路"其言不让，是故哂之"。子路站起来就大大咧咧吹牛，就趾高气昂地说他能治千乘之国，三年之内他不仅让老百姓"有勇且知方也"，实际上这就很不谦虚，这种不谦虚是不可能把国家治好的，所以我讥讽了他一下。

"唯求则非邦也与"，冉有他不是在谈治国吧？孔子说，他怎么不是谈治国？"安见方六七十如五六十，而非邦也者"，谁见过方圆五六十里的地方，那不是邦国是什么？"唯赤非邦也与"，曾皙说，那看来公西华要做的工作不是治理邦国了吧？他的志向不是治国吧？孔子说：不对，"宗庙会同，非诸侯而何？赤也为之小，孰能为之大！"宗庙会同的时候，都是各路诸侯来相会，各路诸侯聚会的会议上，公西华能做小相，做司仪，这志向要小，那还有什么志向更大呢？用今天的话来讲，公西华是不想治理某一个邦国，但公西华的志向是要做联合国的秘书长。他是做诸侯相会时候的主持人，这种志向要是认为小，那还有什么理想是大的？所以孔子是充分肯定了这些弟子们的理想和志向，在肯定之中又有一些批评，他强调子路不能无礼，无礼就不能治好国家。这里其实也体现着孔子一以贯之的思想，孔子强调的是中庸之道。中庸是什么，是无过无不及，你要是过分自信也不行，过犹不及。所以孔子是戒过勉不及，勉励在哪儿体现？孔子这一段和弟子各言其志里就暗含着孔子的期许。

有的学者说孔子最后和曾皙的这一段讨论就是在勉励曾皙。他的意思是说，你看子路，虽然说有些狂，但他的理想很高，志向很大，冉求的理想也不小，公西华虽然年轻，那也是志存高远，唯独你曾皙——曾皙那个时候年龄比较大——你的理想？没有去安邦治国，只想着自己逍遥自在。所以有的学者认为，孔子的这一段话还有暗暗激励曾皙的意味。那这就是勉不及，所以中庸要寻找中道，要戒过勉不及。

志气是成大事的前提，有几副对联，大家耳熟能详，"有志者，事竟成，破釜沉舟，百二秦关终属楚；苦心人，天不负，卧薪尝胆，三千越甲可吞吴"。前一个写项羽，后一个写勾践，都是帝王。笔者仿此也做了一个，不很准确，你猜猜写谁？"头悬梁，锥刺股，纵横游说，一介书生挂六印；打落牙，和血吞，屡败屡战，老儒终成大宗师"。

三、养浩然气

气是什么呢？气是动力，老百姓管它叫心劲儿。抽象一点说，哲理化一点的语言叫"人的主观能动性"。实际上是什么？是能量。志是目标，像开车一样，它归方向盘管，气是动力，是汽油，它归发动机管。你光有目标，没有能量不行。我目标可远大了，就是能量不足，那就没有用。只有能量没有目标也不行，那你这辈子就是忙忙碌碌，最后就是碌碌无为，人生也就庸庸碌碌了。志是目标，气是能量，如果你懂得气是能量的话，那么正气就是正能量，我们现在总强调正能量，其实正能量就是中华优秀传统文化中的正气，而正能量的最高体现就叫作浩然之气。

气还可以有很多发散性的引申：能量、正能量、人的主观能动性、积极进取的精神。"积极性就是生产力。"我们现在说"科学技术是第一生产力"。没错。科学技术是硬指标，但是一个人的主观能动性那是弹性的，是软指标。但是软指标它也是生产力。一个人早上五点起床学习和九点起床应付工作，肯定是差出很多、差别很大，读书厚薄上还得差出几页，对不对？学生学到晚上九点和学到晚上十一点，你的精纯度肯定是不一样的。所以这种积极性就是生产力，希望大家把它记住，不仅作用于自己，甚至可以作用于日后你的小孩，或者做老师，一定要把"志气"这个人生很积极的价值观念给学生建立起来。这个建立起来之后，它就是一种内生动力。他不用借助外在的条件，就会持之以恒地向上发展，为什么颜回"一箪食，一瓢饮，在陋巷，人不堪其忧，回也不改其志"。就是这样，外部环境很艰苦，但是内生动力很充沛，叫"穷且益坚，不坠青云之志。老当益壮，宁移白首之心"。其实这就是我们说生命能量强的表现——取向高、能量强。

什么是浩然之气？气是一种心劲，是一种动力，浩然之气就是一种很正很要强的心劲，是一种很大的动力。有人问能不能更清楚地描述一下浩然之气？孟子说"难言也"。难说，浩然之气就是力量充沛的磅礴之气，"其为气也，至大至刚"。非常博大，非常阳刚，这是一种浩然之气。像文天祥写《正气歌》的时候，就对浩然之气做了一个分解，"天地有正气，杂然赋流形"。天地之间有一种正气，但是它分布在各种形态的物质上，"在天为日月，在地为河山"，于人来讲就是浩然之气。《正气歌》里面强调正气，这个浩然之气就是从孟子这儿来的。

孟子说浩然之气是"至大至刚，以直养而无害，则塞于天地之间"。正大光明地培养，不能去戕害，这个心劲你得认真地去培养它，每天都去激励自己，我要有这么一种心劲，我要有这么一种正气，你不能去妨碍它，更不能做猥琐、苟且的事去伤害它。今天干点这个，明天想点那个，一天不去想正事，你这种气就泄了，那就叫泄气。所以浩然之气是至大至刚，直养无害。"其为气也，配义与道；无是，馁也。是集义所生者，非义袭而取之也。行有不慊于心，则馁矣。"这是对怎么样养浩然之气提出的最好方案，要配义与道。怎么讲？首先是配义，如果这个气没有正义支撑着，你都是一些干坏事的心态，那不行，那不叫浩然之气，得有正义来顶着，这个气才有劲，才仗义，才是义气。

我们现在夸一个社会上的男子汉，夸英雄，首先是说他义气，这个气前面必须得有义来做引导，要不就是胡乱使气，那就是任性妄为。你要是做坏事，那就是歪风邪气；你要是强盛一点，那就是霸气；你要是流氓一点，那就是江湖气，所以一定要正，是正气，是义气。还得配上道，道义常常是不能分开的，没有正义和道德配着，气就容易气馁，挺着两天泄了，没劲了，为什么？你做那个事不正，你就不能持之以恒地坚持。我们从事传统文化的传播，做的是一项教育的工作，我们认同这种工作是一种正义的、正道的行为，我们这个心劲就源源不断地往出喷发，这就是浩然之气。

"行有不慊之心，则馁矣。"自慊，此之谓自慊，慊是什么？扪心自问，心安理得，如果你的行为不能让你自己的心感觉到很欣慰、自信自足的话，你这个气也顶不了多长时间，也会气馁的。所以一定是要好好护着这种浩然之气，当然，这种浩然之气你还不能天天故意把它往上提，你不能故意去打消它，你要打消它，气就没了，你要故意努力往上提，没有志做引导提这个气，最后也会出问题。出什么样的问题？孟子举了一个例子，就是为我们后人所熟知的"拔苗助长"的故事。

宋国有一个这么样的人，他"闵其苗之不长而揠之者"，他担忧他的这个苗长不高，小苗看着是不生长的，人强调说"学如春起之苗，不见其长，而日有所增"。你看不出来它在长，但是实际上它每天都在长。这个宋人就很笨，他看到苗不长，怎么办？他就拔，所谓拔苗助长。然后"芒芒然归"，茫茫然地回来，还说今天可把我累死了，我帮着小苗长高了，我给它们都拔起来了，结果他儿子到田里面一看，苗全干枯了。现在社会上很多人都拔苗助长，做事做得着急，实质上就是拔苗助长，拔苗助长不仅无益，而且有害。

这里就强调怎么样养气的问题，真的把浩然之气养足了，就能成什么样的人？就能成为孟子所说的"居天下之广居，立天下之正位，行天下之大道；得志，与民由之；不得志，独行其道。富贵不能淫，贫贱不能移，威武不能屈，此之谓大丈夫"。

孟子强调人要养气。对志与气有一个辩证的认识，孟子说："夫志，气之帅也。"理想是能量的统帅。"气者，体之充也。"气就是充沛于你体内的一种力量，只有志没有气，理想再大也到达不了目标。一条船在海上航行，燃料再足，哪怕是核动力，你不知道去哪儿，也仍然是原地打转，要有目标，但光有目标，没有动力，没有燃料也不行。所以，孔子说立志，孟子就补上养气，最后志气合一，这是中华民族的核心思想。中华民族之所以自强不息、厚德载物，总是有那么一种精神，总是那么努力向上，就是作为主流意识形态的儒家文化，经过多少代人长期培养的结果。

做正义的事情，走正道。总是在追求着一个积极、健康的人生，这样心中就有一种正气，每天生活就有劲，就觉得这个阳光也明媚，空气也清新，天气也晴朗，干起工作来精气神也好。

在传统文化现代回归的今天，浩然之气是我们的文化精髓之所在。在传统文化中，这些健康阳光的因素发挥着它积极作用的文化，不正是我们先进文化的组成部分吗？我们这个民族就是在这种文化氛围中发展、生存、繁衍到今天的，这种志气已经渗透到我们每个人的骨子里。

告子说过，"不得于言，勿求于心；不得于心，勿求于气"。孟子说："不得于心，勿求于气，可。不得于言，勿求于心，不可。"什么意思？如果你内心还没有感受到的时候，让你有这样的气势，有这样的精神状态，那不行，实际你内心的感受和你这种精神状态是互为补益的，你的精神状态就能够让你心中的理想更为明晰，让你的志向更为坚定。"不得于言，勿求于心，不可。"从表面看你话上没有，就认为你心里也没有，那不行，有的人是心里有，话上不说。所以言语和内心之间并不一致，但是内心和精神气质是一致的。所以说不得于心，勿求于气，在认识上没有心得，你就不要到精神面貌上去求，要是不得于言，就勿求于心，这不一定，因为语言和思想并不一致。

其实这四句是强调内心这种精神、理想和气质之间的统一。

我们说一个人在他的人生道路上是积极的、健康的，特别要是说青年人，说孩子，我们夸这个年轻人的时候，我们说你看这人真有志气，志和气就是连用的。其实志和气是两个意思合起来用，那就等于说这个人既有人生的理想，又有向着理想积极追求的行为。

我们现在强调一个成功的人生必须具备这么几方面的因素：第一，人生要想获取成功，要树立一个明确的目标，那就是志。第二，人生要想获得成功，必须得有一个积极的心态，那就是气。第三，人生要想获取成功，必须得不懈地努力，那就是行动。第四，人生要想获取成功，必须得选择一个正确的道路，那就是道。第五，人生要想获取成功，必须得认清自己，得有一个很好的出发点。从儒家文化讲，这种出发点就是基于人性本善、所要守住的那一份真诚。诚是做好一切事情的起点，诚是成就人生的一个基础要素。诚、志、气、道、行，这就是中华文化给我们提供的、人生成功所必须具备的要素。

学习

　　《论语》开篇就讲"学而时习之，不亦乐乎"。

　　学习这个观念是古圣先贤留给后人的一笔最宝贵的精神财富。只要你是华夏子孙，你就要重视学习，孔子用他自身给我们树立了一个终生学习的榜样。他自己说："吾十有五而志于学，三十而立，四十不惑，五十而知天命，六十而耳顺，七十则从心所欲，不逾矩。"孔子是十五岁立志学习，而且活到老学到老，到老了也给人保留着"学而不厌，诲人不倦""发愤忘食，乐以忘忧，不知老之将至云尔"这么一个学者形象。正是因为这个形象，因为这个榜样，中国人一直在打造着学习型的生活。个人是学习型的人生，组织就是学习型的组织，推而广之，社会就是学习型的社会。所以我们追求的就是要全员学习、终生学习。

　　学习，是实现儒家理想智慧的途径，"好

学近乎智""学而不思则罔，思而不学则殆"。学习，又是儒家各种优秀品德的加权平衡指标，"好仁不好学，其蔽也愚；好知不好学，其蔽也荡；好信不好学，其蔽也贼；好直不好学，其蔽也绞；好勇不好学，其蔽也乱；好刚不好学，其蔽也狂"。

一、学习出处

"学"是汲取知识，"习"是运用知识。

我们听课只是学。学的繁体字是这样的——學，上面是两只手，中间捧着一个"爻"，"爻"就是横七竖八的草棍，然后下面是个房子，房子里面有个孩子，大头儿子在那里算数呢！这就是中国古代的"学"。

"习"的繁体字"習"，上面是个羽毛的"羽"，代表着小鸟的双翅，下面这个字呢，有人说是"白"，有人说是"日"，后来通过甲骨文一考证，发现是个"臼"，鸟窝。所以《说文解字》里面解释习为"鸟数飞"。我们的先祖特别聪明，他们发现在仲夏的时候，山崖中的小鹰羽毛都长丰满了，开始训练飞翔了，这就叫"习"。《礼记》"鹰乃学习"是"学习"一词的出处。

鸟类学飞时，多次练习飞翔，人也一样，不经练习，无法把所学知识真正掌握并加以运用。所以"习"的价值是能够使理论的知识转化为操作应用的能力。尤其在知识爆炸、信息量急剧增大的今天，单纯地记忆知识价值并不大，重要的是把知识转化为能力。重点在于实现"文化"。不要把文化当名词看待，要当动词使用，像冬去春来冰雪融化、春风一吹草木绿化，而教育的使命就在于教化，关键是通过知识使人转化。要想让知识转化为能力，就必须做到"专业知识常识化"。比如说会计学这个专业知识，对于我们外行来讲，这个东西很专业，我们可能连账本都看不懂，但对于会计来说就是常识。如果我们说，张会计啊，到年底了，你把账给我们清算一下吧。张会计说不行啊！我得回家读半年书才行，那不废了吗？一些法律上的东西，对于我们来讲很专业，对于律师来讲就必须是常识。怎样做到常识化？百姓的说法最直接："习以为常。"学习是我们能力提升、转化的重要途径。

它和我们今天的关系密切在哪儿呢？比如，我们听国学讲座，不管你觉得理解得多么通透，实际上如果你不复习，三个月后你脑子里只剩下一些支离破碎的片段了，三年之后咱们再见面，你会觉得：我是不是在哪儿见过你啊？全忘了，这就是因为你不复习、不温习。

笔者一讲课，有好多学员说，老师，你怎么一张嘴就都是"之乎者也"呢？其实没什么，笔者就是教这个的，对于大家来说，好像这些挺生疏，对于我来讲那必须是常识。如果笔者给大家讲课时说：孔子曰、曰，曰什么来着？忘记了；过一会儿，又孟子曰，曰什么来着？这也没想起来。这种情况要是一多，人家就得说：老师，你年纪大了，该退休了。因为你生疏了，那就不行。你得让专业知识常识化，拿起来就用。你得通过练习、温习、复习、见习、实习，让专业知识常识化，一旦常识化了，拿起来就能用。经典怎么才能常识化？你要是读一遍《大学》，没什么感觉，你不会用。要想理解它，熟练应用它，古人告诉你了："书读百遍其义自见。"古人不骗人，不信就试试，一篇文章，你读上八十遍的时候，你还有点糊涂，但是有这八十遍做基础了，你再读那后二十遍，读一遍清晰一层，等到了一百遍的时候，书中有一些难点就像水落石出一样浮现出来，这时你再看看注释，只要它解释得对，一下子就能记住，这辈子都不会忘的。如果它解释得不对，哪怕你都不知道该怎么解释，你都能感觉它解释得不靠谱，你都可以打假。笔者觉得书读百遍就挺好了，但是有一回，笔者去拜访北京大学的楼宇烈先生，笔者说：楼老师，您说读经典，读多少遍才好呢？他告诉我，一千遍啊。当时给我吓一跳，后来我发现，楼老师说得对啊！

《中庸》里面就说了："人一能之己百之，人十能之己千之。果能此道矣，虽愚必明，虽柔必强。"像《大学》《中庸》这么好的经典，你要是读上一千遍的话，它就转化成你的语言了，你思考的时候可以用它思考，判断问题的时候可以用它判断，张嘴说的就是它的话。我们想想看，你用经典的智慧去思考问题，你用经典的语言去表达思想，你用经典的标准去判断对错，你前后左右都不离开经典，你的人生不都经典了吗？优秀的人活在经典中。

二、学而时习

习就是由小鸟每天不断地去训练飞翔，进而演化、转化为我们在学的过程中把知识要不断地复习、不断地实习。这里面关键还有一个字，叫"时"，要"学而时习之"，这个"时"是什么？有人说是时时去复习，就是说要不断地复习，也有人说这是按时去复习，就是要及时地去习，要把学到的知识及时付诸社会实践过程中。孔子在教学的时候是以六艺教学的。六艺有两种解释，一者是指六经：诗、书、礼、乐、易、春秋；二者是指六种本领：书、数、射、御、礼、乐。书——写字，数——计算，射——习武、射箭，御——驾车，礼——行礼、行为规范，乐——音乐。不管六艺是解释成六经，还是解释成六种技能，学生在学习的过程中一方面要吸收汲取，从理论上掌握；另一方面又要及时把它付诸实习，通过不断训练把知识掌握得更加牢靠、更加纯熟。我们今天也是这样的一个思想，要把那种专业知识常识化，要让专业知识在自己的心中变得非常纯熟，这样才能够将其应用于社会实践。

这样用起来之后就能够得心应手，就能够"左右逢源"。不论是六经，还是六种技能，学习都要趁早，康熙八岁时已经读过六经，自十五岁起，与学问深厚的大臣们每天学习，讨论儒家经典思想，给我们后人留下一套《日讲》系列，这种早期打好的学习底子对日后指导工作特别有益，这也是讲究"时"。中国是农耕社会，种田就要"不违农时"。老百姓说"过了芒种，不可强种"；孔子作为中华文化的代表，被孟子称为"时圣"，就都是强调这个时的重要性。

儒家强调，你要想提高你的智慧，智慧的获得，那就得靠学习，叫"好学近乎智"。"好学近乎智，力行近乎仁。知耻近乎勇。"不是强调仁义礼智信吗？你就得去靠这种知识的汲取去提升品德，当然既有书本上的学习，也有这种实践性的学习。行千里路，读万卷书。古人的这种知识智慧的积累，今天靠经典传承是最集中的。他不需要你在生活中把中国传统五千年的人生都走一遍之后，才获得智慧，实际上它是用五千年的这种智慧，都给你积累到书卷里，让你开卷有益，这是提升智慧的一种方式。当然读书看我们的接受能力，也是一种资质。有的人看了书之后，就心领神会，也有很多人就是"纸上得来终觉浅，绝知此事要躬行"。经历了才有感悟。但是不管怎样，这都是一种学。

孔子说："吾尝终日不食，终夜不寝，以思；无益，不如学也。"孔子说我这个人曾经终日不吃饭，整晚上不睡觉，在思考。但是没有益处，对我没有什么补益，不如去学。他特别重视"学"，当然他也并不否认这种思考。他强调说"学而不思则罔，思而不学则殆"，学和思要相互配合，要通过学习获取知识，通过思考消化这种知识，最后转化为一种本领、一种行为，这样付诸社会实践，指导着自己的生活。

儒家强调学习，适合我们人生在成长的过程中的每个阶段，从幼儿园到小学、中学、大学，然后到研究生、到博士、到博士后，现在是强调终生学习，活到老学到老。你要想跟着社会进步，你的知识就得不断更新。现在看来，在我们今天社会里，学习作为我们人生存于社会的优秀品质，本身就是一种本事。所以我们强调一个人的"学习力"，这是很重要的。谁要是能养成每天都手不释卷的学习习惯，那他的人生不会差，当然领袖就更是这样了。美国总统尼克松到中国来见毛泽东的时候，他就很惊讶，他说毛泽东根本不像带着十亿民众叱咤风云的统帅。毛泽东特别像一位隐居的学者，是个智者，因为毛泽东是在书房里接待他的，就在自己的书房里边有个大床，而且是斜着放的，还有坡度。就是便于躺在床上也能翻书，坐在藤椅上也能翻书。用中国知识分子的话讲，那叫"寂寂寥寥扬子居，年年岁岁一床书"。

读经典书籍，你总是与智者对话，向经典学习，你这人生就不会差，所以这种学习力是儒家强调人生进取，总能"苟日新，日日新，又日新"的一个重要手段。

三、以学破蔽

孔子特别强调学习的作用，他认为人生的修养、一些好的德行，如果不用学习来辅佐，那可能就要跑偏，就不完善。孔子和他的学生子路之间有一段对话，对我们理解学习问题特别有帮助。子曰："由也，女闻六言六蔽矣乎？"孔子说，子路你听到过六言六蔽吗？六言是儒家文化强调的一些道德标准，你知道这六种道德还有六种不足之处吗？子路说"未也"，说"我不知道"，孔子在这个时候就非常认真了，说"居！吾语女"。一个"居"字其实就是告诉学生：你坐好了，我告诉你六言六蔽是怎么一回事。

孔子说"好仁不好学，其蔽也愚"，仁是儒家文化中提及的一个最重要的概念，孔子最强调的就是仁。但是孔子对仁的解释又是很辩证的，在这里面他说"好学不好仁，其蔽也愚"。怎么讲？仁者，爱人。仁的本身是要对别人好，要有爱心。但是如果你只有这种仁心，带着一种仁爱之心去面向社会的话，你要不努力学习，分清社会中哪些是善的，哪些是恶的，只是一味施仁心的话，就会出现那种愚的状态，像"农夫与蛇""东郭先生与狼"。实际上，这种仁是一种迂腐，是一种不分好坏的愚。有时候好心办坏事，有时候助纣为虐而不知。

孔子在其他场合也强调说"唯仁人为能爱人能恶人"，要真的行仁的话，那不仅能爱，还能恨，敢爱敢恨，爱憎分明，这才是大仁。比如曾国藩，对太平天国的镇压就是杀人如剃头一般"治乱世必用重典""用霹雳手段，行菩萨心肠"就是仁。

孔子又说"好知不好学，其蔽也荡"，天生聪明，有智慧，如果不好好学习的话，那也有弊病。弊病在哪儿？其蔽也荡，荡者是没有规范、没有原则、没有约束。说你光有聪明而不好学，那你就会让你的这种聪明毫无节制地去发挥，有的时候就会变成一种小聪明，有的时候就会成为一种狡黠，"贼是小人，智过君子"，虽然有智慧，但是通过不断学习来补充，让这种智慧能够在有规范的、在理性的背景下发挥出来，这样的智慧才是有益于人的大智慧。所以"好知不好学，其蔽也荡"，光有智慧还不行，学对智慧也仍然有着一种约束和补充的作用。

孔子还说"好信不好学，其蔽也贼"，贼者，贼偷、贼害。好信不好学，这个人很守信用，有了承诺就去执行、就去履约，但是如果不好学，他就容易被小人利用，他分不清什么是善的，什么是恶的，什么是好的，什么是坏的，哪些东西是应该信守诺言，哪些东西像孟子所说的"夫大人者，言不必信，行不必果，惟义所在"。如果他不好学，没有"义"作为信奉诺言的原则参考和约束，那他这种信就容易被人利用，被人利用就容易受伤害，所以好信不好学，其蔽也贼。这个贼不是自己贼，而是容易受到伤害，这里面强调了信和学的关系。我们看：学习对于守信还有一个约束、参考、指导的作用。

孔子也说"好直不好学，其蔽也绞"，如果说这个人本性直率的话，如果他不好学习，他处理问题就不会讲究方法，有的时候直来直去，有的时候就不合时宜，有的时候就表现固执，处于一种胡搅蛮缠、不讲究策略的方式状态。所以孔子强调说"好直不好学，其蔽也绞"。

孔子接着说："好勇不好学，其蔽也乱"，如果这个人胆大有勇气而没有学习来辅助他，他不知道什么事情是该付之勇气，勇敢去做的，而在什么事情上是可以示弱的，那这种人"好勇不好学，其蔽也乱"。他容易惹出麻烦来，容易制造出乱子来，所以学对于勇也有一个约束的作用。

孔子最后说"好刚不好学，其蔽也狂"，如果这个人性格刚烈，不爱好学习，不努力学习的话，那毛病就出在刚愎自用、狂妄方面。性子刚烈，有的时候不肯听取其他人的意见，总是特立独行，如果这样的人不好学，那就容易表现出狂妄的弊病。我们可以看到：仁、知、信、直、勇、刚都属于性格品格方面的东西，有的时候是人的本性中优良的东西，如果这些本性能发扬善的一面，是应该由学习来辅助的。孔子在评价这些道德规范时，特别强调了学习的意义，学习的影响力，学习的参与作用、平衡价值、修正力量。

四、为己之学

学习是为了什么？有人说儒家文化强调"学而优则仕"，学习是为了做官。其实"学而优则仕"，做官不是他的终极目的，真的做官反过来也还是要借助权力这种力量，还是要改造社会，还是能够"亲民，新民，明明德"于天下。

而孔子自己强调"古之学者为己，今之学者为人"。什么意思？说过去真的热衷学习、致力学习的人，他是为了自身道德水准的提高。而不是说我学了知识，是为了让别人看到，我多有知识，我多有学问，借助这种知识和学问居于人上，做人上人。不是那样，学习的目的是在于提高修养。孔子在平时，在别人夸自己有社会影响力的时候，他也有一些自我评价，他说"十室之邑，必有忠信如丘者焉，不如丘之好学也"。说哪怕是有十户人家的那么一个小地方，也一定会有忠信和我一样的人，在对人厚道方面肯定也有比我强的。那为什么我走出来了？那可能是因为我好学，我是愿意学习的。

对于学习方面，孔子曾经这样说"默而识之，学而不厌，诲人不倦，何有于我哉！"默而识之，我在学习知识的时候，对于知识性的东西，我经常是在内心中一定要把它记住，牢牢地记在心里，这是默而识之，用我们现在的话讲叫背诵、默记，一定要把它记住，然后要不断地温习熟练。"学而不厌"，学而不厌的"厌"是满足、餍足的意思，学习不满足。"诲人不倦"，在教学的过程中，我要把我自己学到的知识传承、传播给我的学生，同时要用我对人生的理解不断地去开导、教育他们。不自满，不倦怠，在刻苦学习这个问题上，孔子有这样的话，说"譬如为山，未成一篑，止，吾止也。譬如平地，虽覆一篑，进，吾往也。"就像积土成山一样，如果说这山缺最后一筐土，在将成未成之际停下来，那是你自己停下来的；就像在平地上添土，虽然就倒了一筐，要进我也是努力前进。实质上是为学在己，学是为了自己的提高，能不能努力学习，也在于自己是不是用力，就像积土成山一样。所以，他强调人一定要努力学习。

学习不光是从书本上去学。怎么样才能算是好好学习？孔子说"君子食无求饱，居无求安。敏于事而慎于言，就有道而正焉。可谓好学也已"。真是能做到"敏于事慎于言，就有道而正焉"，做事有效率，说话义慎重，一定要合乎于人的大道，这样去做就差不多能达到好学的程度了。孔子学习整个的目的其实就是求道，孔子在追求道的过程中曾经强调说"朝闻道，夕死可矣"，真的能够把"道"得到了，哪怕我付出生命的代价也在所不辞。

孔子说"敏而好学，不耻下问"，这也是好学的一个体现，就像他说"三人行，必有我师焉"一样。他是通过书本的学习，通过在和社会其他人的交往过程中获取知识的。一方面孔子强调要终生学习，自己要努力学习；另一方面他也教育他的弟子要努力学习。在孔门弟子中，他特别称赞的就是颜回，在他和季康子对话的过程中，季康子问："弟子孰为好学？"孔子说"有颜回者好学，不幸短命死矣。今也则亡"。颜回是他最好学的弟子，孔子和弟子子贡一起讨论颜回的聪明程度的时候，有过这么一段有趣的对话，他问子贡，你和颜回，你感觉你俩谁聪明？子贡在孔门弟子中是一个非常出类拔萃的人，他听老师这么一问，他就说了："赐也何敢望回"，说我哪能比得上颜回，颜回是"闻一以知十"，而我不过是"闻一以知二"而已。老师听完之后感觉到非常高兴，一方面有他对颜回的一份认同，他觉得颜回特别聪明。另一方面他又高兴于子贡这么谦虚，于是这师徒两个人就达成了一个共识，老师也说"弗如也，弗如也"，说"比不了，比不上啊"，我们都比不了颜回。其实孔子在当时已经因为好学、因为聪明、因为多智而被世人称颂，有人称颂孔子是圣人，是仁人，孔子回答说"若圣与仁，则吾岂敢。抑为之不厌，诲人不倦，则可谓云尔矣"。说要说是圣人或者是仁人，我不敢谬称，我不过是"为之不厌，诲人不倦"而已。这实质上和前边说的"学而不厌，诲人不倦"有相通的地方，不过是词意上稍有差异而已。但是弟子说了"正唯弟子不能学也"，也正是因为这样，这才是我们做不到的。

孔子都学什么？韩愈在《师说》中写道："圣人无常师，孔子师郯子、苌弘、师襄、老聃。"孔子一边学，一边教育弟子，教学用的是六经六艺。《论语》中记载了孔子学《易》的刻苦，"韦编三绝""居则在席，行则在橐"，也涉及孔子学乐的用功。"孔子在齐闻《韶》，三月不知肉味。不图为乐之至于斯也。"孔子在齐的时候听到了《韶》乐，三个月之内都不去想肉是什么味，就是喜欢这个音乐，而且据文献记载，孔子在学音乐的时候非常努力。有一次，他跟着一个音乐家学琴，学到一定的程度，老师都说差不多了，可以再往下进行了，孔子却说不行，我这一步还没做好，要再学一遍，又弹了一回之后，老师说可以了，孔子说不行，我虽然熟悉了这音乐的旋律，但是音乐的形象我还没品出来；又过了一会儿，孔子对这首乐曲已经非常熟悉了，他在演奏这首乐曲的时候能够想象出音乐中所表达的那个形象、反映的那个人物是一个什么样的音容笑貌。结果他把这个形象说出来了，他说这个人是文王啊。老师大吃一惊，马上避席对他表示一份尊敬，你说得太对了，我们学的这首曲子叫《文王操》。你听了就能够通过音乐来反映出文王的形象，这太好了。

孔子的好学不光从文献中学，也不是为学而学，孔子说"君子博学于文，约之以礼，亦可以弗畔矣夫"。我学了知识就要用，我用在什么方面能体现出来？我不仅要学习，学的知识要广博，我的行为还要用礼仪来规范，其实礼仪的形成也是学的结果。实质上这就是内在的学习，外化为外在的行动。体现出来的标准就是一个礼，这是一个内修而外用的过程。在中国文化史上强调这种内修外用，达到极致，那就是内圣而外王。通过内在修养的不断完善，达到齐家治国平天下，就是内圣和外王。孔子说"博学于文，约之以礼"就可以弗畔矣夫，这样在社会生活中就可以做得很好了，学习知识要应用于社会。在社会生活中并不是说学到了知识就能够应用到社会，学了知识也不一定有人要用你，你学了之后，人家也不一定就知道你博古通今，对你也不一定就有一个正确而全面的认识，那在这种情况下怎么办？孔子关于这个问题有一段集中的论述，在《论语》中有多次的体现。

孔子说"不患人之不己知，患其不能也"。说不怕别人不了解你，就怕你不能，怕的是你做不到。"不患人之不己知，求为可知也"，怕我自己没有知识，就要去真正地深入学习真理。孔子还说"不患人之不己知，患不知人也"。我不怕人不了解我自己，我是怕不了解别人，不以别人不了解自己为患、为缺憾，要以不了解别人为忧虑、为不足。在孔子的学生子夏这里，孔子强调的学习又得到一个引申，子夏说"日知其所亡，月无忘其所能，可谓好学也已矣"。你要每天知道什么东西消逝了，时光流逝了，我应该用来学习的时间，却被别的事冲挤了，时时反省，"日知其所亡"；每天不要忘记自己擅长的是什么，专注的是什么，追求的是什么。"月无忘其所能""日省月试，学有辑熙于光明"，每天反省自己，每个月要考核自己，看看我们自己是在哪条路上追求，追求的这些东西是不是真的都掌握了，我们学到的知识是不是真的化成了我们的本事，要真是做到了这一点，那也可以称之为好学了。我们现在订立了一个目标，努力学习，在学习的过程中经常表现出来的一种现象就是每天并没有看出我们都在干什么，真是到了一段时间回头一看，这一段时间我真的在努力学习，每天都在忙忙碌碌的，好像看不出什么事，但是时间一长、一积累，就是很不错的成绩，叫"日计不足，而月计有余"。所以，孔子说："君子病无能焉，不病人之不己知也。"说君子他是以自己没有这份能力作为自己的忧患、作为自己的一种心病，而不把别人不了解自己、不理解自己当成可忧患的问题、去担心的问题，这是孔子一以贯之的思想。

在整个自己的学习和教育的过程中，有的时候孔子对自己不被理解这个问题也有一些感受，也有一些感慨，他就跟学生们说："莫我知也夫！"子贡曰："何为其莫知子也？"子曰："不怨天，不尤人，下学而上达，知我者其天乎？"他在感叹什么？没有人理解我，尽管前面他也说了那么多"不患人之不己知"，但他对弟子们还是有这番感慨，说没有人能理解我。然后他的学生子贡就说，您怎么能这么说？为什么说没有人理解您？孔子说我通过不断努力要达闻于社会，要能对这个社会有用，要学以致用，而真正能了解我的恐怕只有老天啦。这个天不是一个异己的神，实际上就是命运，那就不是我能主宰的东西，谋事在人，成事在天，就是这个意思。

孔子还跟他的学生有过这样的一番对话，说"二三子，以我为隐乎？吾无隐乎尔，吾无行而不与二三子者，是丘也"。说你们以为我有什么东西没跟你们交代吗？你们以为我有什么东西没跟你们说吗？我没有什么是没跟你们说过的，我无所隐，这就是我，"是丘也"。孔子这么努力地学习，同时通过自己言传身教带出了一批优秀的学生。整个的过程就是想通过自己的这种学习和努力，建设或者恢复像周王朝那么繁荣的社会局面，真正能够形成整个社会由小康进入大同的社会环境，这就是孔子强调为学、强调学习的目的之所在。笔者在自序中说过，今日学习者读《论语》，最能切己的一句："博学而笃志，切问而近思，可以为仁矣"，这是对读书时代最有益的一句忠告。孔子的这种学习的思想对于我们今天，对于人的终生学习，对于建设一个学习型的社会仍然有非常重要的现实意义。

智
勇

　　智勇双全始终是令人羡慕的英雄品格！文学艺术作品中有很多这样的人物形象，其精神品质就源于儒家文化中的智和勇。

　　"智者不惑，仁者不忧，勇者不惧。"智、仁、勇是儒家文化中的"三达德"，是为儒家认定的、极好的人格品质，其实，这个概念背后牵扯着一个庞大的理论体系。"好学近乎智，力行近乎仁，知耻近乎勇。"

　　为什么儒家成为我们的主流文化，而道家是对儒家的平衡、制约或者反作用力？因为道家对许多儒家积极倡导甚至津津乐道、沉迷热衷的理念降了温，有了不同的态度和看法。道家认为："智慧出，有大伪"，而"民之所以难治，以其智多"，有一点点反智的味道，但是道家对"勇敢"有一种清晰的区别划分，对青少年成长的为人处世很有启迪，道家说："勇于敢则杀，勇于不敢则活"，勇是内心的勇气、敢却是傻大胆，敢死队，有时候，对于不健康的生活行为，要勇于说不敢，比如喝酒时斗气拼酒，比如说打牌从游戏到赌博，你勇于说一句"不敢"，不算孬种，韩信能受胯下之辱，管仲敢做临阵逃兵，不是胆怯，而是心理承受能力更强，宠辱不惊，是大勇，是"知耻近乎勇"。

一、智

儒家文化中"智"的地位是很高的，是儒家五常"仁义礼智信"之一，这里的"智"是一个泛概念，是指智商高、理解力、洞察力、知识拥有量、应用熟练程度等，也指一个人是否具有分辨"仁义礼"等儒家理念的能力，能否落实"仁义礼"在生活中达到"信"的认知度、理解力，都属于儒家"智"的体现。关于智的论述，孔子在儒家经典《论语》中往往将其与"仁"并称，他既强调"智"，又强调"仁"，两者不可偏废，而两者互为作用，从人全面发展进步的角度来讲才是最好的。

（一）智慧途径

道家很智慧，但对百姓层面的"智"似乎不太感兴趣，老子说："民之所以难治，以其智多。"

佛家肯定"智"，常常将其与"慧"并提，"转识成智，定静生慧"。很多拥有知识的佛菩萨都是智者，或者是智慧的化身。

儒家强调要想作为一个智者，就要努力学习，知识积累多了，就可以提升智慧，也可以"转识成智""好学近乎智"。学习应该成为我们每个人良好的生活方式。我们今天说的学习，古人是分开说的，"学而时习之"，学是汲取知识，习是运用知识。

现代社会知识大爆炸，我们的记忆再好，即便过目不忘，也抵不过电脑，所以，要学会把知识转化为能力，怎样才能把知识转化成能力？有一个标准：专业知识常识化！专业知识怎样能常识化呢？习以为常。"学而不思则罔，思而不学则殆。"学而习，学而思，学而行，就能达到智慧的层面，所以要获得智慧，必须好好学习，智慧不等于小聪明，学习是改掉小聪明的缺点，提升大智慧的最佳途径。"好仁不好学，其蔽也愚；好知不好学，其蔽也荡；好信不好学，其蔽也贼；好直不好学，其蔽也绞；好勇不好学，其蔽也乱；好刚不好学，其蔽也狂。"要想不迂腐，不轻狂，不放荡，不胡搅蛮缠，不犯上作乱，就要不断学习，这样，就能成为像孔子一样的人，就像我们前面说的《论语》再次论及的那样，子曰："君子道者三，我无能焉：仁者不忧，知者不惑，勇者不惧。"子贡曰："夫子自道也。"所以学习的目的就是提升自己的智慧。

（二）能使枉直

儒家谈智，把"智"的一点体现放在知人善任方面。孔子的弟子们也经常向孔子求教，让老师做一些具体的解释。有一次孔门弟子樊迟就这样问孔子。《论语·颜渊》中有："樊迟问仁。子曰：'爱人'。问知。子曰：'知人'。樊迟未达。子曰：'举直错诸枉，能使枉者直。'樊迟退，见子夏曰：'乡也，吾见于夫子而问知。'子曰：'举直错诸枉，能使枉者直，何谓也？'子夏曰：'富哉言乎！舜有天下，选于众，举皋陶，不仁者远矣。汤有天下，选于众，举伊尹，不仁者远矣。'"

这段话的大意是：樊迟问孔子什么是仁？孔子说仁者就是爱人，就是要有爱心。在《仁义》篇里面我们已经解释过了，樊迟接着问什么是智呢？孔子说智者知人。要是能够知人善任，就是智，要是能够了解人心，就是智。要是知道自己想要什么，同时也知道对方想要什么，就是智。如果人与人之间交往的过程中，对对方的心理有一个非常透彻的了解，就是智，所以孔子说智者知人。

在孔子的学生中，樊迟有一点愚钝。他有什么问题脑筋不转弯，不是一句话就能解释明白的。他没懂，就带着一种询问的神情看着老师，老师看他没懂，就又加了一句："举直错诸枉，能使枉者直。"意思是推举正直的人，表扬他们做得好、做得对的事情，把做对的事拿出来，把正直的人推出来，把正确的事放在错误的事之上，把正直的人放在领导位置上，这叫"举直错诸枉"。让这些正直的人管理品德欠缺的人。你总去强调、表扬正确的事，就能够隐恶扬善。你总去弘扬有正气的一面，就能使没有正气的那一面力量自然消减，那些不良的东西也就逐渐萎缩了。有一些错误就能够通过你的告诫来体现出什么是正确的，逐渐能够改正过来，所以孔子就说"举直错诸枉，能使枉者直"。这是为社会树立善恶标准，为一个民族树立善恶标准，就是道德建设，正是智者所为。这就是一种智慧，也就是一种仁爱。

当然我们现在不常这么说了，但是要联系到现实生活中来，它和我们教育子女有非常密切的关系。我们在教育孩子的时候，有一些父母亲不去看孩子的优点，总是去看孩子的缺点。总是说别人家孩子有多么好，在书桌前连续三个小时学习都能够非常认真。总是带着一种觉得自己孩子不如人的思想去教育孩子。其实这种教育方式不对，聪明的父母怎么教育？尽管我的孩子有一些不足，但是只要有优点，我就表扬夸赞。让孩子知道自己怎样做就好。最后孩子就努力顺着好的那一面去做了，在成长的过程中一点一点把那些不好的东西自然忘却、抛弃、丢掉。这样的教育是一种激励教育，是一种表扬式的教育，其实这种教育对儿童的身心健康更为有益。

孔子对樊迟说"举直错诸枉，能使枉者直"就是仁，就是智，樊迟仍然"未达"，还是没明白，因为老师已经做了进一步解释，没明白不好再问，退出来之后见到了同学子夏，于是就去问子夏这句话的意思。子夏很聪明，不仅自己懂了，还深为老师的这种解释所感动，情绪就激动起来。子夏说"富哉言乎"！这话说的意义太丰富了、思想太深刻了，子夏举了个例子，他说我们看一看历史，大舜能有天下，就是因为"选于众，举皋陶"，舜是和尧帝相互禅让，获得了天子之位，舜获帝位之后，一个很重要的举措就是选贤授能，能够把一些有仁德的、有能力的人选拔上来，让他们到领导岗位上担一方之职，从众多的人中，能够把皋陶这样的贤者选拔出来，这就是智慧。因为他选的都是贤者，都是能人，各方的事务不用亲力亲为，就可以做好了，这不是智慧吗？所以领导者素质、智慧的首要体现就是能够选拔人才，要把那些有能力的、有贤德的人选到他应该处的岗位上，这就是智。

贤是品德，选贤是尊重好的品质，是仁的表现。选能就是智，其实贤和能都是好的，选贤者和能者担任重要职位，对人民都是有利的。一种是道德上的提升，一种是领导力的提高，今天的智又多体现在创新技术方面，是科技的进步。这都是造福于民众，不也是仁吗？不就是智吗？不仅大舜如此，商汤不也是这样吗？"汤有天下，选于众，举伊尹，而不仁者远矣。"伊尹是商汤的开国辅臣。据说他原来是一个厨师，他用调味的方式做比喻，来和汤探讨怎样治理天下，提出"大羹调和""五味调和"的和谐思想。汤这个人也很有眼光，把伊尹提拔上来后，天下大治。因为提倡的就是仁，就是能，弘扬的是正气，那些不仁之人逐渐就远离了朝廷，不去干预政治，慢慢被疏远了，这不就是一种智吗？读史使人明智，据说古代圣贤，能根据治理社会的施政方式看出国家未来的命运。《韩诗外传》就记载了这样一个故事：昔者，太公望、周公旦受封而见。太公问周公何以治鲁。周公曰："尊尊亲亲。"太公曰："鲁从此弱矣。"周公问太公曰："何以治齐？"太公曰："举贤赏功。"周公曰："后世必有劫杀之君矣。"后齐日以大，至于霸。二十四世而田氏代之。鲁日以削，三十四世而亡。由此观之，圣人能知微矣。《诗》曰："惟此圣人，瞻言百里。"

（三）务民之义

樊迟跟着孔子，曾经问怎样才能智。《论语·雍也》中樊迟问智，子曰："务民之义，敬鬼神而远之，可谓知矣。"这是智的另一个方面，什么叫智慧呢？你一定要把心思放在怎样为民众服务上。至于鬼神到底存不存在，在孔子所处的时代，既不能去证实，又不能去证伪。聪明的人怎么办呢？敬鬼神而远之。离这些荒诞不经的事远点儿，这和有些管理者"不问苍生问鬼神"形成了鲜明对比。

孔子在这个问题上非常清醒、非常智慧，"子不语怪、力、乱、神"。他不去谈社会上的一些奇闻轶事，不谈怪事，不去谈暴力，不去谈一些哪个地方出的一些乱事，不去宣传那些负面的社会事件，也不去谈鬼神。因为孔子不语怪、力、乱、神，在孔子的时代曾经在社会上流传的，甚至包括一些神话故事，都被孔子用正面的思想消化掉了，比如传说"黄帝四面"，要是从神话角度来讲是黄帝有四张脸，东南西北各有一个面孔。而孔子说是什么？黄帝垂恭而治天下，因为有了贤臣为耳目，他可以兼听，他可以兼视，"兼视则明，兼听则聪"，所以黄帝相当于有四面。就把它合理化解释了。传说中有一个贤臣叫作夔，在神话里面说"夔一足"。什么意思呢？夔有一只脚。但孔子不这么解释，孔子解释说夔这个人毛病很多，但是有一个长处也就够了，有一个优点也就足矣。他把这些传说都进行了合理化的解释，所以说子不语怪、力、乱、神。

孔子谈起鬼神问题来是很慎重的，当初有弟子问他怎样对待鬼神，他说："未能事人，焉能事鬼？"意思是如何对待人还没做好，哪里知道如何对待鬼神？人间的事还没能处理明白，怎么能够处理鬼神的事呢？在当时他所处的时代，祭祀是一项非常严肃、非常重大的社会活动。对祭祀的态度更能体现人的理性与愚昧、冷静与迷狂，更是智的体现。孔子在祭祀的时候也很有原则。因为祭祀不是祭天就是祭地，再不就是祭祖宗，在这个问题上孔子怎么处理呢？孔子说："祭如在，祭神如神在。"既然是"如在"，那内心中就不一定认同它在，但你要当成它在。为什么要当它在呢？因为只有你当它在，你的内心才会有一种敬畏之感。"吾不与祭如不祭。"意思是我要是不参与祭祀的话，就相当于它不在。当然了，这个问题是孔子强调在祭祀的过程中一定要严肃。"子所慎者：齐，战，疾。"其中祭祀的时候一定要斋，要严肃。但是从这个问题上能够看出什么呢？孔子很智慧，他是强调要"务民之义"，要"敬鬼神而远之"，这对于处理一个既不能证明有，又不能证明无的问题，是一种很巧妙、很智慧的方式。这样的聪明理智，对今天很多人都有借鉴意义，如今处在社会转型期，面对百年未有的大变局，有人把命运寄托于不可知的迷信上，有人还往往认为那是传统文化，其实，那是两千五百年前，孔子已然不屑的糟粕。

（四）智者乐水

在《论语·雍也》中，孔子说："知者乐水，仁者乐山；知者动，仁者静；知者乐，仁者寿。"为什么智者要乐水？而仁者要乐山呢？仁首先是有一份仁爱之心，仁者爱人。有仁心的人是富有者，他不管自己物质上多么贫穷，考虑问题的思维模式都是给予别人，他一看到别人就想：我能给他点什么呢？我如何能帮他呢？我要是有钱就给他钱，我没钱就给点别的帮助。这样的人是富有的人，哪怕物质上身无分文，他的心也是很富有的，心存济物是富相。高山养育万物，山林里面所藏特别丰富，山里面的资源常常取之不尽、用之不竭。仁者恰恰像山，修养到了这种程度的人，还能够很安静，很和乐，就像大山一样很厚重，很稳静，给人一种踏实的、可依赖的感觉，这种山之于仁人，就有同样的品质、同样的气象、同样的境界，所以"仁者乐山"。

还有一点是"知者乐水"，智者为什么乐水呢？水在儒家经典中常有表达。儒家著作的另外一篇作品中，儒家另外一个代表人物，就是战国时期的荀子，他有一篇文章，这篇文章里面就记录了孔子谈为什么"智者乐水"。记录了孔门弟子中，那位非常聪明的子贡和孔子之间的一段对话，《荀子·宥坐》中子贡问孔子："君子之所以见大水必观焉者，是何？"孔子回答说："夫水大，遍与诸生而无为也，似德。其流也埤下，裾拘必循其理，似义。其洸洸乎不淈尽，似道。若有决行之，其应佚若声响，其赴百仞之谷不惧，似勇。主量必平，似法。盈不求概，似正。淖约微达，似察。以出以入，以就鲜洁，似善化。其万折也必东，似志。是故君子见大水必观焉。"

贤能之人遇到山水就总想看，比如欧阳修说："醉翁之意不在酒，在乎山水之间也。"比如范仲淹憧憬登岳阳楼"不以物喜，不以己悲"。孔子也是这样，非常喜欢水，《论语》中就有"子在川上曰：逝者如斯夫，不舍昼夜"。孔子对子贡解释说：水有很强的象征意义。水能够滋润万物，水总是奉献，好比德行，人们生活是离不开水的。水总是给予，它不索取什么。水在流淌的过程中，总是按照河道，该遇到弯的时候它拐弯，该直行的时候它直行，像守着水的道理和仿佛做人的正义。其源泉浑浑，取之不尽，用之不竭，像有规律一样。

水静的时候是那么平静地流动，而一旦遇到险阻、遇到障碍，它便汹涌澎湃、奔流不息，哪怕是万丈悬崖，它也敢于向下跳跃。这像什么呢？像有勇。水不管在什么时候一旦静下来，它就很平正，水平像公正、像律法。而水可以海纳百川，不管什么东西，多么脏的东西，你把它排到水里，经过一段时间的沉浸、循环，出来的时候还是那么清纯。它在纳垢的同时还能够吐新，就像化育万物一样，把一些不好的东西处理后变成了好的东西，这不是化育吗？水始终东流奔海，百折不挠，这是志向坚定的美好品质。

就是因为水有这么多优秀的品质，孔子才说"知者乐水"，才有了"仁者不忧，知者不惑，勇者不惧"。孔子尚智，也喜欢水，孔子在与学生们讨论人生理想之际，其弟子曾点，也就是曾参的父亲，说自己的理想是："浴于沂，风乎舞雩，咏而归。"孔子称赞："吾与点也。"我也想和你一样啊！"浴于沂"就是孔子的生活憧憬之一。"吾与点也"就成了儒家亲近自然的审美观念之一。

好学近乎智，强调智的来源，"智者知人"则强调智的应用。《尚书》中说："知人则哲，能官人。"官人就是指能做官，会管理，名词叫官，动词就是管，知人则哲，能知人善任，就是智者的一种表现。西方文化中说："哲学，是爱智的学问。"中国道家老子说："自知者明，知人者智。"孔子说："智者知人。"将这几种论述综合到一起，你会看到大道相同，从哲学的范畴，管理的艺术，儒家的、道家的自我修养和人格的塑造，到古代的、现代的，中国的、西方的认识的提升，"智"都是人类追求的优秀品质之一。

二、勇

儒家文化中关于"勇"也有很多论述，儒家经典《论语》中，"勇"的性格特征的代表人物是子路。子路这个人在孔门弟子中，好勇的个性特别鲜明，有一点武士的特点。他跟孔子交往之初是不服气的，甚至想要欺凌孔子，但经过孔子的诱导、启发，使得子路最后心悦诚服，拜服在孔门之下。颜回代表"仁"，子贡代表"智"，子路代表"勇"，"智""仁""勇"三达德，当然，子路后来也因勇而牺牲，是英勇就义。

（一）义以为上

有一次子路问孔子："君子尚勇乎？"子路虽然尚勇，但是自从跟随了孔子之后，就一心向善了。因为性格好勇，他就问孔子：君子也尚勇吗？孔子一听，就知道他有什么想法，所以孔子就说"君子义以为上，君子有勇而无义为乱，小人有勇而无义为盗"。孔子对君子尚不尚勇没有做直接的正面的回答，而是说尚勇一定要有义来限定。如果没有义的道德规范约束这种勇的话，君子有勇没有义，便容易作乱。而如果小人有勇而没有义，胆大妄为不以义来规范，就容易流为强盗。所以勇一定要和义相互配合。因而我们的军队最早叫作"义勇军"，是有义有勇的军队。这样的军队才是敢于为人民的利益去牺牲的军队。如果对中国的文化概念做一个排序，就是道德、仁义、勇敢。敢之上是勇，勇之前要有义，义往往配合仁，仁是道德品质中"德"的一项，德是一个遵循客观规律"道"，培养美好品质。老子说："失道而后德，失德而后仁，失仁而后义，失义而后礼。""大道废，有仁义。"就是基于价值观模糊，道德滑坡所产生的判断，而儒家认为，既然大道已废，就必须补救时弊，所以首倡仁义，正所谓："人心惟危，道心惟微，惟精惟一，允执厥中。"

（二）子路言勇

子路平时在跟孔子说话的时候，也是有什么就说什么，他本身从善如流，性格又很直率。《论语》中记载，有一次老师问学生的志向是什么，他首先就站起来了。说："千乘之国，摄乎大国之间，加之以师旅，因之以饥馑；由也为之，比及三年，可使有勇，且知方也。"子路说如果让我谈理想，让我谈我的志向，就是管理这种大国——千乘之国，而且这种大国夹杂在其他大国之间，哪怕是有战争、有部队需要作战，甚至是有灾荒有饥馑，老百姓可能食不果腹，即使是这样困难的环境，假如说让我来管理的话，让我治理三年时间，我也能够让这样的国家的人民都有勇气，而且有礼——"且知方"，应该怎样去面对生活，就是说这种千乘的大国我也能治好。这是一种担当精神，当然也是勇气可嘉。

（三）孔子论强

因为子路勇武的性格，所以心里总是追求那种强势的人生，勇与强是内在相通的关系：勇是勇气，就是心理承受能力强；强是坚强，性格坚毅，有力量！所以在儒家另一部经典《中庸》中就提到了子路和孔子探讨什么是强。子路问强，孔子说：你问这个强，是从哪个角度来问呢？是问南方之强，还是问北方之强？还是问你的强？不同的角度，强也有不同的特征，可以做不同的解释。什么是南方的强？"宽柔以教，不报无道，南方之强也。"宽柔，首先是待人宽厚，能够宽恕别人，对己严，对人宽，这是宽柔。是从内在的品性上讲，柔而不刚，很和气，从这种宽柔的精神去教化民众。不报无道，你对我不仁，我不能对你不义，我是用一种宽恕的思想去面对人生，有什么错误加到我这里了，我忍受了，然后我用一种很宽容的心态去面对社会，这是不是强呢？如果从形式上看，这是弱，不是强，但是虽然表现出来的是弱，但内在的品格是强，这是内心的刚强，这种强是南方之强。君子居之，这是君子之强，君子的强是外柔而内刚，以柔克刚，是心里的强大，是因为内在特别富有，而涉之所及，都是施与，因为内在从容，所以体现出来的全是宽容，因为胸怀广大，所以不报无道，这是南方之强，这是君子之强。《尚书》里有两段集中的论述：其一："直而温，宽而栗，刚而无虐，简而无傲。"其二："宽而栗，柔而立，愿而恭，乱而敬，扰而毅，直而温，简而廉，刚而塞，强而义。"认真品味，真是好极了！

"衽金革，死而不厌，北方之强也。""金革"，金戈铁马，"金"是指兵器，"革"是指护甲、盔甲，哪怕是我穿着盔甲，枕着这些兵器来生活，我也不在乎。衽金革，死而不厌，厌者，厌足，我视死如归，只要国家需要我，我就轻生死，捐躯为国像回家一样，平常事，不在乎。"葡萄美酒夜光杯，欲饮琵琶马上催。醉卧沙场君莫笑，古来征战几人回？"这种勇武的强是北方之强，而强者居之，那确实是一种强，体现出来的是内外都强，这也是一种刚强。

你问的是南方的强，还是北方的强？还是问你的强？真正的强是什么？真正的强是"故君子和而不流，强哉矫。中立而不倚，强哉矫。国有道，不变塞焉，强哉矫。国无道，至死不变，强哉矫"。我告诉你什么是强，强应该是这样的，强是君子的心理素质，和而不流，和者能够容于众，多种角色的人在一起能够不发生冲突。但是因为内心中又有自己做人的原则，又有自己的主张，所以尽管不发生矛盾，但我又不随声附和，又不随风唱影，所以是不流，这是君子。

就像今天网络上的很多潜水者，沉默不等于默认。"流"就是"乡愿"，这是小人。君子和而不同，小人同而不和，君子要和，处在不同的文化背景的人群中，处在不同的世界观的人群中，处在不同的社会阶层里，我也能融进去，不发生矛盾。小人不是，因为不一样，就要有冲突，就要有阶级斗争，就要分出哪个是自己一伙儿的，哪个是反对面的，然后就要做斗争。君子不跟着走，自己有自己独立的做人准则，这就是行中道，这就是强，这是一种独立，这是一种自强。和而不同，如果同质化了，就谈不上和，水兑水，最后还是水，只有不同质在一起，才能谈得上和与不和的问题，所以要说什么是强？中庸才是强。"执两用中"不偏不倚。

"中立而不倚，强哉矫。"就是立于中道，不偏不倚，我不倒于这一方，也不倒于那一方，我在人生道路上前行，并不是靠着巴结上级，也不是靠着小团体拉帮结派，所以中立而不倚也是强，这样的强是真正的强。"国有道，不变塞焉，强哉矫。"在一个健康的社会环境中，我不改变，没有能够让理想意志得以发扬时，不变塞焉，塞是什么？是当你还没有能够让自己的理想、愿望得以实现，是处在一种困境的状态下的思想。国有道的时候，我不改变我在困境时候所要期望追求的那种理想；国无道时，我坚定我的信念，坚贞不渝，宁可付出生命，我也要维护我的理想、我的追求，这是强。因而，从这里我们看到，所谓中庸的强，并不是做什么事情，既不往前，也不往后，反正天塌下来有个子高的，地陷下去有个子矮的，我总是处在一种中间状态，那不是中庸，那是一种庸俗的犬儒哲学。中庸强调的是一种哲学上的"度"，落实到社会生活的行为中，那是一种做人的原则，那是一种坚定的信念。而且强调，这种原则，这种信念，要恒、要专、要一致，至死不变，这才是强。"强哉矫"，这样的强才是真正的强。这一段是从子路问强这个角度进一步告诉我们怎么去理解强和勇。

（四）自反而缩

《孟子·公孙丑上》中提到曾子与子襄的一番对话："昔者曾子谓子襄曰：'子好勇乎？'"曾子问子襄，你这个人很好勇吗？当年"吾尝闻大勇于夫子"，我听到过孔老夫子强调过什么样的勇才是大勇。什么是大勇？"自反而不缩，虽褐宽博，吾不惴焉。"就是说你做这个事，你要是让它返到你自己心中想一想，你返不回来，就像蜗牛伸出去之后，如果收缩不回来了，返不回来就是不符合自己的愿望，不符合自己的愿望的时候，用孔子的话讲就是"己所不欲"，己所不欲，就勿施于人。做这个事你想一下，一想不行，我自己都说不过去，如果这个事情放到我身上，我就不做了。如果是这种情况，"虽褐宽博"，哪怕是农民工，你也不能欺负人家，你也不能去做那种在他面前显示你的勇这样的事。

"自反而缩，虽千万人，吾往矣。"

真正的勇是什么？如果这件事我一想，把它往心中一收，我能收回来，扪心自问。得之于心，无愧无悔。我认同，我认同的事，哪怕是千万人的敌对阵营，吾往矣。这是什么呢？这就是意志、毅志。为什么说这也是志？这是在艰苦的环境下仍然坚守理想的精神，因为孔子在不同的场合，对这个问题有过非常精辟的论述。孔子说："岁寒，然后知松柏之后凋也。"天冷的时候你才能看到青松、翠柏不凋谢，不像杨柳那样，秋风一起，叶子都落了。孔子还说过："三军可夺帅，匹夫不可夺志。"这是倒装句，"可夺三军之帅，不可夺匹夫之志"。在三军之中我可以取上将首级，可以温酒斩华雄，可以如探囊取物。但是哪怕是一个平民，我都无法剥夺他的理想，因为理想是一个人内在的愿望，你可以拿他的性命，但是你剥夺不了他的志愿。能够坚守住自己内心理想和志愿的，这就是大勇。孔子就是这样认定的，孟子在这里就用曾子说过的话加以引申发挥。君子就是这样："无众寡，无小大，无敢慢，斯不亦泰而不骄乎？"

（五）勇于不敢

道家对勇也有论述，可以与儒家文化中的勇参照理解。我们说"勇敢"，但是道家是把"勇敢"区别对待的，老子非常智慧地说："勇于敢则杀，勇于不敢则活。""敢"就是胆子大，做事不过脑子就鲁莽行事，"敢死队"。

当别人找你喝大酒、赌博、聚众打架时，你敢不敢？你若敢，就犯法犯罪受伤害，这时候，要有勇气说"不敢！"当年韩信能受胯下之辱，是他胆怯懦弱吗？不是！如果他说："敢"，就成了和泼皮无赖一样街头斗殴了，说句不敢，实际是不屑，这是勇气。面对"垃圾人"能够隐忍，是内心的强大，而《水浒传》中杨志内心不够强大，面对泼皮牛二的挑衅，没忍住，一刀杀之，就着了道，犯了法。所以在"敢"的概念之上，还有"勇"字。

但是"勇"是心理力量，从道德层面区别问题善恶的时候，还有些模糊不明，勇而无礼则乱，于是儒家直截了当地说："知耻近乎勇。"什么是勇？懂得廉耻，知道什么事该做，什么事不该做，坚守荣誉与尊严，不齿凡庸与苟且，八荣八耻，有荣辱观，这就是勇的道德前提，义者，宜也。做得对，就该坚持，"见义不为，无勇也"。所以，"敢"之上有"勇"，"勇"之上还有"义"，那么"义"之上呢？当然还有正义、道义、仁义、忠义。智在内，勇在外，智在思想，勇在力量，刚柔相济，做个智勇双全的人！

知行

　　"思想可以在天空中自由翱翔，要想获取成功，必须一步一个脚印去丈量。"这是笔者读《西游记》中孙悟空从一个"心猿"到"行者"所得到的启示。

　　阳明心学强调"致良知"，强调"知行合一"。《传习录》载，"知是行的主意，行是知的功夫""知而不行，只是未知""知是行之始，行乃知之成"，很好地分析了知与行的关系。但是毛泽东在《实践论》中提出"理论来源于实践"，是先行后知。此论一出，遂使一位教育家折服，将姓名由陶知行，改为陶行知。

　　辩论两种观点哪个更具真理性是很纠缠的，莫若回到提出这个对子的出发点孔子那里，孔子说："或生而知之，或学而知之，或困而知之，乃其知之，一也；或安而行之，或利而行之，或勉强而行之，及其成功，一也"，无论生知安行，还是学知利行，或者困知勉行，就其结果而言，都一样啊。

一、言出必行

关于知行，古圣先贤们有不少独到的见解，其中的一些思想放到今天读起来，似乎还有一些歧义，若要古为今用，就需要我们更细致地推敲了。

比如孔子的这句"先行其言而后从之"。一般的解释就是要先行，行在言前，但是如果仅仅是这样理解，还不到位。如果说先行而后言的话，可以怎样去句读呢？"先行，其言而后从之"，意思是要先做而后说，这句话仅仅这样理解还不够，还有另一个理解就是，先行其言，如果言在行先的时候怎么办？马上行为就要跟上，只要是说到，就要去做到，只要是承诺了，就要去兑现，这样去理解，就和我们的现实生活联系得密切了。所以我们在理解这句话的时候，词义上要本于古训，一定要尊重文献，但是在化用它的思想的时候，要和我们的现实生活更好地联系在一起。读古人书就是要理解古人的心，如果和古人心心相印了，他的思想虽然是在书本上，也如同在和其本人对话交流一样。

再如孔子的另一句"君子欲讷于言而敏于行"，谦谦君子的言行，说的话要尽可能少点、慢点，做的事要尽可能多点、快点。是"讷于言而敏于行"，行为，行动上要敏捷，有成绩、效率，而言语要谨慎，哪怕是让人觉得这个人笨嘴拙腮也没有问题，有时候"刚毅木讷，近仁"。孔子甚至有过这样一句话，子曰："予欲无言"，子贡曰："子如不言，则小子何述焉？"子曰："天何言哉？四时行焉，百物生焉，天何言哉？"这句话言重了！孔子说我不想说话，这句话一定是源于当时它背后的情境。另有一句话："巧言令色鲜矣仁。"不要夸夸其谈，特别能说。但有的时候，一边要少说话，一边要诲人不倦、言传身教，怎么去解决这个矛盾呢？身为教师，一定要用你的言语来传播知识，来传道、授业、解惑，在这种情况下，多说话无可厚非。但是这么做的时候也有矛盾，也有痛苦，孔子在这个问题上可能也有这样的感受：今天话说多了，所以我就不想多说什么了，也就是"予欲无言"。但是学生子贡说："子如不言，则小子何述焉？"意思就是说，您要是不说话，我们跟你学什么呢？我们怎么能够理解你的思想呢？我们怎么记述你的言行呢？这是子贡针对孔子说"予欲无言"提出的一个问题。孔子立刻借题发挥、因病施药，说："天何言哉？"你看天地它们说什么了吗？它们什么也没说，但是四时运行却分毫不差，百物生焉，它发育万物，日月星辰按照时间很有规律地运行。四季也是这样，春风一起，草木萌发，夏天百草茂盛，欣欣向荣，秋天丰收，再到了晚秋，秋风一起，万木萧杀，而寒冷的冬天到来的时候，天地造就了冰雪的世界。它没说什么，四时就运行了，"天何言哉"？孔子就着"予欲无言"做了一个引申，强调的是行，认认真真地去做。我们要向自然学习，也要去做，真的做到了，那不就是化育万物吗？光说不做，反而有负面的影响。

关于"行"这个问题，孔子说"其身正，不令而行；其身不正，虽令不从"。这是以执政者来说的。如果你行端表正的话，即使不去指使人家做什么，大家也都能够心悦诚服地向你学习，政务工作也都能很顺利地开展起来。如果你身不正，即使有一些规章制度，有一些命令，经常地发号施令，大家也不会去做。为什么呢？你本身没有做好，自己的言行不一致，就不能影响别人，也就不能教化别人，也就不能为政，"政者，正也"。子帅之以正，其孰敢不正？其孰能不正？

关于"行"这个问题，在孔子的弟子中，子路表现得很突出，就是身体力行。"子路有闻，未之能行，唯恐又闻。"子路在学习的时候有了感受和体会，他就想把它付诸实践，想在实践中去体验感受，让理论落地，当他这种感受和体会还没有付诸实践的时候，还没有通过行动得以体验的时候，他怕再听到什么，他不期望再有感受，他怕学的东西多了，只是把知识向脑子里灌，而没有把它外化为行为。这是一种追求言行一致的表现。

在《论语》中有这样一句话："季文子三思而后行。子闻之，曰：'再，斯可矣。'"这段话很有意思，季文子要做一件事前，都要思前想后、三思而后行。孔子因为强调行的作用，于是就说"再，斯可矣"。再者，二也，一而再，再而三，孔子说：想两次也就够了，就可以去做了，不要总是思前想后，不要总是做思想上的巨人、行动上的矮子。想到了，考虑得成熟了，然后付诸行动就可以了。

当然，在今天，这一段话我们恰恰取了前一个告诫，我们经常劝诫别人不要行为鲁莽，在还未考虑周详就轻率行事的时候，我们劝人们要"三思而后行"。其实在《论语》中有很多语言都不是孔子说的，甚至有一些话是站在孔子的对立面的一些人说的，但是今天我们都把它拿过来，同时作为我们传统文化中的思想，有的时候是兼收并蓄的。比如说，"为仁不富，为富不仁"。这句话是阳虎说的，如果要是因人而废言的话，那我们不能听，但是这句话流传下来了，而且产生了一定的社会教育意义。用孔子的态度就是我们不能以言取人，也不能因人废言，这话只要说得对，哪怕这个人品性不良，我们也应该从他的话里汲取一些有意义的思想，针对我们的生活，有则改之，无则加勉，作为勉励我们生活、指导我们行为的一种思想。

二、达道内涵

知与行是一副对联，王阳明说："知是行的主意，行是知的功夫。""知而不行，不是真知""行而不知，只是妄行"，故而特别强调知行合一。知与行作为一对关系的提出，源自孔子的"或生而知之，或学而知之，或困而知之，及其知之，一也。或安而行之，或利而行之，或勉强而行之，及其成功，一也。"孔子的这一段文字形成了后来中国知识分子的努力状态，"生知安行，学知利行，困知勉行"。而且，为了自谦愚钝但不失努力，都自谦为"困知勉行"。

关于知和行，老子也有一段论述："上士闻道，勤而行之；中士问道，若存若亡；下士闻道，大笑之。不笑不足以为道。"孔子也说："中人以上，可以语上也，中人以下，不可以语上也。"禀赋和才智影响人的认知能力，更影响人的行动力、执行力。

知的最高标准是知命，知道，最后达到知天，知天实质上是知天命，知天性，知道做人的最高准则是什么。"天下之达道五，所以行之者三。曰：君臣也，父子也，夫妇也，昆弟也，朋友之交也；五者，天下之达道也。"你要知道这个理在哪里，如果把重点的问题处理清楚了，那你就明乎于天下之达道。

"达道"有五个方面：其一是君臣，怎么做领导，怎么做下级？其二是父子，父子怎么相处？其三是夫妇，夫妇之间怎么相处？其四是昆弟，兄弟之间怎么相处？最后是朋友之交怎么相处？实质上，这是用人与人的关系来两两相对分析的，如果从关系的层面讲，君臣："君事臣以礼，臣事君以忠。"礼和忠就是君臣之间的关系。父子，父慈子孝。夫妇，夫唱妇随，男主外，女主内，分工不一样，相敬如宾，这是夫妇之间的关系。昆弟，兄友弟恭。朋友要取信。实质上仁义礼智信等这些观念，这些形而上的概念，也就体现在人与人之间的交往之中。明白了这五个层面，其实也就理解了社会的达道。

这五对关系里面，处在中间这一对的恰恰是夫妇，最高的体现是君臣，走向社会是朋友之交，而源发处都是夫妇，仔细想来，这是很有逻辑的，从肇端乎夫妇开始，有夫妇才能有父子，才能有兄弟姐妹，才能有君臣，然后才能有社会上各种的关系人群。

"天下之达道五，所以行之者三。"哪三个呢？智、仁、勇，要按智、仁、勇这个标准去处理事情，所以智、仁、勇三者，天下之达德也。真的能达到智、仁、勇这样的境界，那就是到了一个道德的最高境界。德者，得也，得之于心，施之于人。我们现在一般说的德都是指这些好的品质、品德，这个品德只是自己有，那仅仅是第一个层面，还要把这种品德推出来，推向社会，那才叫有德。对于主体而言，有一个好的品德，叫德性；扩散出去了，那是德行，其他人受惠了，才认定这个人有德。所以有德既是从素质而论，又是从效果上去说，而智、仁、勇三者就是天下之达德。智、仁、勇要是到了一个至高的境界，实质上那就是真善美都足了。

孔子对"智、仁、勇"是专有论述的，孔子说"仁者不忧，智者不惑，勇者不惧"。"智者不惑"，那就是知真，真的什么都明白了，那就达到了智的程度，"不惑"是智的程度。无忧，因为仁者爱人，他自身感觉到他的精神上特别富有，他总是施予，这种施予是一种快乐，是一种美，从真就到了一个美的程度。"勇者不惧"，无所畏惧，自信自强，仁、勇合在一起，其实又是一种善的程度，善者是最好的，善并不是懦弱，并不是一味地好，它里面既有仁爱的一面，又有无惧的一面，那才是至善。所以智、仁、勇实际上就是一种真善美，这三种是天下之达德。怎样才能做到呢？所以行之者一也，怎样做？做起来其实就是持之以恒、一以贯之，智、仁、勇这个达德也就修到了，君臣、父子、夫妇、昆弟、朋友之交这个达道也就弄清楚了，认识清楚了，行为不违背，即言行一致，知行合一。

有的人说，我在成长的过程中，资质不高，这些方面道理我能弄清楚吗？答案是肯定的，所以在这个问题上，孔子又说"或生而知之"，有的人是生而知之，秉性聪明，天资就很好；有的人是"或学而知之"，不是生来就知的，是靠学才能知的，我们一般都是靠学才能知的，世人称孔子是圣人，孔子自己说：我只是好学不厌，我也是学而知之。又说到"或困而知之"，这又是什么样的知呢？比如"久病成良医"就是困而知之,有的人本身不是从事医学这个专业,他对医疗的知识本来是外行,但是因为身体有病,他总是接触药物,总接触医生,他为了让自己的身体健康,就需要了解一些药性,需要知道一些药理,正是因为自己有这种困顿,最后达到了知的程度,久病成了良医,这就是困而知之。

但是不管是生知、学知,还是困知,就"知"这个结果来讲,都是一样的,真的能够达到致知的程度,都会一视同仁。虽然出发点不同,起步的层次不一样,但结果是一样的,这也给我们一个充分的信心,我们在人生的道路上可能不是生而知之,但是我们可以学而知之,可能我们以前在学习方面不是很系统,但是为了解决社会上的一些问题,为了解决自身的问题,我们困而知之也是可以的,只要达到知的程度,都是殊途同归。

三、知行合一

接下来还要强调"行","或安而行之,或利而行之,或勉强而行之,及其成功,一也。"知和行要统一,只是知而不行,不谓真知,知而不行也没有用,要学以致用。知只是一个自己内在的认识,而行才是由内及外的行为,我们要实现人生的理想和目标,是要靠行动来实现的,有些成功来得很自然,让人感觉到好像就应该是这样的,非常自然平和地就走向了成功,所以是安而行之。有时候是利而行之,是因为我这么做有好处,有利益驱使,当然这个利不完全是经济上的利益,利弊比较向好的方向,也是"利"。在成长的过程应该这样做,这是利而行之。

"或勉强而行之",有的时候就处在这样一个境地,不这么做就不行,虽然不想这么做,这么做并不是很情愿,但是又不得不这么做，是勉强来做的，所以这是"勉强而行之"。但是及其成功一也，不管是安行、利行，还是勉强而行，就成功这个目标而言，或者就成功这个标准而言，都是一样的。孙悟空去西天取经，他一个筋斗云就能到西天，但那不过是心思，是念头，是想法，所以他是一个心猿，但是陪着唐僧就不一样，要走十万八千里的路，要经历十几年的风霜雨雪，所以取名叫"行者"，要一步一个脚印地丈量，最终才能获得真经。所以行动获得成功是唯一的标准。

这一段文字给我们后人一个非常好的警醒，有人是天生聪颖，先天的条件很好，他的成功是生知安行，而资质差一点的普通人是学知利行，条件不够好，天资又没有别人高，那怎么办呢？我们要困知勉行，但是不管怎么样，成功都是一样的，幸福的人生也都是一样的。后学中有很多人在谈论自己成功的体会时说，我不是生知安行，我也不是学知利行，我不过是困知勉行而已。其实这对我们大家来说，也是一种勉励，真的能做到困知勉行，其实也是能成功的。

孔子对三达德又进行了更为细致的可行性解释："好学近乎知，力行近乎仁，知耻近乎勇。而知斯三者，则知所以修身；知所以修身，则知所以治人；知所以治人，则知所以治天下国家矣。"天下国家本同一理，想治国家，就要明白怎么样去治人，治人不是收拾谁，而是治理民众，治理一个小的团体，你若想治理好团体，你就应该知道怎样去修身，你若想从修身入手，那就要知"道"，才能达到知、仁、勇的达德。知、仁、勇的要求太高了，我能达到一个智慧的程度吗？达不到不要紧，孔子说好学近乎知，你努力学习就是了，你比别人笨一点，但是你比别人勤奋，勤能补拙，所以好学不厌，就能近乎于知。

孔子的主体思想中有一个最重要的观念，那就是强调学习。在《论语》的开篇就讲"学而时习之，不亦说乎"。就是强调要好学，学，汲取知识谓之学；习，运用知识谓之习。习有温习、复习、实习、见习等诸多义，学而时习之，时者。我们一般很随便地说这句话的时候，就把它解释成时时，学到的知识要时时温习，温故而知新，可以为师也。能够在固有的知识里，在原有的知识储备中再阐发新意，这样就可以为师了。

有时我们将"学而时习之"中的"时"解释为及时的意思，学了知识要及时地付诸实践也很重要，要学以致用。孔子强调的是学习型的人生，学习型的社会，起始就要学，终生还要学，孔子是十五有志于学，到五十岁的时候，还晚而习《易》，而且能达到"韦编三绝"的程度。《周易》穿着竹简的绳都断了几次，那是经常翻阅的结果，可见学之勤。所以好学近乎知。

四、力行近仁

实实在在地去做其实也是一种仁的表现，当然这里又有一个哲学的内在理路，如果说孔子不认定人性本善，如果人是性恶的，力行就是作恶，但是，有人性本善作为一个前定的条件，是执而不论的，所以强调力行，只要是力行，就近乎于仁，靠行动出效果，那就相当于仁。

多为社会做贡献，也是让自己的这种爱发挥出去，所以力行是近乎于仁的。这种仁并不是单纯的好心，是要做出来的，不仅仁心，还要仁行，而且对仁，孔子是有一个限定的。唯仁人，为能爱人，能恶人，仁不仅是对好人的爱，还要对坏人给予打击，要爱憎分明，如果你对坏人也爱，那对好人就是一种伤害，你就是不仁。仁也有一个上下愚智之分，所以孔子先强调的是学，孔子说"好仁不好学，其弊也愚"。如果你只是好仁，而不去学习的话，那是有问题的。实际上这个人是很迂腐的，很愚笨的，有的时候就容易做出蠢事。

知耻则近乎勇，什么是勇？你以为勇就是敢于当街拔剑，来者不惧，胆大妄为吗？并不是。这个"勇"在中国古代和"敢"是分开的，勇是一种内在的承担的精神。知耻就近乎勇，什么事办错了，办错了敢于承认，那就是勇。古代的君子强调行己有耻，知道什么事情该为，什么事情该不为，这也就近乎勇。老子也强调这个问题，老子说"勇于敢则杀，勇于不敢则活"。敢是胆大妄为，什么事情我都敢做，那不是勇，你如果说我不敢，敢于承认我不敢，我不行，我不能，其实这就是一种勇，是一种勇气，这也是我们现在说的勇敢。

　　我知道什么事情是光荣的，什么事情是可耻的，我们有一个荣辱观，其实这就是勇。所以在这里什么是知？什么是仁？什么是勇？不仅从概念上把它推展到达德的层面，也是从行为上给了我们一个突破口。所以孔子强调"好学近乎知，力行近乎仁，而知耻近乎勇"。你如果知道知、仁、勇，你就知道从哪里下手了，则知所以修身，知道怎么去修身了，这是自明而诚，自诚而正，这样一个过程。

　　因为"格致"达到"诚正"，因为明白了这个道理，然后才可以去修身践行，因为学习改变了观念，观念转化成了行为，我们才知道怎样去修身。所以知斯三者，则知所以修身，知所以修身，则知所以治人。因为内修和外用，身正是范，别人向你学习，你用自己的修养，用自己的身体力行，作为世人的榜样。知修身则知所以治人，知所以治人，则知所以治天下国家。你言为天下则，而行为天下范，做好了影响了你周围的人，使得你周围的人都跟着你一起做得很好，实际上就是齐家。

　　家庭是一个优秀的家庭，到了工作单位，打造成优秀的集体，在你所管理的范围治理出优秀的部门，那都是齐家。因为你的言行举止处处都体现着你的修养，同事都会尊重你，有什么事情，也许你说的话就要比那个名义上的干部说的话要管用，这就是齐家。把这个范畴再向下推，推而广之，就是能够治国，才能够平天下，这是随着一个人在修身的基础上，他的影响范围越来越大所达成的一种社会效果，当然要走到这一步是相当难的。所以我把自己的人生目标定为格致、诚正、修齐，而治国平天下就不是我要考虑的了。

知和行是一副对联，是我们修身的一体两面。按我在"身心行"专题讲的"心—身—行"，对内就是知的提升，王阳明和朱熹之不同，也就是在这儿有了分水岭，阳明强调"良知"，朱熹强调"知道"。所以阳明倾向"格心理"，朱熹倾向"格物理"，虽然侧重不同，但都是为"真知"，为内修，然后将其转化为行为，便是"实行"，便是"外用"，便是"知行合一，内圣外王"。

诚信

诚信是儒家文化中非常重要的概念。

"诚"是诚于中，而"信"是形于外。

现在我们很多人理解"诚信"，重点都在"信"的层面，你说了就要兑现，双方签完合同了，你就要履约；古人不是这样，古人的重点放在"诚"上，只有内心的愿意，才是守约的根本，只有内心愿意，才能成为守约的动力。诚信是我们现代社会人与人之间交往应该提倡的做人品格，是每个人为人处世的标准，也是社会主义核心价值观之一。

有宗教信仰的人认为"诚则灵"，普通人也说"精诚所至，金石为开"。儒家文化在"诚"这个问题上的论述也是相当多的。

互联网时代，行端表正成本最小，不守"诚信"代价最大。磊落坦荡，真实不欺，就不必担心什么隐私泄露，是最切实的网络空间文化安全。

一、诚意、意诚

儒家文化入德之门《大学》提出人生有三纲领、六要素、八条目。三纲领是什么呢？是"大学之道，在明明德，在亲民，在止于至善"。后边又提出八条目："古之欲明明德于天下者，先治其国；欲治其国者，先齐其家；欲齐其家者，先修其身；欲修其身者，先正其心；欲正其心者，先诚其意；欲诚其意者，先致其知。致知在格物。"这就是平时经常说的"格物、致知、诚意、正心、修身、齐家、治国、平天下"八条目。

"格物、致知"强调的是学习，格物是学习，致知是学到"知"的程度，如果说格物相当于学习，致知就是学懂了，学会了。学习就是为了改变心态，提升认识，提高思想，丰富心灵。"格物致知"要有一个指向，有一个去处，有一个落脚点，能够对内心产生作用，这个落脚点是达到一种标准、形成一种影响，那就是"诚意"。

读《大学》的时候你会发现，大学说到"诚意"的时候，才开始展开解释，而对"格物致知"，它就不解释了，它说"诚意"就是"本"。"此谓知本，此谓知之至也。"朱熹一生研究《大学》，认为《大学》篇中对"格物，致知"没有解读，可能是简牍丢失，所以画蛇添足地补上一段对格物致知的解释，实际上，《大学》对人生进行三纲领、六要素、八条目的分解就是"格物"，我们这样分析认知清楚，本身就是"致知"，用不着再强调这就是"格物致知"。所以《大学》强调学习改变人生的切入点，就是"诚意"，以"诚"为本，是儒家经典《大学》《中庸》《孟子》，乃至后来周敦颐、张载等人论述问题的起点。需要提醒大家注意的是，《论语》中没有论及"诚"，只有一句"诚不以富，亦只以异"，是直接用"诚"，而没有释"诚"，也许这是整理《论语》记录孔子思想的一个疏漏，就像

《论语》中论及"中庸",只有孔子两句感叹一样,正因为如此,曾子、子思等人觉得这个"诚"字是老师的重要思想之一,不能因遗漏而被淡化,所以在《论语》之外的作品中都集中讨论了"诚"。诚也就成为儒家重要思想理念之一,所以《大学》就是强调要以"诚意"为本,"诚"是我们一个人能够立足社会,有很好的征信记录,建立很好的人生观、价值观的立身之本。

　　《论语》是孔子去世之后,孔门弟子在聚会的时候怀念先师,说当年老师讲课的时候都讲什么了呢?有人开玩笑说你把你的笔记打开我们研究研究,结果大家你一句我一句相互讨论,把孔子当年说话的语录编撰成了一本书,因为是相互讨论编撰而成,故名之曰《论语》。《论语》中涉及了很多儒家文化的核心理念,比如杨伯峻先生就说《论语》中"仁"的概念就出现过一百零九次,但是关于"诚"的讨论不够,因为这个概念讨论得不充分,所以孔门的弟子们后来才加大了力度,曾子在《大学》里就强调"格、致、诚、正、修、齐、治、平"。虽然是八条目,却是从"诚意"说起。如果理解了这一点,读《中庸》的时候也会对其思想解读豁然开朗。

二、至诚无息

　　《中庸》这篇文章是"极高明而道中庸",它是儒家文化哲学思想的提升。但是我们读《中庸》的时候会发现,它开始说的是"致中和",到后来就讨论关于"诚"的问题了。它说"唯天下至诚,为能经纶天下之大经,立天下之大本,知天地之化育",强调"不诚无物"。所以有人说《中庸》的思想是不是围绕着"中庸"这个概念,说着说着就跑题了?甚至有一些哲学家认为,《中庸》里讨论的是双主题,一个是说"中庸",另一个是说"诚"。

其实不能这样看，把《中庸》和《大学》结合在一起你会发现，《中庸》强调的是以"诚"为本，叫作"本于诚"，而"用于中"，最后的结果，它的目标、境界叫"致于和"，"诚"是起点，"用中"是手段，"和谐"才是目的，一切要以"诚"为主，以"诚"为起点。

三、诚实真诚

"诚"这个概念，考察它的字源时，先是从没有言字旁的"成"说起。这个"成"是什么意思呢？就是"收成"的成，指粮食灌浆好不好，颗粒是否饱满。百姓说的"年收成"如何啊？今年粮食能打几成啊？就是这个"成"，粮食光结粒不行，如果结粒不饱满，那仍然是产量低，品质差的，"成"是指粮食颗粒灌浆状态的客观事实，就有了真实的意义，是一种真实的客观存在。客观真实存在，反映到主观认识，就形成了这个"诚"，所以在中国文化中，"诚"就意味着"真"，连起来就叫"真诚"。

我们都知道，作为中国文化中的主流文化，读儒家的经典书籍，你会发现，儒家思想既不缺少伦理层面的善，也不缺乏艺术层面的美，但是仿佛缺乏了一点点科学层面的真。人生追求真、善、美，如果没有真，善就是伪善，美就是矫情，所以真才是最重要的。善也好，美也好，它都是一种主观和客观的统一，这个客观的真实是美善感受来源的基础。儒家文化中能够替代这个"真"或者能跟"真"这个概念相吻合的思想就是"诚"。

"真"这个词，它和"诚"联系起来叫作"真诚"，是指真实的客观存在。首先，客观世界就是那样。其次，主观意识要和这种客观存在达成高度的统一，这就叫作"诚意"，或者叫"意诚"。因为客观的"真诚"和主观的"意诚"统一了，表现出来的就叫作"诚信"。所以"诚信"是主观愿望和客观效果的高度统一。

为什么今天社会有很多不诚信的现象，就是履约的时候，都不是源于内心的愿意，有的时候是利益的驱使，有的时候是想用自己的一点小技巧战胜别人，他内心不是这样想的，即使答应了，他也不会做。所以我们强调内心愿意才是守约的根本。"诚"在前，"信"在后，只有"真诚"发源于内，才能"信约"履行于外。没有"诚"作为基础，"信"就无从谈起。

《中庸》里说"诚者"是天之道，"诚之者"是人之道。作为"真"的"诚"，就是"诚者"，是客观存在的。作为人的"诚"，就是要符合这种客观存在，就是"诚之"。把我们的人性本善的那一面挖掘出来，人道就合于天道，人之"诚"也就合于天之"真"，那是一种真正的"诚意"。所以它的第二个意思"诚之"又指人性的"诚"，在天，它是一种实在；在人，它是一种理念，这样的一种纯诚是内在情感的积蓄。所谓"诚于中"，等到它发散出来，那就是"形于外"。

"诚"还是一种内在的积极的心劲儿，是对事物的热衷程度，有一种意念，有一种愿望，这才是"诚"。所谓的"心诚则灵"，要从内在的情感上去追求，我愿意这样做，那才是"诚"，我这种愿望是发乎于内心的，那才是"诚"。

四、诚与诚之

《中庸》中说："诚者，不勉而中，不思而得，从容中道，圣人也。"这句话很关键，一定要和前边的"诚"有一个区分，前边所说的"诚者，天之道"，那是客观世界固有的真诚，而"诚者，不勉而中"，这个诚是天资纯诚，就是笔者说的先天素质很好，这种人的诚让我们羡慕。他是"不勉而中"，不用那么积极努力，正好就符合那个纯诚，是不思而得，命也好，不是这么想，就有收获，所有的东西都是自然而然的，是从容中道，非常从容，不是什么事情积极努力，很紧张地去追，但是也能合乎于道，这样的人是圣人。

《中庸》里说："凡为天下国家有九经，所以行之者一也。""一"是什么？是"诚"，是我这样恒定的态度，我要诚意，我要正心，我因为有一个诚正的心态，真的想把国家治好，真的想与人为善，在处理方方面面事务时，才能把这个原则贯彻始终。如果"诚于中"让所有人都能感受得到，那就是"形于外"了，这种热诚，这种真实的心态就由内及外、表里如一地发散出来了，这才是"诚"。

怎么样才能做到"诚"？想要做到"诚"，两种人有两种不同的方式。一种人是天生聪颖，这种人因为天性善良，做事自然合于天地规律，认知世界也顺乎自然，顺理成章，就叫"自诚明，谓之性"。但是更多的人是因为学习，因为格物致知，达到了热诚的状态，这就叫"自明诚，谓之教"，教育使我们从愚昧走向智慧，从不太在意变得兴奋热诚。这两种方式，结果都一样。"诚者，天之道也，诚之者，人之道也。""诚"和"诚之"有什么区别？"诚"是固有的实在，"诚之"是达到诚的过程，向着"诚"努力，我不能生来就"诚"，但是我可以向"诚"去努力，这就是"诚之"，所以"诚者"是天之道，而"诚之者"是看过主观努力，达到与客观要求的统一，才是人之道。

当然，"诚"是内在的，我们看不到，我们看到的就是"信"，所以在《论语》中，孔子几次强调过"信"的问题。

五、无信不立

有一次孔门弟子子贡问孔子，国家的发展应该具备哪些条件？社会的良性发展应该是什么状态？孔子给了三个条件："足食，足兵，民信之矣。"子贡善于思考，就和老师探讨，他说如果这三个条件里迫不得已要去掉一个的话，去掉什么呢？孔子说"去兵"。然后子贡问，如果再去掉一个，那去什么呢？孔子说"去食"，那么唯一剩下的就是"信"，为什么？因为孔子认为对一个群体生活来讲，"民无信不立"。"信"这个概念在孔子的思想中是相当重要的。

六、信乎朋友

《中庸》中说："获乎上有道，不信乎朋友，不获乎上矣"。要想让你的上级赏识你，想在你的同志之中脱颖而出，得到提升，首先得取信于你的朋友，大家都认为你好，你才能够得到领导的认可，上级才能赏识你，一到民主测评的时候是满票，是全优，有机会不提拔你提拔谁？大家要是推选的话，不推选你推选谁？"获乎上"的道在哪里？在信乎朋友，"不信乎朋友，不获乎上"。怎么能够"信乎朋友"？经常请周围这些朋友打麻将？不断地给大家买点礼品？时常和大家喝点酒？这就是"信乎朋友"吗？这也是，但不是本质，这么做反而容易出事，酒肉朋友、江湖朋友都是从这里来的。孔子经常提到一个"修慝"的概念，这非常重要，很有现实意义，笔者在这里强调一下什么叫"慝"？上面是匿名信的"匿"，下面是一个"心"，一方面就是别人对你有意见藏在心里不说，你对父母不孝顺，别人看在眼里可能不说，但已经对你做出了"不可交"的判断。从另一方面讲，"怨匿而友其人"为孔子、左丘明这些君子所耻，正直的人不会又厌恶你又和你交往，所以，你的不孝直接导致朋友的疏远。

怎么样才能信乎朋友？"信乎朋友有道，不顺乎亲，不信乎朋友矣。"要真的想取信于朋友，就要孝顺父母，对亲人要好，一个人对他爹妈都不孝，能交他吗？所以"不顺乎亲"，那就"不信乎朋友"，得从对父母的孝顺开始。有的人生性愚昧，性格倔强，儿童时期就很驴性，他不顺乎亲，特别是当父母之亲也不是很有学问，很明事理，很有文化修养，很有见识地去培养子女的时候，家庭经常出现矛盾。怎么才能顺乎亲？得懂事，得明白道理，所以"顺乎亲有道，反诸身不诚，不顺乎亲矣"。你得有一个热诚的心态，按照天地人伦的正道去对待自己的亲人。我爹不好，我就对我爹不好，我爹要是揍我，我就打爹骂娘，那行吗？那就要出事了。如果身不诚，那就不能顺乎亲。怎么样才能够反诸身"诚"？这个身诚就是全身心投入，当你把这些事理都弄明白之后，你就能够把自己的心态调整到一种健康、正确、积极的方面，那实质上就是诚意、正心。所以诚意、正心需要学习、需要格物致知。当年大舜从一个桀骜不驯的坏小孩变成一个改变了父母兄弟看法态度的孝子，号泣于天，就是因为明乎于"善"，回归于"诚"，才有了大的提升和改变。

明乎善是诚身的前提，诚乎身是顺亲的前提，顺乎亲是取信于朋友的前提，而取信于朋友才是获乎上的前提，就是这么一个逻辑关系。

七、法家立信

不仅儒家重视信，法家也重视它。当年商鞅变法，为了能够取信于民，就做了一个小游戏。他在城门边立了一个杆儿，然后告诉全城百姓，谁能把这杆子扛到另一个门那里去，我就给他十两金。实际杆子也不重，大家就认为这是开玩笑，第一天没人反应，看没有人来动手，第二天赏金加了一倍，最后叫到了五十金，有人就笑了，这是真的假的？我宁可受骗也试一试吧。这人就把这杆子扛到了另一个门，真就如数获得了酬劳。就这么一件小事，说了就兑现，在社会上，这种"一言既出，驷马难追"的信誉度非常重要。政府的信誉、国家的信誉就是这样逐渐建立起来的。国家是最重视信誉的，公信力是一个国家将制度优势转化为合理效能的保障，比如我们今天的反腐、打黑、扶贫、抗疫，每件事都坚持做到"清零"，所以党的威信、国家的公信力大幅提升。

八、信近于义

要想达到"信"，先从"诚"开始。"诚"是内在的，"信"是表现出来的。"诚于中，形于外"，如果没有内心的纯诚，那么即使答应了，也可能违约，也可能不实现。

答应之后是不是必须兑现？在这一点上，儒家倒是很灵活，虽然孔子强调"自古皆有死，民无信不立"，但在具体问题上，孔子说："信近于义，言可复也，恭近于礼，远耻辱也。"孟子说过，"夫大人者，言不必信，行不必果，唯义所在"。这个非常值得我们思考。真正有高明思想见识的，说出话来，要看是否符合道义，如果不符合，也不一定照着这个做，做事也不一定就是按照最初的预想把它做下去，为什么？如果我答应你的事情，如果我听从你的话，我做的事情是被你愚弄欺骗了呢？只要我反省过来，立刻就会改变。和你签了合同都可以违约，可以重签，还可以诉讼法律。即使做了，假如做的这个事情是个形象工程，是个面子工程，是个政绩工程，如果后来明白了，觉得这个事情不妥，就要毁约，立刻纠错停止。为什么？因为后边有一个标准叫作"义"。"义"就是该或者不该，要"唯义所在"。"义"是答应之后纠错机制的参标，孔子就做过这样的事情，孔子带着弟子周游列国的时候，到了一个地方，被当地人误认为是季氏家的阳虎，阳虎长得很高大，孔子长得也很高大，一群人就把他围了起来，双方互殴，最后打得都疲惫时，对方就开出条件，只要你不进入我这个城，不到我们这个国家来，咱们就可以休战。孔子说我可以不去，就应允下来了，于是就此罢战。等对方走了之后，学生问孔子，老师，咱们到哪儿啊？孔子说："进城。"弟子们说，不是刚答应人家，都跟人家订好了盟约不入城吗？孔子说："要盟也，神不听"。意思是要挟逼迫我答应的，像这样被迫的承诺其实是没有什么信任度可言的，鬼神都不去保佑他。

只是坚守这种小信，在儒家文化中那叫作"谅"，"谅"就是守小信，答应了就做的一种表现，而儒家文化中强调"信"，它背后要有两个因素支撑：第一，这个守信应该是正义的，"义"也是"唯义所在"；第二，这种守信要真的是源于一种内心的力量，这就是"诚"。

今天，我们谈"诚信"非常必要，为什么我们这么强调"诚信"，为什么社会上有很多不诚信的现象？我们之所以不断地、高频率地强调"诚信"，其实就是因为社会上的诚信缺失了，老百姓都知道我们是缺什么，补什么，我们是少什么要什么，肚子要是不饿，就想不起吃喝，精神要是不空虚，就不会去信一些邪教。正是因为这一点，我们才在诚信缺失的环境下不断强调"诚信"，其实精神给养和物质食粮是一样的。物质食粮是喂肚子，精神食粮是喂大脑，如果天天吃的都是地沟油，喝的都是毒牛奶，身体怎么能健康呢？如果天天接受的都是一些不诚信的教育，都是一些不诚信的文化，那么这个社会怎么能达到一个"诚信"的状态呢？这些问题要引起我们非常深刻的思考，所以儒家文化强调诚信有非常具体的现实性。

　　说到为政，就不得不说孔子。孔子是特别重视政事的，他在教学的时候，用四科来教育自己的弟子，这四科分别是"德行""言语""政事""文学"。孔子一生行事都想通过自己的教育影响当时鲁国以至于其他几个诸侯国的政治，因而孔子对政治问题，尤其怎么样从政，有自己的独到见解。

　　孔子的为政逻辑是："为政在人，取人以身，修身以道，修道以仁。仁者人也，亲亲为大；义者宜也，尊贤为大。亲亲之杀，尊贤之等，礼所生也。"当然，这是他的孙子孔伋依他的思想而记，但是孔子的为政思想，是继承了中国古代先贤政治智慧，为后世政治生活立下了一整套标准，一系列规矩，使后人参政、议政，从事政治工作和评价政治优劣，都有了准则，形成了具有中国特色的、不同于西方政治的独特风格。

一、为政以德

为官之道，为政以德。孔子曾经这样论述为政："为政以德，譬如北辰，居其所而众星共之。"作为一个执政者该怎样为政呢？要靠德行来为政，就像北斗星一样，你在中间，在正北的地方稳稳地居住，而其他的星辰都环绕着你，即所谓的众星拱之。这里强调要"为政以德"，德是什么？德是"得之于心"而又施之于人，所以人们解释德："德者，得也。"得之于心而施之于人，是"己欲立而立人，己欲达而达人""己所不欲，勿施于人"。所以为政就是考虑我所施予的政令是不是我自己愿意做的，如果说我感觉到这样做对我有益、对民众有益，我就把它推及于我的政治工作中、我的行政管理事务中。孟子又将它引申到"老吾老以及人之老，幼吾幼以及人之幼"。孔子特别强调为政以德的重要性，在为政的工作上，孔子比较佩服郑国的子产，在《论语·公冶长》篇中，孔子赞子产："其行己也恭，其事上也敬，其养民也惠，其使民也义。"《左传》中，子产不毁乡校："人谓子产不仁，吾不信也。"因为子产为政，与子张问仁于孔子相符，孔子曰："能行五者于天下，为仁矣。"请问之？曰："恭、宽、信、敏、惠，恭则不悔，宽则得众，信则人任焉，敏则有功，惠则足以使人。""恭、宽、信、敏、惠"都是德的具体项，孔子这一段论述可以说是对"为政"的一个集中评述。

其实为政不仅要以德，还要强调礼。孔子三十五岁第一次出国到齐国的时候，齐景公就向孔子问政，孔子就回答说："君君，臣臣，父父，子子。"这一段话在中国文化史上特别有名，是什么意思呢？实质上孔子的这段话是说，君要有君的样子，臣要有臣的样子，做父亲的要像父亲，做儿子的要像儿子。齐景公就听懂了，他说"善哉"，真"信如君不君，臣不臣，父不父，子不子，虽有粟，吾得而食诸？"如果真是君不君，臣不臣，父不父，子不子，即使有粮食，我也吃不到。我是为君，如果说我为君没有君的样子，我怎么能治理好我的臣民？作为臣子要是不尽臣子的义务，不就把我这位君架空了吗？关于这一段，在历史上有一些曲解，认为这里强调的是一种封建的等级制度，所谓君叫臣死，臣不得不死，父叫子亡，子不得不亡，这样封建等级下的服从把这种思想向它的极端化推进了一步。

其实今天我们对这段话完全可以有一个现代的理解，有一个宽容和泛化，君要像君的样子，我们不用把君单纯理解为古代的天子或者是诸侯，而是可以理解为领导、上级。作为领导，作为上级，如果没有一个领导的样子，上行下效，下边的人就不会尊敬你。作为下属、作为臣，如果没有一个臣子的样子，不尽下属的责任，工作也就没法儿做下去了。同样，为父的要有一个为父的榜样，为子的要尽为子的孝心。我们现在有些家长对孩子很严厉，而自己做不到，要求孩子学习，要门门功课优秀，不仅在学校里学，还要在社会上学各种各样的班。而自己呢？有多少父母能够在工作之余非常努力地读书学习？你做不到，反过来要求孩子做到，这样能教育你的子女吗？所以孔子在这里强调"君君，臣臣，父父，子子"，实质上是自己要把本职工作和应尽的责任做好。

二、政从孝始

有人问：孔子对如何为政理解得这么透彻，为什么自己不为政？直接参与政治不是更好吗？"或谓孔子曰：'子奚不为政？'"孔子说："《书》云，孝乎惟孝，友于兄弟，施于有政，是亦为政，奚其为为政！"实质上，为政并不是什么高深的、离我们很远的事情，你在家里面对父母要尽孝，对兄弟要友爱，就是在家从事管理，把治家方面做得很好，这就是为政，为什么要专门去找一个形式上的、要做点什么当官用权的事才算为政呢？这是孔子对为政的一个解释。实质上这就是"政不远人"，如果我们真的能够把自己的家庭事务处理好，推而广之，也就能够处理好外部的工作，所谓的能够齐家才能够治国，家国天下可以推而广之。

三、群贤问政

（一）必先正名

子路问孔子说："卫君待子而为政，子将奚先？"说卫君想要让你来处理政务，你将把什么事情作为首要的事情来做呢？孔子说："必也正名乎。"子路又说："有是哉？"为政是应该处理具体的事务，你怎么说先要正名？孔子说"野哉由也"，意思是：你这就是不懂得为政的正名之道，"君子于其所不知，盖阙如也"，真的君子如果自己不懂的话，那就（把不懂的事）暂时搁置在那里，不懂就是不懂，知之为知之，不知为不知，是知也。你这个问题没有弄明白，就不要认为我迂腐，因为在这个问题上，当听到孔子说"必也正名乎"，子路说"子之迂也"，他认为老师有一点迂腐。

孔子说"名不正则言不顺，言不顺则事不成，事不成则礼乐不兴，礼乐不兴则刑罚不中，刑罚不中，则民无所措手足"。说的是一定要先正名，正名讲得是很深刻的、很到位的。如果你没有一个名分，又怎么为政？名不正则言不顺，你怎么能处理工作？我们在一个班级里，如果你是班长，你管理这个班的事务大家都觉得顺理成章；如果说你就是一个普通同学，突然有一天你站起来说：同学们今天我们要做这个做那个，大家就会觉得很诧异，为什么？因为你没得其名，你不在其位。所以孔子又强调说"不在其位，不谋其政"。这是从两个角度谈为政，为政一定先要正名，名正言顺，言顺事才能成，名正言顺事成，礼乐才能兴，礼乐要是不兴，实际上天下就不能大治。礼乐不能兴，刑罚则不中，那老百姓就不知道怎么做了，所以为政一定要先正名。为政还要"当位"，当位就要负责任，有为才有位，有位更要责无旁贷地有为。孔子在谈为政的时候还强调说，一定要加强自身的修养，他强调说"躬自厚而薄责于人，则远怨矣"。你一定要把自己的修养好，待己要严，而待人要宽，薄责于人，这样就不会招致怨言。因为孔子对政治这方面很重视，所以跟孔子交往的这些弟子和当时社会上的一些权要经常向孔子问如何为政，孔子针对每个人的问法，根据每个人的情况做了不同的回答。

（二）政者正也

季康子问政于孔子，孔子对曰："政者，正也，子帅以正，孰敢不正？"季康子当时是鲁国的权臣，他问孔子应该怎样为政，孔子说"政者正也"，所谓的政治就是正，你要心正，你要身正，你要行端表正。据说柳公权对唐太宗的笔谏也是如此，"心正则笔正"。如果你率先正起来了，谁能不正？那你的政治从自身出发不就可以做到治国平天下了吗？这是对季康子问为政的回答。接着他又把这个问题往深入了说："其身正，不令而行；其身不正，虽令不从。"真的做到身正了，那你实际上不用总是指使、总是要求人们怎么样，你做得正，大家就跟着你都正了，如果你做得不正，即使你发号施令，大家也不会听。"其所令反其所好，而民不从。"为什么？因为你自己都没做到，你自己都做不到，为什么去要求别人呢？所以孔子强调，为政首先要自己做得正。

（三）勤政不倦

子路问政，子曰："先之，劳之。"请益，子曰："无倦。"子路是一个听到善言马上就实行的人，他向孔子请教怎样从政，我怎样才能做一个好干部？孔子告诉他说：要先之劳之，你想要求别人做到，你自己要先做到，你比别人要更努力、要更辛苦，这样你才能把工作做好。子路说那要更进一步呢？孔子说无倦，你能先之、劳之，而且不为此感到厌烦、感到倦怠，那你的这个工作就能做好了。子张问政，孔子还是这一番话，孔子说"居之无倦，行之以忠"。就是在你的职位上，你不能总是新官上任三把火，开始给你这个职位的时候，你干得很好，时间一长你就懈怠了，再过几年得不到提升，你反而有了怨言，那是不行的。居之无倦，行之以忠，做起工作来一定是推己及人，对待工作要忠诚、要尽心，对领导要忠心，用我们现在的话讲，就是你要忠于百姓、忠于人民、忠于党才行。

（四）举贤用能

仲弓为季氏宰，问政，子曰："先有司，赦小过，举贤才。"仲弓为政的时候问老师，我怎样才能做好？孔子说你一定要举贤才，仲弓一听又说："焉知贤才而举之？"孔子说："举尔所知，尔所不知，人其舍诸？"你知道哪个人是贤才，你举他就足够了，你不知道的不用你操心，如果你能举贤才，大家就都能举贤才，你不知道的贤才难道别人就会把他舍弃掉吗？同样也会举贤才，不过你要率先垂范，这样你的工作就能做好。

（五）欲速不达

子夏为莒父宰，问政，子曰："无欲速，无见小利。欲速则不达，见小利则大事不成。"不要因为一点蝇头小利就汲汲于此，因为这一点小利而放弃了大的利益，做事也不要急功近利，欲速则不达。有的时候急于成事、急于求成反倒耽误事，这是从做事的方式上来讲的，也是对子夏为政的一个回答。

（六）人人学道

最有意思的是孔子和他的弟子言偃，也就是子游，之间的一段对话："子之武城，闻弦歌之声，夫子莞尔而笑曰：'割鸡焉用宰牛刀？'"子游对曰："昔者偃也闻诸夫子曰：'君子学道则爱人，小人学道则易使也。'"子曰："二三子，偃之言是也。前言戏之耳。"什么意思呢？孔子到了武城这个地方，当时他的学生子游是武城宰，是武城县的长官。孔子听到武城县里面有弦歌之声，有弦歌之声就说明这个地方的政治治理得很好，人们从"兴于《诗》"，到"立于礼"到"成于乐"，已经有弦歌之声了。所以孔子听到之后就很开心地、很愉快地微微一笑，然后就跟子游开了一个玩笑，说割鸡焉用牛刀，说你治理这样的一个小县城，还用得上这么下功夫吗？杀一个小鸡还用宰牛的刀吗？你是不是有点过于重视了？但是他的学生就对老师说了，我从前听您说，君子学道则爱人，小人学道则易使，这里面的君子小人，不是指道德层面上的君子和小人，是指地位上的不同。而君子就是指有比较高贵身份的人，这些人要是真的学道了，他就能够行使仁心、仁政去爱人。而小人是指平民百姓、受到教育不是很深的、社会地位比较低的这些人，他说这些人要是学道，就容易管理。实质上他是强调不论是君子，还是小人，要是真的能够学道的话，大家就都能在不同的程度上有一点进步。这是他听孔子原来说过的话，在这儿他拿出来，说老师你曾经这么教导我。孔子一听他这么说，就严肃起来，对其他学生说："二三子，偃之言是也。"当时孔子身边还有其他学生，他就跟其他学生说：你们几个要听着，言偃说得对，我前边说的话那是开玩笑的。"偃之言是也"，前言"戏之耳"，是开玩笑的，在这里面又充分肯定了子游这种为政的行为。

（七）以德服人

季康子曾经问政于孔子，季康子想采用自己的方式来治理国家，他就说"如杀无道，以就有道，何如？"他说我要是把那些不遵守社会道德规范、不遵守法律制度的人都杀掉，让所有的人都按照这种法律和道德规范去做，会怎么样？孔子就对他说："子为政，焉用杀。"如果你真的想从政的话，你干吗要使用杀？实质上是你行端表正，再加以文化就够了。所以孔子说："子欲善而民善矣。君子之德风，小人之德草，草上之风，必偃。"意思是说如果你做得好，你的德行就像风一样，而小人的品质，也就是百姓的品质就跟草一样。如果能够风行草上，那草是一定要顺服的，这里面强调说为政还是要以德，而不能以刑，更不能以杀。季康子是经常向孔子求教管理艺术的人，有时虽不以"为政"为题，但谈的也是为政，如"使民敬，忠以劝，如之何？"子曰："临之以庄则敬，孝慈则忠，举善而教不能，则劝。"解读参见其他篇。

（八）何为四恶

关于四恶的解释最有现代意味的是孔子跟子张的一段对话，孔子强调怎样为政才能好？说"有五美，有四恶"，特别是强调四恶在今天仍然有它现代的意义。四恶是什么？第一恶是"不教而杀谓之虐"，不经过教育就杀，那就是虐待。第二恶是"不戒视成谓之暴"，你没告诉他应该怎么样、不该怎么样，你就期望他成功，那你这就是凌暴于人，这就是暴政。其实对百姓如此，在家庭也是一样的，我们带孩子，我们不去教育、不去告诫，就希望他能够成才，责令他优秀，那就是虐待，那就是暴政。然后又讲第三恶："慢令致期谓之贼"，你本来是应该告诉他该怎么做，结果你没有很好地去教导，最后等到结果出来的时候，你才去责备他，那就是对他的一种伤害，慢令致期就是贼害。第四恶："犹之与人也，出纳之吝，谓之'有司'。"什么意思？应该给予别人的没有及时给予，该给的没给，非常吝啬，这就是有司。在生活中这样的事情有很多，比如说借钱该还，到期立马就还，如果你不及时还，那你这个人就会失信于人，该付出的不付出，那就是吝啬。不教而杀就是虐，不戒视成，那就是暴，慢令致期就是贼。其实不管我们是为政也好，还是做人也好，这些问题都应该引以为戒，只有这样，我们才能用良好的德行引导良好的政治、清明的政治，这就是孔子为政的思想。

四、为政在人

在论述为政方面，《中庸》这篇文章也是一定要说的，它的内在逻辑关系非常清晰鲜明：

哀公问政，子曰："文武之政，布在方策。其人存，则其政举；其人亡，则其政息。人道敏政，地道敏树。夫政也者，蒲卢也。"什么意思？鲁哀公向孔子问怎样为政，《春秋》里面记载了鲁哀公这个人，春秋十二公从隐公开始，隐、桓、庄、闵、僖、文、宣、成、襄、昭、定、哀，鲁哀公是《春秋》中春秋十二公的最后一公，和孔子是同时代的人。哀公向孔子问政，孔子说：文武之政，布在方策，周文王、周武王他们是怎么治理国家的，为政的范例都在档案中存着。方：木牍为方；策：竹简为策，实质上都是古书记载的，在古代的文献中都有记载。

夫政也者，蒲卢也。蒲卢是什么？是芦苇，芦苇在水面生长，一年又一年，它的生命力很强，繁衍得很快，铺展的面积很广，政治实际上就像芦草一样，只要你有那么一个良好的客观环境，良政就会迅速地发展起来，甚至有时候为政就在于最高领导的一种意志和一种思想，一旦一个王朝更迭，战争结束之后，如果政治清明的话，百废待兴，百政待举，经过几年或者十几年、几十年的变化，社会就能够迅猛地发展起来。其实不光是古代，在我们的近现代历史上这种事例也比比皆是。一个政策失误，一个民族的发展就要滞后，"文化大革命"想要在文化这个层面上做一个革新，实质上这个政治决定是错误的。而改革开放则是一个积极的正确思想，最后推动我们整个民族在人类发展史上迅猛地赶了上来。

在中国这片土地上，"为政在人"的特点就更明显了。"为政在人，取人以身。"政府要想清明，或者要想把为政做好，那要看人，什么样的人适合为政，什么样的人不适合为政，又需要进一步分析。为政在人，取人以身，这个身不是指身体，不是说一看你这个人身体好，体格好，就能为政，也不是说一看你长得漂亮，像我们现在的选秀，你就能为政，为政不是选美，不是选超级女声，也不是选帅哥。这个身是指你的修养，也就是我们在《大学》中强调的修身，因为内修而达到外用的那种东西是因为内在的思想、意识、格致诚正，水平、知识都储备得足够了，而发乎于外的时候，言行举止都受到社会的欢迎，那就是身修。

笔者常说修身是一道门，门的里面是一个人的内心世界，门的外面是一个人进入社会的言行举止，包括他怎样处理事，怎样待人，怎样守信，有时是一时一地的事，有时是长期行为构成你的为人。所以取人以身，这个身怎么能做好？怎样才能达到这种修身的程度？我们说内修外用，做得好的话，就能做到内圣而外王。

"取人以身，修身以道。"合不合乎于道？是修身的标志？什么是道？我们再往前推，天命之谓性，率性之谓道，其实这个道是真的能够符合一种善良的人性，是基于善良的人性，发乎于自然的是本于性、发乎情、合于礼的那些东西。性是根，是它的本体，情绪情感是外显的，喜怒哀乐之未发，谓之中，喜怒哀乐者，情绪情感也，发而皆中节，中节者，理也。因此性、情、理你做得都好了，那就合于道了。这就是取人以身，修身以道，修道以仁。怎样算合道？你把仁爱的思想由自己的认同推及于社会共识，那就是合乎于道，所以修道以仁。

五、亲亲为大

"仁者人也，亲亲为大。"仁就是符合人性的向外发展的东西，就是基于善良的本性，推及至外的东西。仁是一种本体的精神，是儒家对人性的基本认定，它的表现形式是一种爱意，让世界充满爱。仁是人的本性，这就再一次认证了人性善的问题。所以我们说在《中庸》的字面之下还包含着儒家思想的内在逻辑理路，一旦把内在的逻辑理路融会贯通了，当你再读《中庸》《大学》《论语》《孟子》的时候，对文字就会欣然认同、领会于心，你就会觉得它说的这些话就是你的思想认识的一种表达。

因此，二程和朱熹就说过，读这些经典实际上就等于和圣贤对话，其实孔子复生，教育他弟子也无非这些话。我们现在通过文字了解了他内在的思想，实质上我们就是在和圣贤对话，是承接着大成至圣先师，以及他的弟子们这些先贤、后贤们的教诲。所以你看《中庸》的思想、逻辑关系是非常缜密的，先谈的是祭祀，如果这个祭礼你懂了，治国其如示诸掌乎？然后就谈治国，治国就是为政，怎么样为政才能行？为政在人，什么样的人才行？取人以身，修身，怎么样去修身？修身以道，什么样的道才行？修道以仁，一层一层地往下，环环紧扣向内部剖析。

治国为政→为政在人→取人以身→修身以道→修道以仁

其实这也是一种格物，是格尽事物之理，格清哲学之理，从为政一点一点地向内挖掘，最后落实到仁，仁者，人也，仁是人的本质。从哪里体现呢？"亲亲为大。"我们说仁是一种爱，我就谁都去爱，那可以吗？不行，那不是儒家所提倡的仁，儒家提倡的仁爱是要从自己的亲人开始，墨家提倡的兼爱才是爱无差等的，儒家的爱是有等级的，亲亲为大。首先对父母要孝，对子女要慈，慈母严父，那都是一种爱。子不学，父之过，这都是一种爱。兄友弟恭，夫唱妇随，这都是一种爱。所以一定是从这里开始，亲亲是最要紧的。

六、尊贤之等

"义者，宜也，尊贤为大。"义是什么呢？义是适合、适宜，不要把义理解得非常形而上，义就是我们在生活过程中，觉得这样做对，应该这样做，三人行必有我师，我谦虚一点，那就和谐。百姓说三人同行，小的受苦，你要是年龄小的，你就得尊敬这些长辈，这就是义，这样做就好。"义者，宜也"，尊贤为大。要尊重有贤能、有德行的人，尊贤为大。"亲亲之杀（shài），尊贤之等，礼所生也。"这话就非常到位了，亲亲之杀（shài），看《中庸》这段文字里面这个字，其实就是现在的杀，我们把它读成杀（shài），实质是什么？是等级的意思。最初有些朋友跟笔者一起探讨学习《中庸》的时候，不懂这个词为什么念成杀（shài）？为什么写成杀？这到底是什么意思？当时和这些朋友解释的时候，笔者也是灵机一动，其实那个杀也是区分等级的意思。我们到商场去买东西，特别是到自由市场去买东西的时候，在买方和卖方之间总有一个讨价还价的过程，我们把往下讲价叫什么？叫杀价，杀价是什么意思？就是降价。亲亲之杀（shài），就是要把亲缘关系排列出等级来。尊贤也是一样，尊贤排列出等级来。在亲亲和尊贤的过程中，我们要是把这些等级处理好了，实质上就是礼所生也，礼就是这么来的。

礼作为一种文明的标志，作为一种人与动物的本质区别，它是从哪里来的呢？它不是由某一种高于人的更聪明的力量发明的，它也不是先天存在的，它就存在于我们的生活中，我们的身边。什么是亲亲之杀（shài）？夫妇结合了，然后生子，比如这些孩子里面有四个、五个、六个，老大是嫡长子，父亲的家业要由老大来传，长子、长孙一直是这个家族正宗的嫡系。次子自己的孩子里面，长子继承他的家业，那是他这一支的正传。那二子的二子又往外走，二子二子的二子再往后分，不从女性这个角度讲，就从男性这个角度这么分，越分越远。到了几辈之后，有些尽管是亲属关系，但是因为下面是一个几何序列的方式，那就分得更远了。用老百姓的话讲，就是出"五服"了，出五服那就走向社会了，出得更远的时候找不到了，寻根找不到一起的时候，那就成了朋友，就成了同志，成了社会上的人群。

这个爱从哪里开始？要从最亲的这环开始，从父母、兄弟姐妹这样去分。这是中国社会按照血缘关系，按照嫡长制分析的一个过程。我们现在从社会学的角度去考虑，实质上这样的一种社会分析导致了我们今天的人群，也就是这个社会的形成。所谓炎黄子孙、华夏民族就是这样形成的。

要是从哲学这个角度去分析，《周易》里面也说过这个问题，《周易·序卦》："有天地，然后有万物；有万物，然后有男女；有男女，然后有夫妇；有夫妇，然后有父子；有父子，然后有君臣；有君臣，然后有上下；有上下，然后礼仪有所错。"就是礼从哪里来？礼就是从亲亲、尊贤这里来的，也就是从仁、义这里来的。所以在中国文化领域里，要从儒家文化这个思想去分析礼、仁、义，都能找到它的根。仁的根，根植于孝，再往下寻找，根植于人性本善，义的根，根植于悌。悌者，从兄，尊贤，听老大的。孟子说："义之实，从兄是也。"就是听哥哥的，弟弟听哥哥的就是义，小的听大的就是义，尊贤就是义，所以它的根就是悌。悌其实再向人性层面来归拢，也是本于人性是善的。从这种人性善的本源出发，使人与其他生物有所区别，那就是人的文化的过程，这种文化最集中的表现、从道德层面上去体现就是一种礼，它的极致就上升为一种国家制度。所以《中庸》这一段文字非常关键，我们一定要把它的内在理路认识清楚。

七、为政逻辑

"为政在人，取人以身，修身以道，修道以仁。仁者人也，亲亲为大；义者宜也，尊贤为大。亲亲之杀，尊贤之等，礼所生也。"所以怎样去做？怎样去从亲亲一直到礼制，提供了一套为政的方案？这给我们提供了一个内在的逻辑，你要做不好怎么办？这又从另一个角度加以说明。"在下位不获乎上，民不可得而治矣。"你要是一介平民，你没有达到一定官位的时候，你就没办法去治理国家，你就没有办法去行政，你也就没有条件去治国。"故君子，不可以不修身。思修身，不可以不事亲。思事亲，不可以不知人。思知人，不可以不知天。"这就又从我们身边这种"造端乎夫妇"向上推，达乎天地了。思知人就先要知天，这个知天就是知天命，知天性。把这种天赋人性的本质问题认识清楚了，你就能知道人是一个什么样的状态。

我们知道人性本善，我们就可以按照善良的意愿去和人交往，我们的心是善的，我们也就不要猜测别人的心是不是恶的。实质上知天然后才能知人，知道了人的本性，才能知道怎样更自觉地事亲，我们把事亲这个问题做好了，实际上我们就做到了知性，就是修身了，真是这样的。修身的一个最贴近的体现就是事亲，事亲做好了，实际上就是齐家。所以《中庸》里面的这段文字和《大学》里面的这段文字，虽然话语不同，但思想却是一致的，修身、事亲、齐家都是一个道理。

思修身不可以不事亲，事亲在修身，修身之后才能够获乎于上，才能够去治国，实际也是修身齐家治国。《大学》为我们描绘的是从学习到明明德于天下，这个发展过程中这八个条目，不同的层面，他是用一种很概括的语言为我们描述了一个理想的蓝图。而《中庸》是用基于人的本性，强调要从知天这个角度出发，从哲学的层面以一种抽象思维结合着形象例证的方式，为我们讲解怎样从改变自己的意识一直到身修、家齐、国治而天下平。所以尽管文字不同，但两者思想却是一致的。

诗书易

中华民族早期的经典文献很多，什么三坟五典、八索九丘等，大多数都轶失了。笔者关注的是儒家经典中被称为三古经的"诗书易"，即《诗经》《尚书》《周易》。

六经皆史，"诗书易"首先因其久远而具史料价值，从"玄鸟生商"的诗里，我们了解"商"的起源传说，从《生民》，知周姜嫄生后稷之故事，更不用说公刘、文王、周公、召公、尹试诵等，诗之美，自不待言，其间闪烁的智慧光芒，更是诗之成为"经"的内在力量："何其处也，必有与也；何其久也，必有以也"，这对今天强调不忘初心、不断提升人民美好生活环境亦不过时。

《书》虽古奥，理亦质朴，从"玄德升闻"到"柔远能迩"，从"野无遗贤""不虐无告"到"知人则哲，能官人"，再到"汝无面从，退有后言"，处处在在，俯拾皆是这种叮咛告诫的人生哲理。易本占筮之书，然而经过孔子之手做了《易传》，则一变而为中国哲学巅峰之作，整个中华民族哲学，无出"一阴一阳之谓道"的大本三源，而其"形而上者谓之道，形而下者谓之器，化而裁之谓之变，推而行之谓之通，举而措诸天下之民谓之事业"，几乎就是五千年中华民族事业发展的最高概括。

一、社科之源

"诗书易"是儒家文化的至尊经典，是儒家智慧的重要载体。现在学科分类一般分为自然科学和人文社会科学，百姓称之为理科和文科。自然科学三大主科一般指的是数理化，而人文科学三大主科一般指的就是文史哲。"诗""书""易"三古经是中国文化人文科学文史哲的源头。《诗经》是文学的开始，《尚书》是历史学的发端，而《周易》则开了中国哲学的滥觞。想了解中国文化中人文社科类的文史哲之源，就必须先了解三古经，这就是源头活水。学习传统文化，如果三古经学通了，再阅读其他经典，就"会当凌绝顶，一览众山小"。

人生追求真善美，从这个角度看三古经，看传统文献分类，看经史子集，哲学著作在传统文献"经史子集"分类中一般被归在"经"或"子"部，"经子"是用道理说话，追求善。历史类著作属于"史"部，史书是用事实证明，用史料来佐证，追求真。而文学类著作大多属于"集"部，文章的行文、叙述。文章写得如何？首先得看文字是否优美，言之无文，行之不远。叙述时不能只用一些华丽的辞藻，还要多用形象的表达，追求美。而且文史哲又有互补的关系，就像写一篇文章，哲学是论点，史学是论据，文学就是论述。有的好诗，进入哲理化，就是诗化的哲学，哲学化的诗。所以一定要对"诗书易"有高度的认识。哲学是以理言之，历史是以事言之。文学是以形象言之，一个是强调理论深度，一个是强调实证的可靠性，一个是思考传播的有效性。而事与理的融会贯通就需要作者具备文学叙述的能力。所以文史哲并称，就把中华民族的智慧都纳入了经典范畴，指导我们的实践，提升我们的文明素养。古圣先贤的这些理论来源于实践，我们学了之后又能够去指导实践生活，这才是它的价值所在。

二、文学源头：《诗经》

《诗经》原来叫《诗》或《诗三百》。最早的《诗》不止三百零五篇。《史记》中记载，《诗》最早有三千多首，是孔子去其重复，不断地删改刊定，最后形成了这三百多篇。但是现在我们根据史料看，说是孔子删诗，保存了三百篇，这是不科学的，因为在《左传》中有这样的记载，"吴公子季札之鲁观乐"。一个本来有资格继承诸侯王位的人物季札，他礼贤推让，自己不去继承王位，而是成了一个文化的使者。季札到鲁国去访问，鲁国的太师就为他演奏了《诗》，那个情景是很迷人的，风雅颂，每部分，季札都有评价赞美，最后季札说："观止矣。"《古文观止》中的"观止"一词就源于此。这个时候演唱诗，诗的体例就是三百篇左右，这时孔子才八岁，八岁的孔子是不可能删定《诗》的，所以说，《诗》是由孔子刊定的，这个事不是很科学，存有争议。但是诗有齐鲁韩毛四家，孔子教学用诗，《论语》中有多处对诗的评论，所以整理诗也在情理之中。

（一）何以为经

诗是怎样成为"经"的呢？一般来讲，是因为在汉武帝时期设立了五经博士，诗作为中国文化传播的重要典籍，成了"经"。

但笔者认为，事情没那么简单，诗之所以成为"经"，不在于别人怎么捧，而在于自身内在价值有多重，诗之所以成为经典，是"经夫妇，成孝敬，厚人伦，美教化，移风俗"的典范，是因为诗里面反映的都是原始初民早期的日常生活。以十五国风之首《周南》为例，第一首诗《关雎》反映的就是爱情婚姻故事。第二首《葛覃》反映的是妇女婚后的劳动情景和想回娘家探亲的心情。第三首《卷耳》写的是妇女思念在外的丈夫早日归来，想象归途的情境。第四首《樛木》描写家庭生活夫唱妇随，形影相伴的幸福时光。第五首《螽斯》是期望家庭多子多孙、人丁兴旺……前前后后都不离平常日子平凡生活，都是我们寻常日用、现实生活的真实写照。寻常日用，经常接触，因而就成了"经"。

我们的日子应该怎么过？人生应该怎么活？看看《诗经》，有范例有准则，这又涉及了"经"的意义，什么是"经"？"经者，常也，言常道也。"能把寻常日用人生道理讲明白的书才有资格被称为经。"经"这个字对意义诠释得很好，中国是农耕社会，男耕女织，最能体现百姓生活的代表就是牛郎织女，有织布经验的人都知道，布匹的纵线叫"经"，横线叫"纬"。织布的时候，经线不动，纬线穿梭往来，叠织成布。经线因为不动，它就意味着恒常，意味着标准。这就产生了第二个意义：经是给我们的人生定标准、做参考准则的，所以经典是本领域最权威的书，各学术派别中最具权威代表的书叫"经"。比如把道家的《老子》叫《道德经》，墨家的《墨子》叫《墨经》，兵家的《孙子兵法》叫《兵经》。此外还有许多的经，医家的《黄帝内经》、茶艺中的《茶经》、数学中的《算经》，还有什么《山海经》之类的，等等。

每个有文化传统的民族都要有自己的"经"。人称西方基督教国家是一本经的民族，其为《圣经》，伊斯兰教有《古兰经》，佛教有佛经，道教有道经，儒家当然更多，四书五经，等等。一个没有经典的民族，文化就没有了重要载体，民族文化就成了游魂。而一旦民族文化消散了，民族特征也就不复存在了，最典型的例子就是满族，因为没有自己的经典，萨满文化就成了文明的碎片，文明就没有完整保存下来，满清入关以后，又以儒家文化经典为圭臬。而原生态的萨满文化就逐渐淡出了，满族文化特征消散了，满族的特征也就渐行渐远模糊了，所以经典之于民族文化的价值是最重要的载体，就像马克思说"希腊神话不仅是希腊艺术的武库，而且是它的土壤"。

（二）风雅颂

《诗经》包括风、雅、颂三大部分。"风"指的是十五国风，就是当初十五个地区的民间曲调，有周、召、邶、鄘、卫、王、郑、齐、魏、唐、秦、陈、桧、曹、豳。这就是十五国风，都是地方曲调，就像我们现在的秦腔、河北梆子、东北二人转等等。反映的都是民情民意，在中国古代，为了了解民情，每当春末夏初之时，国家就专门安排一些老人、一些盲人摇着木铎到乡下去采风，收集民情民意信息，"采风"这个词就是这么来的。采风收集上来的诗即为风。通过这些诗，可以看出人民生活的疾苦和欢乐。

"雅"分为两种：大雅、小雅。都是朝廷的正乐，雅就是正。我们常说的"雅正"就源于此。朝廷的正乐相当于我们现在的一些京剧、歌剧、爱国红歌、一些美声的唱法。

"颂"是在宗庙祭祖的时候，演唱得非常宏大庄严的歌曲，相当于我们现在的国歌，或者如《黄河大合唱》这类的歌。颂在字义上的解释是"美盛德之形容，以其成功告于神明者也"。就是用我们现在的成就来告慰我们的祖先，在祭祖的时候所唱颂的这些诗就是颂。

（三）赋比兴

诗有三种艺术手法，就是赋、比、兴。赋是敷陈其事而直言之，就是平铺直叙。《诗经》中有一首诗叫《氓》。"氓之蚩蚩，抱布贸丝，匪来贸丝，来即我谋。"意思是有这样一个男人，笑嘻嘻的样子，为了表现爱慕之情，去女孩家求爱。先描述贸丝之事，做了许多铺垫，这就是敷陈。后来赋演化成骈体文，成了专门的表达方式赋体。如《长门赋》《前赤壁赋》等。

比就是比喻。"我心匪石，不可转也，我心匪席，不可卷也。"大意是我的心不是石头，不能随着水流转，石头都是坚若磐石，都不转动，哪怕石头能转，我的心都不转。又说我的心不是席子，不能说卷就能卷起来。这都是比的用法。一有比喻，形象就鲜活了，《诗经》多用比喻。

《诗经》还有一种艺术表达，叫作兴，兴是"先言他物，以引起所咏之辞"，就是先说点和想说的问题好像无关的事，然后引发出要表达的思想。这种无关是表面上不相关，而其中内在的逻辑关联度是非常强的，本来要表达男女之间的爱慕之情，要表达君子对女孩美好的向往，但是不直接说，而说"关关雎鸠，在河之洲"，那雎鸠鸟在河边上"关关"地叫着，成双成对，多美啊！说完之后再转回来说，"窈窕淑女，女子好逑"。说窈窕淑女是君子心中的理想配偶，你看他先说关关雎鸠，再说窈窕淑女，追求爱情就是相同性质的关联。本来是说相聚是一种欢宴，先说那"呦呦鹿鸣，食野之苹"，再说"我有嘉宾，鼓瑟吹笙"。梅花鹿在野地上吃草的时候，遇到鲜美的水草，就起来招呼同伴，仿佛是一种和谐的分享，宴饮就应该有这样和乐的气氛。这都是先言他物，引起所吟之词。用赋比兴的手法创作成风雅颂的诗，就叫"六义"。《诗经》就是靠着风、雅、颂，赋、比、兴这样的手法，使得人们对于社会生活有了一种诗意的表达。

（四）诗乐舞

中国古代的诗歌是可以配乐而唱诵的，现在《诗经》的读本其实是中国古代歌曲集里面的歌词，我们现在只看到的有歌词的诗经等同冰山露出水面的一角。《诗经》是诗、乐、舞三者的融合。颂就是美盛德之形容。形容有形体，有容颜，形容是展示的舞容。古代的诗歌之所以好，特别是《诗经》，不仅是因为有文字，还因为有音乐，有旋律，以及优美的舞姿。而那些和诗而作的曲调、乐谱已经失传了，所以已经无法从现在的诗经中感受到原初的旋律、音乐的韵味之美了。如《诗经·周南·芣苢》"采采芣苢，薄言采之。采采芣苢，薄言有之。采采芣苢，薄言掇之。采采芣苢，薄言捋之。采采芣苢，薄言袺之。采采芣苢，薄言襭之"。芣苢，用我们现代的语言翻译，就是农村乡下道路两边经常看到的名叫"车前子"的一种野菜，百姓简称为"车轱辘菜"，如果这首诗直译，就是"采车轱辘菜呀，采车轱辘菜，怎么这么多的车轱辘菜，我用衣服兜着车轱辘菜，我用袖子装着车轱辘菜，我的天啊，怎么这么多车轱辘菜"！笔者开始读时，感到这诗哪儿美啊？又单调，又重复，意象也很简单，但这种简单的意象，如果配上音乐呢？或者从采车前子变成采蘑菇，那就成了采蘑菇的小姑娘，那种单调的重复是不是就像三月里的小雨，淅沥沥沥、哗啦啦啦下个不停，往往就构成了诗歌的美感。所以这种词语，你必须得加上曲调，才能呈现出它的美，而且这种单纯就对后世的诗歌产生了一种影响。清代学者方玉润在《诗经原始》中评点此诗："读者试平心静气，涵咏此诗，恍听田家妇女，三三五五，于平原绣野、风和日丽中，群歌互答，余音袅袅，若远若近，忽断忽续，不知其情之何以移，而神之何以旷。"这简单意象就有了言辞之外美的境界。

不仅有音乐，还有舞蹈，仿佛从《有狐》，翻译歌曲《白狐》："能不能为你再跳一支舞……你看她衣袂飘飘、衣袂飘飘"，可惜当时没有录像，我们只能凭想象去猜那时的舞姿了。

（五）诗义引申

《诗经》中开篇的《关雎》："关关雎鸠，在河之洲，窈窕淑女，君子好逑。参差荇菜，左右流之，窈窕淑女，寤寐求之。求之不得，寤寐思服，优哉游哉，辗转反侧。参差荇菜，左右采之。窈窕淑女，琴瑟友之。参差荇菜，左右芼之。窈窕淑女，钟鼓乐之。"乍看是一首简单的、男女之间追求爱情的诗，孔子在解读诗的时候，就认为《关雎》是"乐而不淫，哀而不伤"，但是如果我们对德行的追求也像《关雎》里面君子对淑女爱情的追求，那又有什么德行养不来呢？我们一说到人生的时候，经常举例子，就是王国维先生在《人间词话》里面，用三句词给我们描述的人生三个境界：第一个境界"昨夜西风凋碧树，独上高楼，望尽天涯路"，这是登高望远，立志，定目标；接着"衣带渐宽终不悔，为伊消得人憔悴"，这是努力追求；最终"众里寻他千百度，蓦然回首，那人却在灯火阑珊处"，最后成功。

立志、追求、成功——人生三境界。

《关雎》不就是如此吗？"关关雎鸠，在河之洲，窈窕淑女，君子好逑。"这就是立志。"参差荇菜，左右流之，窈窕淑女，寤寐求之。""求之不得，寤寐思服，优哉游哉，辗转反侧。"睡了醒了都在想，折腾来倒过去睡不着觉，那不就是在不断追求吗？而且经过这种追求，最后"参差荇菜，左右采之。窈窕淑女，琴瑟友之。参差荇菜，左右芼之。窈窕淑女，钟鼓乐之"。成功！一首《关雎》，借着对爱情的追求，也给我们描述了人生理想实现的三个境界。《诗经》中有很多篇章都富含这种引申意义。

（六）诗教功能

孔子是以《诗》来教学的，他在教授门徒的时候经常引用《诗》，"温柔敦厚，诗教也"。他对《诗》有非常好的研究和判断，他说《诗》"可以兴，可以观，可以群，可以怨"。兴、观、群、怨是《诗》的社会功能，学了诗之后，你的表达就很有艺术的感觉了，那么从《诗》的体例中，它的风、雅、颂都能起到这个作用。

《诗经》虽然是一部古老的歌谣，反映的是从西周初年到春秋中叶，上下五百年间中国社会的民间生活、百姓生活、朝廷生活等林林总总的画面，但是它在今天仍然活跃在我们的生活中。五经中最能表达人生艺术感觉的是诗，它给我们展现出来的大千世界，丰富多彩，绚丽多姿。让中国人有了诗的艺术思维，中国人追求美好的事物，抒发情感志趣，都用诗的语言来表达，诗开启了中国文学的源头。

三、史学发端：《尚书》

从中华文明发展的角度来看，六经皆史，但是最正统的梳理中华民族政治史、领袖史，重大历史转折期，政策法规颁布情景再现的，当数《尚书》。

（一）上古之书

《尚书》的"尚"等同上下的"上"，"尚书"意为"上古之书"。它是唐尧、虞舜、大禹及商汤、周文武等中国古代帝王们治理社会的言行录。中国古代，君举必书，君王的举手投足一定要有史官记录，史官里又分"左史记言，右史记事。事为《春秋》，言为《尚书》"。《尚书》这本书是中国古代史官记录王侯将相言行的。

可以说《尚书》就是中国古代帝王的一部演说集，因为演说都是帝王在大政方针方面的思想态度，所以我们又把它称为中国古代最早的政治资料汇编。虽然《尚书》是上古之书，但是政治化特点非常重，因而"尚"又有了高尚的意思，既是上古之书，又是记录君王们高尚品德之书。

（二）治国之书

《尚书》用了"典谟训诰誓命"等不同的名称来传达思想。因为是上古之书，在传播过程中历尽劫难，尤其秦始皇"焚书坑儒"，所以除《诗经》这样可以口耳相传唱颂的经典之外，很多简牍的书都被烧掉了，文化传承遭到极大破坏，《尚书》至此失传。后来到了汉文帝时，找到秦朝的一个老博士伏生，伏生凭着记忆复述了《尚书》二十八篇，因为是晁错用汉代隶书记录的，这二十八篇就被称为今文《尚书》。鲁恭王在坏孔子宅时，在孔子家房屋的墙壁中得到了一些书。这是孔子的后人为了反对秦暴政，冒着生命危险把这些古书藏在夹壁墙里的。这些书用的都是古文字，学者整理后就有一部分是古文《尚书》，又经过战乱，古文《尚书》后来也丢失了。丢失之后有人又去造伪，这在《尚书》的历史上就形成了今古文之争，今古文表面上看就是用两种文字来写《尚书》，但实质上秉承着今文，还是秉承着古文，这里有学术的走向。今文尊崇孔子，以《礼记》中的

《王制》篇为准，古文尊周公，以《周官》为准；学今文的注重解读义理，学古文的注重文献的考据。因为《尚书》文字的不同，导致了中国学术史上迄今为止最大的一桩诉讼案，也就是今古文之争。当然在这个问题上我们只有认真地去研读《尚书》，才能有一个认识。无论今文也好，古文也罢，都是言官记录帝王影响国家颁布大政方针的史书，是对当时先民政治生活的记录。中国人特别喜欢历史，尤其领袖级人物在当时的表现，更给人想象、再造、崇拜、神化的空间。读《尚书》可感叹尧的智慧伟大、舜的成长磨难、大禹治水的辛劳、盘庚迁殷的艰难。箕子身为两朝臣子，怎样能够弃旧从新，提出治国方略的内心委曲，作为政治家思想的深刻，考虑问题的全面。还包括汤武革命的勇敢，皋陶辅佐舜禹，伊尹辅佐商汤，傅说辅佐武丁，周公辅佐成王，这些肱股之臣的良苦用心。正是因为有《尚书》留给我们的这些政治故事，我们才知道了中国古代的这些人不仅仅是帝王，甚至包括那些谋臣策士，为中华民族做出的贡献。像皋陶、伊尹、周公等都是属于辅助君王，提出很多对中国后世极其有益的政治智慧的人。为什么后世像诸葛亮等人都向他们学习？现在四川成都武侯祠，诸葛亮的纪念馆里面挂着"伊皋经济"。经济其实是经邦济世，影响了历朝历代的贤相。

（三）孝道典范

例如，大舜成长在一个非常糟糕的家庭环境中："父顽、母嚚、象傲"，又顽固又眼瞎的爹，整天如母夜叉一样的后娘，一个坏到没有原则，总想霸占嫂子的同父异母的弟弟象。父亲和弟弟几次三番地想弄死他，在大舜涂廪时，他们把房子点燃；在大舜浚井时，把井掩埋，但是都被舜机警地逃脱了。小罚则受，大罚则逃，最后号泣于天，孝感动天，改善了家人的态度，而且给后人留下了二十四孝之首孝的故事。

不过让笔者疑惑的是，这些家庭故事后人是如何知道的？难道大舜在家中干活也有史官旁观记录？就像钱钟书在《管锥编》里质疑《史记》中关于介子推背着其母逃进绵山之后，被火烧死前的那段母子对话，谁记录下来的？只能是司马迁合理的想象而已。

但大舜的这些事应该不是合理想象，那是大舜说的吗？如果是大舜自己说的，那就是标榜，就是炫孝，就是伪君子。合理的解释只有一条：大舜的家人说的，不难推测，舜在青少年时期肯定很淘气，属于讨狗嫌万人烦的一类。但是淘小子出好汉，长大了，懂事了，检讨了，改变了，获得父母亲的重新喜爱，父母亲可以对人说："这孩子小时候啊，真可恨，我们都想弄死他，可后来，现在……"只有这样才合乎情理，而《尚书》其他篇目中也透露出了这个过程：《大禹谟》"帝初于历山，往于田，日号泣于旻天，于父母，负罪引慝。祗载见瞽瞍，夔夔斋栗，瞽亦允若。至诚感神，矧兹有苗"。《孟子·万章上》也说了这个事情。

同样的问题也出现在后来的闵子骞上。闵损有两个同父异母的弟弟。冬天，父亲带着哥仨在户外干活。两个小弟干得热火朝天，唯有闵损冻得瑟瑟发抖。父亲很生气，觉得男孩不能太娇气，一鞭抽去，将衣服打了个口子，飘出芦花来。父亲撕开他穿在身上的"棉衣"，才发现里面是用芦花填充的，芦花是不御寒的。而另外两个儿子的棉衣才是真正轻柔保暖的新棉花。父亲受不了后母对儿子的刻薄，怒气冲天要休妻，而闵子骞跪求父亲，说了一句话："母在一子单，母去三子寒。"这样善良的孩子最终也是感动了父母，和睦了家庭。对今天的单亲家庭、重组家庭都有教育意义。

但是，这样的事我们是怎么知道的？如果出于闵子骞之口，依然是标榜自夸。只有是其父母口中夸奖，才合乎情理。于是就有了《论语》中孔子的评价："孝哉闵子骞，人不间于其父母昆弟之言。""间"就是有异议，有差别，这样你就懂了大舜的故事。

四、哲学巅峰：《周易》

《周易》是中国文化中一部最具神秘色彩的书，表面上看是一部预测占筮之书，实质上是中国哲学的巅峰之作。首先说为什么叫《周易》，《周易》也叫《易》，百姓层面叫《易经》，《周易》不仅包含《易经》，也包括《易传》，是两部分，所以我们把它最准确地读作《周易》。

（一）周字三解

"周"的第一个意思是指周朝，就是周朝的书。据说中国古代夏有《连山》、殷有《归藏》、周有《周易》。《连山》《归藏》我们现在看不到了，但是能看出逻辑发展。《连山》是以艮为首，艮为山，是人在森林生活的折射。《归藏》是以坤卦开头，坤为地，是农耕社会以土地为本的生活反映。《周易》是以乾为首，乾为天，天是影响山林土地资源变化的源头。

"周"的第二个意思是周普、周延，无所不包。"《易》之为书也，广大悉备。有天道焉，有地道焉，有人道焉，兼三才而两之。"《周易》里有六十四卦，每卦都有阴阳爻，六爻最上边两道代表天，最下边两道代表地，中间两道代表人，易道广大，无所不包，周就有了周普、周到之意。

"周"的第三个意思是周而复始，循环往复，天道循环，无往不复。"变动不居，周流六虚"，是有规律的运动。

（二）易有四义

那什么是易呢？易有四个意思，第一个意思是变易：《说文解字》里解释它是蜥蜴，蜥蜴又叫变色龙，有一个很重要的属性就是其身体颜色能随着环境的变化而变化。也有一说是容器，类似匜。再看易字，上边是日，下边是月，日月更迭，一阴一阳，阴阳变化就叫易。"生生之谓易"，所以第一个意思就叫变易，《周易》在国外的翻译就是"变化之书"。

第二个意思是强调不易，就是不变：为什么变又不变？明白这一点，才能明白辩证法。《周易》告诉你变化是永恒的，世间万物永久处在变化之中，变是永恒的不变。所以第二个意思叫不易。

第三个意思是交易：《周易》六十四卦每卦都是上下相重而成，上边是水，下边是火，就是水火既济。水在上，火在下，火往上升，水往下沉，这才形成交易，就是水火既济。反过来如果火在上，水在下，火往上升，水往下沉，那就不能形成交易，那就是火水未济。最经典的卦就是否和泰，否卦是天地否，泰卦为地天泰。泰卦上面是坤，下面是乾。坤代表地，乾代表天，地在上，天在下，互相交易，这叫地天泰。如果天在上，地在下，本来很符合我们看到的现象，但这个现象叫天地否，因为一旦天已经在上，地已经在下，天往上升，地往下降，就不能形成交互运动，不能形成一种相互矛盾的转换，就没有交易了，所以天地否，否极泰来，地天泰，正好是这两卦的颠倒。

第四个意思是简易：大道至简，《周易》是中华民族对天地社会自然人生的一种认识，把大千世界林林总总的事物进行不断分析整理，最后形成了六十四卦，对人就是六十四种人生状态。像打仗要有六十四个沙盘、做计划要有六十四种方案一样，如果遇到这种状态，应该怎样处理？给你提供个参考，给你一种启迪和借鉴。六十四卦把它里面的同类事物提炼出来就形成了八卦，八卦中再提炼共性，发现这八大类里面不过是四种，就是四象，四象再一提炼就是两仪，其实就是阴阳。《周易》发现世界事事物物，都是阴阳平衡的结果，强调"一阴一阳之谓道"，老子就说"万物负阴而抱阳，冲气以为和"。其实就是阴阳平衡，易从变易到不易到交易，到简易，大道至简，最后就形成了两仪和太极，就把林林总总的事物用一阴一阳表现出来，这就是《周易》的易。变易、不易、交易、简易，用今天的话讲，就是创新、担当、共赢、卓越，成为一些企业的核心理念。《周易》的思想智慧，已经渗透到中国人生活的方方面面，堪称中国文化的源头活水。

（三）占筮之书

在殷商时期，有一种预测方式叫作卜，用龟的甲或者牛的肩胛骨，把它钻成小孔，备而不用，遇到事情的时候，把它放在火上烤，骨质的东西用火一烤，它会爆裂，爆裂会发出噗的一声，就是"卜"的声音。而爆裂的纹路正好是那个"卜"字的纹路，因而叫占卜。用《周易》就是占筮，筮上边是个竹字头，其实也是草字头，就是蓍草。下边是个"巫"字，巫字的上边代表天，下边代表地，一边一个人是沟通天地，这就是巫。在中国北方，萨满跳大神，就是巫。巫通过用竹签、用蓍草的方式预测，《周易》就是在殷商这种卜的基础上形成的另一种占问的方式。

（四）卦辞爻辞

原为古人占筮之书的《周易》为何成为哲学的典范呢？《周易》的卦是如何来的呢？最初，"古者包羲氏之王天下也，仰则观象于天，俯则观法于地，视鸟兽之文与地之宜，近取诸身，远取诸物，于是始作《易》八卦"。这就是伏羲做的八卦。伏羲做了八卦之后，文王推衍生成六十四卦，每卦叠加成六爻。文王在羑里城被纣王羁押时，就在墙角折了一些蓍草草棍，这种蓍草圆而直，是多年生草本植物，据说能通灵。八卦八八相乘，形成六十四卦，每卦六爻都代表数，或六或七或八或九，即为老少阴阳。文王做六十四卦之后，对每卦都做了解释，这就是卦辞。周公对六爻每一爻辞又做了解释，叫作爻辞，每一卦里都有卦辞、爻辞。

（五）孔子十翼

《周易》在现代人看起来是非常复杂、非常艰深晦涩的。据说孔子五十以学易，他说"假我以数年，我于易则彬彬矣"。你要让我多学些时日，我就能把《易》学得很好。文献中记载孔子晚而喜《易》，达到什么程度呢？行则在橐，居则在侧，孔子读《易》是韦编三绝，最后为《易》做解读，形成了十翼，这十翼就是易传，包括《彖传》上下、《象传》上下、乾坤两卦的文言、《系辞》上下、《说卦》《序卦》《杂卦》，这都是孔子为了解读《易经》而做的，后来与经的部分结合在一起，使《易》从占筮之书上升为哲学著作，形成了以阴阳变化为基本准则的哲学经典。

（六）四圣三古

《周易》这本书的形成被称为"人更三圣，世历三古"。也有四圣之说，即伏羲为一圣，文王为一圣，周公为一圣，孔子为一圣。世历三古：以伏羲为代表的上古，以文王周公为代表的中古，以孔子为代表的近古，这叫世历三古。所以《周易》作为一本哲学经典，是群体智慧的结晶，对一卦知道了卦名，知道它的卦象，还知道它的卦义的时候，如同认识一个人，知道姓名，长相模样，做什么工作的。对《周易》就能看懂了。《周易》是中国文化中大道至简的极高智慧，通过一点点粗浅的入门，先把这些常识性的知识了解到位，就可以深入地顺着六十四卦去解读中国人对社会自然人生，甚至对健康认识的密码，这就是《周易》的奥妙所在。

（七）易理哲思

《周易》本来是占筮之书，经过先哲们的释读，又成为中国哲学的典范。《周易》有图像，用图像表达，这是形象思维。透过形象知道背后的思想是抽象思维。《周易》说完天就说地，说完水就说火，这是对比思维。而天地又不仅仅是天地，天代表着既是天，又是父，又是阳，又是刚，它是整个阳刚的一类；坤也是这样，它既代表地，又代表母，又代表阴，又代表顺，它也是整个阴柔一类的代表，这是类比思维。太极生两仪，两仪生四象，这是一分为二的分析演绎思维。六十四卦取八大类，八大类总结四条主线，四条主线又能合为一阴一阳，这又是总结归纳思维。所以通过学习《周易》，既有抽象思维，又有形象思维；既有对比思维，又有类比思维；既有分析演绎思维，又有归纳总结思维。《周易》是用它的占筮演算，它的数是"万有一千五百二十"，是大数据，具体到每一卦，都是六七八九的变化。它是由数构成"爻"，六爻成一卦象，又是象数思维。六爻相当于柱状图，太极图就好比动态的饼状图。真的懂《周易》，要记住十六字诀——"因数成像，设卦观象，系辞言意，得意忘形"。懂得易为"逆数也"。根据已知条件，推断未知可能，"不知来，视诸往"。就可知其彰往察来的预测功能，懂得其阴阳变化之理，就可以认识天地自然、社会人生的客观规律。《周易》训练了我们中国人的思维智慧，所以把它放到哲学层面。中国文化中，儒家就走了阳刚的一面，而道家就走了阴柔的一路，儒道两家一阴一阳，正好在《周易》中有了体现。《周易》为什么是"群经之首"，因为所有的思维在其中都能找到源头，其实阴阳平衡不仅仅是中国人的哲学，也是中国人养生的最高标准，所以说它又是医易同源。如果了解了《周易》六十四卦的顺序，就会发现诸子中的兵家、医家、阴阳家、法家等都在《周易》的六十四卦顺序里。《周易》里说"有天地然后有万物，有万物然后有男女，有男女然后有夫妇，有夫妇然后有父子，有父子然后有君臣，有君臣然后有上下，然后礼义有所错"。实际《周易》用六十四个图形式的语言解读了中国人对整个世界的认识，是一种世界观，是一种方法论，所以说《周易》是中国哲学的巅峰。

道形器

儒家文化经典《周易·系辞》中说："形而上者谓之道，形而下者谓之器，化而裁之谓之变，推而行之谓之通，举而措之天下之民，谓之事业。"现在说的"事业""变化""推行""变通"等常用词语都源于《周易》的这段话。这段话如何理解呢？形而上有道，形而下有器，不管是"道"，还是"器"，生活中如果想用好这一原则，就要把它化解开。要知道如何裁剪，知道哪部分适合哪些领域，化而裁之就是变，就是事物在不断地演变，这就是把一种思想、一种传统的智慧经过裁剪，创造性转化，创新性发展，深入浅出，切实落地。《周易》强调的就是变。一阴一阳，交替变化。但是只变化还不够，就像想要讲一门课，准备了很多书籍和材料，为了讲好，就要化而裁之，融会贯通之后，还要选择恰当，选取出合适的内容保留下来，裁剪后还要思考如何整合，才能讲明白这些内容。大家能听得懂，学得会，用得上，有效果，这就叫"通"，如果听不懂，就没有到"通"的程度。能够推行下去的，这才叫"通"。如果觉得很好，不仅要让学生们受益，还想让学生们接受这个理念后，再传递给家人朋友，大家都来推广、推行，使之通用于社会国家，这种行为变成你一生的工作。能把这件事做好，那就成了一项事业。

一、"三"的内涵

要想实现这种转化，就要对"形而上"和"形而下"有个深透的理解。一般我们对这句话的解读只是分为两层：有"形而上"的"道"和"形而下"的"器"。但真正了解中国文化，特别是中国哲学，它强调的重点在于"三"，就是中间的"形"。老子讲"道生一，一生二，二生三，三生万物"。启蒙读物《三字经》里都说"三光者，日、月、星。三才者，天、地、人"。《论语》中有"吾日三省吾身""三人行则必有我师焉"等。有时确指"三"，有时泛指"多"，总之中国文化中总有"三"的思维。

中华文明是典型的农耕文明，所在的地域特征是东南为大海，西北为高山，环绕出九百多万平方公里，国人在此休养生息，代代繁衍。农耕文明的思维是天地人合而为一，所以中国人特别强调天人合一、道法自然。中国文明跟海洋文明不同，海洋文明的代表是老人与海，你不战胜自然，自然就会吞噬你，两者必取其一，必须要有一个胜者。而农耕文明从天地人的理念出发，总能有第"三"种选择，《中庸》里就说道"执其两端用其中"，强调的是"中"是"和"。"道形器"就是依据第三种选择，用"形"把中国文化从精神层面到器物层面融在一起的文化理论。

二、为何有"形"

形而上是"道"，道在中国文化中是非常抽象的概念，我们在《道德》篇有过专论，从"道路"到"方式"，从"规矩"到"规律"，其实"道"的意义还有理论、思想体系等，也就是我们常说的

"形而上学"。比如道家，道家的代表人物老子提出了道法自然、无为、以退为进、阴阳平衡等一套思想理论。

抽象的概念不好讲，就需要感性的认识，把古人的智慧转化运用到现在的生活。中国文化中给了我们一个"形"，比如说"为人民服务"，这句话是一个理论的概念，听得懂，不会做，那举例说明"向雷锋同志学习"就很形象可感，就有了榜样的力量。

佛教也是如此，用佛像表达抽象的佛理。"形"是来解抽象的"理"的。所以要想了解道，就得先去了解"形"。形之上者叫作"道"，在所有的行为之上有道德，有理论，有原则，有规律，只有了解这个道理，才能懂得行为。行为也是看得见的"形"。

形之下还有"器"，第一，器物本身就是连带"形态"一起呈现的。第二，很多行为形态稍纵即逝，是要靠"器物"固化下来的。比如雕塑的"造型"，这里面提出来三个层面：道、形、器。在"道"与"器"之间还有一个很重要的"形"，如果不重视这个"形"，这句话完全可以说"器而上者谓之道，道而下者谓之器"，而由于"形"的存在，就使三者成为一个有机的整体，比如中国文化中的"礼"。

道——理

形——礼

器——物

我们平常讲的"礼"是一种形式，一种礼仪，"礼"之上有"理"，"礼者，理也"。礼是一种精神的表现形式，如教师登台讲座，对观众一鞠躬，听众就报以掌声，这种"鞠躬—鼓掌"就是一种"形"动态的形式，但是它蕴含的道理就是"礼尚往来"思想的具体体现。这个思想就是"道"，"鞠躬—鼓掌"就是一个过程，看得见，但是留不住，怎么留得住呢？用录像录下来？用文字记载下来？用图画下来？这些载体就是"物"的层面，我们常说的"礼物"都是如此。再说一个问题，比如朋友聚会，喝酒的时候，碰杯要比对方酒杯低一些，这个行为表达的意思就是"礼者，自卑以尊人"的思想。我要谦和一些，我人不能比你低，但是酒杯可以低，然后还有先干为敬之类。聚会喝酒时，碰了杯，酒喝完了，这个过程是结束了。但是保存不住，它是个过程，是个流程，是一番操作下来的行为，怎么才能留下来呢？

三、"器"的作用

形而下者还有器，就像礼一样，一旦物化了，也就有了礼物和器物。中国有很多礼器，如鼎、钟、爵等，它是把一种仪式器物化，叫"藏礼于器"。礼是可以物化的，一旦固定化，就叫作礼物。一种事物但凡以礼的形式出现，它的背后就有一套语言，孔子就曾感慨："礼云礼云，玉帛云乎哉？乐云乐云，钟鼓云乎哉？"意思是"礼啊礼啊，就是指玉、帛吗？乐啊乐啊，就是指钟、鼓吗？"孔子的言外之意是说：礼不单单是玉、帛、鼓、钟等物品，物品之上还有精神，送礼、收礼在物品之外还有一种语言含义。在器物之上还有一套看不到摸不着的思想层面的价值观、人生取向等。

四、非遗为"形"

形既是流程，又是形式，还是一种能体现道、体现器的方式。这个古老的论断破解了全世界在研究文化传承领域里的困惑，我们有时说今人不如古人，因为我们技术手段太多，使得我们对社会人生的思考不如古人从容清晰完整。如文化传承，从古到今的文化传承我们一般分为两种：一种是精神文明，另一种是物质文明。精神文明就是形而上，物质文明就是形而下。但是我们发现有一种现象既不属于形而上，也不属于形而下，比如中国古代的口技：一个不衫不履的文人，一个小桌，一个小凳，一把扇子，前边一道屏风围起来，一个小尺啪一拍，静下来了，过一会儿，小孩咿咿呀呀说着呓语，然后就能听到母亲哼着眠歌拍孩子睡觉，过一会儿又静下来了，然后窸窸窣窣的小老鼠上灯台，偷油吃下不来，然后把油灯拨倒了，拨倒之后点着火，接着有人喊"着火了"，孩子也哭，四邻也喊，水车也响，人声鼎沸，一下达到高潮的时候，突然之间停下来，屏风一撤，一看：一人、一桌、一凳、一扇、一尺而已。大家认为这个口技算精神文明，还是物质文明？我们今人觉得难以归属，就把这类东西概括为"非物质文化遗产"。它不是物质的，也说不上是精神的，它是什么？说不清楚，非物质的。其实中国人早就说明白了，这就是"形"，而且是"行"，它是个过程，它是能看得见的，是流动的，它是"变动不居"的。这种形式的过程都属于形的层面。

五、琴棋书画

形有的时候近于道的层面，有的时候近于器的层面，但它是一个独立的存在，我们所说的文学艺术演出基本都属于形的层面。比如说"琴棋书画"，"琴棋书画"的产品都是"器"，从"琴棋书画"体现出来的审美标准都是"道"，而"琴棋书画"所有的操作过程就是"形"。不仅仅是精神文明、物质文明，也不能说在这里就多一个非物质文化遗产，用两个肯定的，一个否定的判断方式，本来这种范畴就不是很清晰，但是中国的传统文化就用一套语言概括得非常完整。所有的中国文化中展示的产品类的东西、物质类的东西都属于"器"的层面，长城、亭台楼榭、出土文物、文博考古，我们所有留下的老玩意儿都是"器"的层面。儒、道、释、法、墨等所有思想体系都是"道"的层面。而在这形而上、形而下之间，历史的、制度的层面，搭建的平台都是"形"的层面。

六、艺术流程

书法操作的过程就得通过个人的技术才能体现。京剧演唱的唱腔必须有"形"来体现。梅兰芳那么有名气，但是我们只看梅兰芳演的剧本文字，就感受不到梅兰芳的魅力，美在哪里呢？如果就用文字介绍，根本就感受不到，只有在现场，亲临其境，才能产生艺术的感动和共鸣。不是物质的，也不是精神的，这是形式的。所以中国文化的精彩也在于此，不是分为两层，而是分为三层。有形而上的一层，有形而下的一层，还有形的一层。我们所说的非物质文化遗产，非物质文化遗产的传承人，他的技术为什么是最好的？就是因为他在形的层面做得最好。形是个形式，是个流程，是可以看得到，可以听得见，可以感受出来的，但是既不能用理论把它完全概括出来，又不能用物品把它全部承载，一旦承载，就是器。声音能不能承载？能，有录音带，但是录音带就是器，但器只是一个原始的保存，你让它变化一下，你说我听这录音太好了，你给我再来一首，来不了，它不是活生生的，它是附着在产品之上的，所以一定记住"形"。

七、"三国演义"

按照这个角度来分析，中国文化就可以分析出三块：顶层的叫"国学"，属于"道"的层面。"形"的层面叫"国艺"，不仅有艺，还有术，中华医术，中国功夫，它是一套动作。中医治疗的技术叫作"国术"，中国武术也叫"国术"，"国艺""国术"都属于"形"的层面。下边的层面就是"国器"，国器指所有的器物的层面，比如说，四大名楼、四大书院、皇宫、故宫这些留存下来的实物。青铜器、青花瓷等，荷兰模仿中国的青花瓷烧制出一种兰花瓷，兰花瓷很像农村灶台边上的瓷砖，和青花瓷根本不能同日而语。青花瓷是有文化背景的，瓷器烧成之后选出得意的作品交给皇上，皇上把玩之后说："雨过天晴云破出，那般颜色作将来。"得把"雨过天晴云破出"的样子给我弄出来，所以根据皇帝的要求做出来的青花瓷是有一套理论支撑的。器物层面门道非常多。像王刚的鉴宝、马未都说收藏都属于讲器物层面。

按照中国文化，从精神、物质、制度几个层面分析，可以把它分析成"三国"——"国学""国艺（国术）""国器"，按照这样的分类标准，再去看中国文化的遗存，几乎就把所有的事物囊括进来了。比如说《舌尖上的中国》，传承的精神是"道"，烹饪的过程是"形"，做出来的吃的是物，而这个"形"就是绝对的非物质文化遗产，这个技术的拥有者失去了，事物就毁灭了，它不是物质的，而是一套流程、一套技艺，是一种操作的行为。

八、春节解读

中国文化，很多传统都是三项具备，比如说"春节"，精神层面的意义是"团圆"，流程方面是回家、拜年，物质层面有红包、饺子。春节抢红包也是这样的道理，是一种礼物。每逢春节都要回家，年年岁岁如此，祖祖辈辈如此，而且不管是南方北方，港澳台还是大陆，这种古今相传，四海一统，就叫传统。

九、文化应用

今天的文化产业，如果能在器物层面上增加"道"层面的思想，是提升商品品位的很好手段。有一次笔者在深圳讲课，有一个年轻人创业，做了一个叫点读笔的产品，小伙子本身是工科的学生，思维也都是工科学生的思维，产品做出来不错，但宣传很不到位，就请笔者设计宣传广告，把它的原有宣传单拿来一看，都是技术指标：有多少先进机器、有多少高学历人才等，这些是客户关心的问题吗？谁买笔还问生产厂家有多少台机器？笔者又问他公司叫什么名字？他说叫天道酬勤，听着还挺有传统文化的意味，笔者说你这公司名很好，就把公司名称利用好，把产品的目标趋向命名好，再做一个口号就可以。他说，老师，道理我懂，但能不能直接帮我写两句宣传词，笔者就给他想了一个："天道酬勤点读笔，妙笔生花状元郎。"公司、产品都有，点读笔就是给孩子学习用来提升成绩的，潜在期望也有，这就是在原有的简单物品上，加上了文化。就从器物层面上赋予了道的精神，所有的文化产品莫不如此。

三个月后，小伙子给笔者打电话，批发商订货量大有增长，因为大家能看懂，觉得这个挺感性的，好宣传。如果"道形器"用好，就有了很重要的现实意义。

十、"互联网+"

（一）网络文化与"形"的关系

互联网时代的今天，尤其是对网络文化的研究绝不能忽略"形"这个层面。"道形器"哲学的层次结构很类似"意识形态—上层建筑—经济基础"的层次结构。

（二）道形器的空间逻辑关系

周易的道形器哲学在某一时态呈现出纵向的空间逻辑关系。《淮南子》中有"往古来今谓之宙，四方上下谓之宇"。"宇宙"一词本意即为空间和时间，文明和文化与空间和时间有关。网络空间之所以成为陆、海、空、天之后的第五大空间，是因为网络技术的发展速度迅猛，网络技术带给人们在各个领域的变化甚大。在不同的网络技术背景下，呈现出不同的文化文明现象，网络文化安全的研究不可忽略这个横向时间轴的作用。也就是说，"化"这个随着时间而变的过程在互联网社会中显得尤为重要。"化而裁之谓之变。"在信息时代之前，文明不会随着时间的变化而发生如此突飞猛进的变化，人们只注意到文明的静态特征，而忽略了文化的"化"的动态特征。而在互联网时代，这个"化"的动态特征却变得尤为重要。科学技术就是生产力，生产力决定生产关系。随着网络技术的发展变化，人们不得不迅速采取行动来适应它，这个过程即第四句话"推而行之谓之通"。这里，"行"就是人们采取的行动，动态的过程。这一动态过程之后形成的各种现象就是"形"。亦即"形"为静，"行"为动。对于网络文化的研究，绝不能忽略了"形/行"这个层面。《周易》中的第五句话"举而措之天下之民谓之事业"，随着前四句的学术研究，将研究成果运用到整个网络社会中，为天下百姓服务，即为事业。可见，回归到中国话语体系，网络文化安全的研究框架才能全面，而且一目了然。

还有一个特别要关注的就是媒体传播。传播本身就属于"化"的过程，"行"动的过程。传播性是网络空间的主要特性，它使得传统式媒体传播快速向新媒体转变。现在对于媒体传播概念已经出现了自媒体、新媒体、融媒体、全媒体等新概念。可想而知，数字化的出现与发展给传播领域带来了巨大的变革。

研究这些多方向的"形/行"引起的变化，其最终目的是"举而措之天下之民"，亦即完成学术研究的最终目的，为国家提供研究成果，成为治理网络的理论依据。各种法律法规的制定与完善即属于此方面的范畴。法律的背后应该体现出道德之核心，亦即文化的核心。法律本身不是目的，目的是引导公民的德行和文化素质的提升。每个公民都能够在网络空间上有自律行为，有一个道德标准，才能真正营造出清朗的网络空间。所以，"道"之层面的领袖文化引领是这个领域的航标。

（三）心态层面

很多学者对文化的框架进行了研究。一种比较典型的例子是将文化分为物态文化、制度文化、行为文化和心态文化（社会意识）。对应于道形器哲学体系，物态文化属于器的层面，制度文化和行为文化属于形/行的层面，心态文化属于道的层面。我们将这三个层面分别称为物态层面、形态层面、心态层面。其中，形态层面包括"形"的静态和"行"的动态。

心态层面就是"道"的引领对人产生的心态变化，这个层面要以习总书记的领袖文化引领为方向，包括三大组成部分：中华优秀传统文化、中国革命红色文化、社会主义先进文化。这三大组成部分可以用"丹顶鹤"很形象地表达："唯有丹鹤真国色，负阴抱阳一点红。"五千年的中华优秀传统文化是沉淀在历史中黑色的"阴"，蓬蓬勃勃的社会主义先进文化是面向未来的白色的"阳"，而中国革命红色文化就是脑门儿上一点鲜艳的亮红。这种分类归纳才是回归到中国式的东方哲学体系中，无论在哪一个时间段研究它，都要有"道形器"整体的思维，从而更好地进行中国网络文化安全的研究与治理，这是符合因地制宜的科学态度的。儒家文化道形器哲学是对当下互联网文化研究的理论支撑。

我们所处的社会都是由"道形器"构成的，做事离不开"道形器"。中西文化比较，东方文化重"道"，强调以道论心；西方管理重"形"，强调以"法"治身，企业制度基本上是针对人的行为，制度明确，约束的就是"形"。社会科学与自然科学比较，社会科学重视以道治人，自然科学重视以术治器。"道、法、术"，配合"道形器"，可以有很好的对应，明白这些，我们在社会生活中，根据自己的社会分工、职责、角色，大体有个侧重：领导者明其道，管理者强其法，执行者精其术，老子对"形而上者谓之道，形而下者谓之器"有更为具体落地的深刻思想，可以与这两句话互为佐证，交相辉映，老子说："道生之，德畜之，物形之，势成之"，老子认为，做事要符合规律，按规律办事，可以生成林林总总的事物，"道生一，一生二，二生三，三生万物"。

做事都符合道，为什么有的能成，有的不成？这就要看"德"，"德者得也"，在专业方面，你是否积累得比别人深厚，条件、人脉、资源都是成败的因素，然而仅仅积累丰厚还不够，还必须将要做的事情项目化、产品化、物化，就叫"物形之"，所有的条件都具备之后，老子又提出一个"势"的概念，做事业、做项目不成"势"，就做不出规模，成不了大事，孟子也说，"虽有镃基，不如待时"，"虽有智慧，不如乘势"。只有将"道形器"理论形成一股势，才能更好地推行开。

身心行

儒家文化《大学》强调"修身齐家治国平天下"，《论语》中孔子说："其身正，不令而行；其身不正，虽令不从。"《孟子》中有："天下之本在国，国之本在家，家之本在身。"《中庸》则强调："反诸身不诚，不顺乎亲矣。"道家经典《道德经》中也有相似的表述："修之于身，其德乃真；修之于家，其德乃馀；修之于乡，其德乃长；修之于邦，其德乃丰；修之于天下，其德乃普。"修身在传统文化中非常重要，是修养的切入点、下手处。"自天子以至于庶人。壹是皆以修身为本。"依据《大学》的理论，可以将儒家文化的修身概念和三纲八目梳理出一个心←身→行的"路线图"：

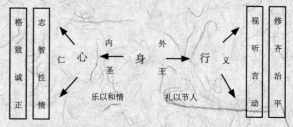

为什么文化修养从"身"切入？身是关乎内外的枢纽。

身是个轴，连接里外。就像门，推门进来就是人的内心世界，走出门去就是人的言行举止，所以中国人强调内外双修，"内化于心，外化于形"，内修外用，才能达到理想的人生境界——"内圣外王"。

在社会生活中，我们每个人都是一个独立的客体存在。所以儒家文化特别强调"修身"。人在社会上做得如何，就看修身修得到不到位。《大学》里的八条目是这样次第展开的："古之欲明明德于天下者，先治其国；欲治其国者，先齐其家；欲齐其家者，先修其身；欲修其身者，先正其心；欲正其心者，先诚其意；欲诚其意者，先致其知；致知在格物。"一般称为八条目，即格物、致知、诚意、正心、修身、齐家、治国、平天下。修身就在中间。然后又说不论是天子，还是庶人，都要以修身为本。修身是根，谁修身修得好，谁就能把人做好。

那修身如何修呢？对内，叫修心；对外，叫修行。

一、修心

《大学》中的修心就是"正心"，是一个人要建立起健康的人生观、世界观、社会价值观。三观正，心就正。

说到修心，就不得不提解读儒家文化最形象的文学名著《西游记》。如来佛祖把孙悟空压在五行山下，一压五百年，五百年间，孙悟空脑袋能露出来，身体不能动，没有吃喝，干啥呢？表面上看，是个大山压着妖猴，其实那就是孟子说的："故天将降大任于是人也，必先苦其心志，劳其筋骨，饿其体肤，空乏其身，行拂乱其所为。所以动心忍性，曾益其所不能。"就是磨炼，"自古英雄多磨难"。

五百年之后，观音菩萨奉佛祖之命，到东土大唐寻找取经人，路过五行山，想起五百年前降服妖猴的那段经历，就在山顶对木叉发感慨说："时光过得可真快，一转眼五百年都过去了，不知道山下那妖猴怎么样啦。"孙悟空一听，我了个去！可有个知道我身世的主来了。于是就喊："谁在山上揭俺老孙的短呢？"菩萨就下山了。一看，五百年了，孙悟空非常狼狈，耳根子都长大树了，就动了恻隐之心。但菩萨就像一位严厉的领导，心都软了，脸还绷着，说："你这妖猴，镇压你五百年了，你改造得如何？反省得怎样？"悟空说："菩萨，我知悔了。"我知道自己错了，不要小看这一句检讨，孙悟空原来是个妖猴，从来就有话不好好说，甚至也不好好听你说话，如今老老实实说了一句："我知悔了"，就是浪子回头金不换啊，一下就感动了作者，于是就此成诗一首："人心生一念，万物尽皆知，善恶若无报，乾坤必有私。"这一句也把菩萨感动了，说："好，你既知悔，我一定寻个取经人救你。"于是悟空才得到了"救赎"。

此前的孙悟空是个反叛者；此后的孙悟空就加入了建设者的队伍；此前要砸烂一切旧世界，此后要不断开拓新生活。这心态一变，整个人生命运都改变了，这不就是典型的"心态决定命运"吗？

《西游记》里，唐僧、悟空、八戒、沙僧和白龙马就是儒家文化修养的身心意性情的体现。唐僧是身，是心意性情的宿主。孙悟空是唐僧的心，心是心思，心思看不见，摸不着，用什么来体现？猴子最形象，猴子的脸就是汉字"心"的原形。用形象来表达就是心的形态。心的形态也叫心态，心态一变，前后命运都变了。《西游记》分三段：大闹天宫是一段，五行山下被压五百年是一段，西天取经路又是一段。这三段说的是什么？大闹天宫叫闹心；压在五行山下，叫定心；而走上西天的路就是修心。那是最经典的"路漫漫其修远兮，吾将上下而求索"。所以《西游记》是从闹心到定心再到修心的心路历程。没有"童心"不行，"多心"不行，有了"二心"更不行。唐僧是怎样收服心性的呢？最初唐僧就说过："心生，种种魔生；心灭，种种魔灭。"一直以来我们都认为《西游记》是神魔小说，但当我们理解了这部小说，才发现它不是鲁迅先生理解的描写神仙、神佛和妖魔鬼怪的小说，而是心念的善恶而已。这个判断依据就是唐僧刚才的这番话。即心念一恶就是魔，心念一善就是佛。所谓神与魔，就是作为一个领导者心念的善与恶。唐僧在西天取经的路上，首先做的就是控制住心。作者赋予笔墨最多的是在第十四回"心猿归正，六贼无踪"，唐僧收服他的大弟子孙悟空（心猿），详细地记录了唐僧收孙悟空的过程，也就是收心的过程。唐僧在取经的路上，当他来到五行山下，听见有人喊他："师父救我。"唐僧见到孙悟空被压在大山底下，如何救呢？孙悟空说了一句话："不用斧凿，你但肯救我，我自出来也。"果真唐僧心思一到，很轻松地就揭下了咒语，收了孙悟空。

收孙悟空的过程实际上是收心的过程。唐僧取经路上所经历的矛盾、冲突，一方面是妖魔鬼怪，路途险阻；更重要的一个方面就是他和弟子之间的矛盾。他和弟子之间的矛盾是由心而来，前面说"心生，种种魔生；心灭，种种魔灭"，实际上是心魔之间的矛盾，是自己的心性之间的矛盾。孙悟空并不是很老实很听话的下属，在很多问题上，一旦顺心，事情很容易成功；一旦不顺心（所谓不顺心，就是和孙悟空的意见相左），往往就会出现状况。顺心是顺着孙悟空的意念，正所谓"身是心之体，心乃身之用"。收心和制服心性的过程。首先出现的是在第十四回，"心猿归正，六贼无踪"。孙悟空和唐僧之间因六个强徒该不该剿灭的问题发生了争执，这六个强徒是很有象征意义的六贼，这六贼的名字很有意思，实际上这六贼是佛教里面强调的六根：眼耳鼻舌身意，不过是把意和身做了颠倒，叫"意见欲，身本忧"。要把眼耳鼻舌身意这六根控制好，眼耳鼻舌身意是因色声香味触法，而生喜怒爱思欲忧。这些喜怒爱思欲忧皆从人心而出，又是欺心，如果任凭它欺心，就是六贼猖狂，如果能够把它限制住，即"道心用事，六贼自灭"。唐僧要想取得成功，首先就要把六贼铲掉，作者把六贼幻化成了人形。孙悟空作为唐僧的心猿，在铲掉六贼的时候，和唐僧是有一番争执的，这实际上是唐僧自己身心之间的冲突，他心存矛盾，是不顺心的。孙悟空就说：要是任六贼猖狂，你怎么能上西天取经啊？这个时候，唐僧和他的心还有一个争执，这是唐僧对孙悟空的一次教训，说了这些感觉还不够，又来说孙悟空。这段是唐僧和他弟子之间的矛盾冲突，他这么一激，孙悟空不干了，去西天取经是佛祖安排下来的任务，于是菩萨就现身了。菩萨化作一位老妇人，给了唐僧一顶帽子，就是紧箍咒，紧箍咒其实就是"定心真言"。唐三藏念的紧箍咒的内容，笔者想《西游记》所有的读者都在关注，因为是艺术作品，特别是作为语言性的艺术作品，对它意义的解读是有无限可能的，没法儿做历史的考据，也不可能从学术角度上做一个认定，笔者只是在做一个猜想。笔者判断紧箍咒的内容有两个：

第一，这个紧箍咒有可能是"唵嘛呢叭咪吽"。为什么？因为这是当初如来佛镇压心猿，贴在五行山上的一个偈语，目的就是镇服心猿。揭取之后，可能菩萨又转告了唐僧，唐僧遇到问题，一念"唵嘛呢叭咪吽"，对孙悟空就有了收心的作用。

第二，可能是《心经》后边的那一句咒语：《心经》是乌巢禅师送给唐三藏，为了让他在西天取经的路上定心而传授的一本经。《心经》很短，只有270个字。但是这270个字要是作为咒来念也过长了。而《心经》后边的这段咒语恰恰是可以在短期内反复去祷念的。咒和经之间又有什么关系呢？大家知道，《心经》就是总括般若智慧收心的经文，咒是总摄经义，它是经义的最好提炼。咒和经的差别在哪里？经通过理解产生作用，而咒语有着一种不可思议的神秘力量。一方面它总摄经义；另一方面它又有不可思议的神秘力量，所以作为《心经》后边的这段咒语，用来约束孙悟空是最好的。因而笔者猜唐僧所念的紧箍咒就是"揭谛揭谛波罗揭谛波罗僧揭谛，菩提娑婆诃"。

《心经》在《西游记》里是乌巢禅师传授给唐僧的，乌巢是什么？在对《西游记》进行学术研究的一些学者的观念中，大家都认定乌巢就是乌窝，乌窝实际上就是心窝。你懂得这一点，你就懂得北京奥运会"鸟巢"的意义了，那就是人类共有的"心灵家园"。所以那届奥运的主题歌就叫《我和你》。

在鸟窝里的那个禅师实际上就是在心窝中的那个禅师。从心窝里出来的禅师，告诉唐僧怎样定心，祷念的应该就是这个紧箍咒。

当然这只是一个猜想。唐僧在去西天取经的路上，首先把悟空用紧箍咒控制住。这是唐僧制服猴性的过程，但是也暗含着收心的过程。要是从唐僧作为西天取经路上的领导人来讲，是他收服了心性。用管理的眼光看，唐僧把孙悟空收服了，其他的事情由孙悟空来做。他牢牢地抓住了领导的核心因素，这是唐僧的高明所在。《大学》中有这样一段话："身有所忿懥，则不得其正；有所恐惧，则不得其正；有所好乐，则不得其正；有所忧患，则不得其正。"这里的"身"朱熹解释为"心"，其实是身心一体。而忿懥恐惧、好乐忧患都是心性心情。

唐僧制服了悟空，收住了心性，这是定心。"知止而后能定"，因为明确了目标，才能够定心、定向，坚定自己的意志。作为一个领导者，这是唐僧采取的最重要的举措，也是他的核心领导力之所在。控制住心，其他的事由心来控制，这样所有的事大家帮，成功才有希望。

　　诸葛亮在《诫子书》中写道："夫君子之行，静以修身，俭以养德。"在取经路上，唐僧把这个思想体现得最好，一路上也遇到一些弟子们做不了的事情，比如说坐禅。在第四十六回车迟国斗法——"外道弄强欺正法，心猿显圣灭诸邪"中，有比试的项目叫"云梯显圣"。什么意思？一百张桌子摞起来，不用人扶，要坐到顶上，能稳稳地坐住，比试谁坐得时间长。在这之前的打赌过程中，孙悟空都取胜了，做得都比对方好。但是到这个时候，孙悟空有些犹豫，当时是这样的情景，对方说：那和尚，我国师要与你赌"云梯显圣"坐禅，那个会吗？行者闻言，沉吟不答。为什么不答？因为孙悟空是猴性，坐不稳。但是就在这沉吟不答的时候：三藏忽然开言道："我会坐禅。"行者欢喜道："却好！却好！可坐得多少时？"

　　三藏说出一句话非常惊人：若遇到性命攸关的时候，一坐能坐两三个年头，谁能比得了？这是他的优长。对方一看唐僧在上面坐禅，开始在底下捣鬼。弹上去一个跳蚤咬唐僧，然后唐僧就开始坐不稳了。悟空一看觉得不对劲：飞上去捉掉跳蚤，然后又变了一个毒虫到对方身上咬了一下，结果使对方顺着云梯就摔了下去。

　　这一情节的设计是在说明唐僧在他的本行里，像念经、化斋、坐禅这些都是很有本事的，不过因为在西天取经的路上遇到的都是妖魔鬼怪，都是一些其他的困难，他的这些本事就被淡化了。作为一个领导者，应该在自己的领域内具备相当的能力。唐僧在这方面是很优秀的：他收服了心猿，收服了意马，收服了猪八戒，收服了沙和尚。

　　《西游记》中两次着重写马，第一次是在第四回"官封弼马心何足，名注齐天意未宁"，第二次是在第三十回"邪魔侵正法，意马忆心猿"。在《西游记》中，马是一组意象群的代表。单从马看，文中第一次写到马，是孙悟空官封弼马温，表面上看是为了避马的瘟疫，事实上并不是这个作用。随性的意念很大，导致大闹天宫，天马行空。从深层意义上分析，这一次着力写马，是为白龙马的出现做铺垫，为了展示"心猿意马"。《西游记》中白龙马的代表意义很明确，本是一条小白龙，龙能兴风化雨，可大可小，变化无形。这就和人的思想意念有了对接的特征：思接千载、心游万仞、舒卷风云，人的思想意念也是不容易收住的。白龙马这一形象告诉我们：要想取回真经、获得成功，即使是龙也要盘着、卧着，也要被配上鞍、骑在胯下。只有正心诚意才能驾驭心猿意马。按儒家经典哲学《周易》而言，正是乾龙变化为坤马，"利牝马之贞"。

从文化角度上讲，《西游记》中两次以马为主题，这些都喻指人要控制住心猿意马，锁住天马行空，理性人的身心。所以可以说《西游记》就是一个修身先修心的过程。修心，要修心智、修心意、修心性、修心情，这在《性情》《和谐》篇中还要具体论述。

二、修身

《大学》中说："所谓齐其家在修其身者，人之其所亲爱而辟焉，之其所贱恶而辟焉，之其所畏敬而辟焉，之其所哀矜而辟焉，之其所敖惰而辟焉。故好而知其恶，恶而知其美者，天下鲜矣！故谚有之曰：人莫知其子之恶，莫知其苗之硕。此谓身不修不可以齐其家。"想要齐家，首先得修身，我们要身正，怎么样才能做到身正？身正不是说一个人外在的形式，一看这个身姿挺拔、修直，经过了军训，站得很正。这里面所说的身正主要强调的是思想要正，言语要正，行为要正。思想正，是世界观健康，是心正，正就是不能偏。而

"辟"就是偏，偏辟就是不正，明代黄绾《明道编》卷一记载："无偏辟，则家由之而齐，身修而国由之而治，天下由之而平矣。"亲爱、贱恶、畏敬、哀矜、敖情都是情感、态度，因为这些导致的"偏辟"正是我们修身必修心，修心要从修心情入手的明证。

如果说你有你所爱的人，那么你对你所爱的人和对其他的人就不一样。这里面就有可能出现偏爱，一旦有偏爱，你做的事情、说的话就不见得正了，身正要注意这个因素。

当然这不一定是负面的因素，在《大学》里面主要是提醒你怎样才能做到心正、身正。身不正受哪些因素影响？就是受到自己爱恶的影响。有些人你很喜欢，他可能有些问题，你都不在意；有些人你不喜欢，可能他做得好，你也不会觉得很可贵。能做到公正就是心正的表现，也就是身正的体现。

有的时候在正常的人与人交往过程中，我们可以放松心态，和人的交往、举止也都合乎礼仪。但是有高官在旁边，就会有一点畏惧，这个时候行为、言语可能有一些扭曲，有一些变形，就和平时不一样了。有的人觉得自己和比自己高一点的官员亲近，言语中可能有一些奉承，如果疏远，言语可能就很谨慎。如果这个人比自己高一级半级，做什么事情自己还不是很喜欢，言语之中可能有一些顶撞，或者有一些讽刺。遇到这种情况，其实也没有做正。

有时候因为对什么事、对什么人可怜，也不容易做正，这种情形在现实生活中也不少。百姓中流传着一句话，"可怜之人必有可恨之处"。有的时候你对某些人、某些事情表示出过分怜悯，就不一定正。所以过分哀矜也不对，"哀矜"这个词就是"可怜"，同情心其实是善良的人性。曾子对自己的弟子说过"上失其道，民散久矣，如得其情，则哀矜而勿喜"。就是一种健康深刻的同情心，他告诫做执法官的弟子不要以提升办案率为追求，不要以凑成犯罪要件而给人定案，这不是值得高兴的事，你一定要体察民情，"待入尘寰，与众悲欢，始信丛中另有天"。《大学》为曾子所作，从语言上，看来是有关系的，"哀矜"在《大学》中出现了两次。当然《大学》的"经"这部分，人们说是曾子记孔子之言，而"十传"这部分是曾子的弟子记曾子之言。所以这里面有一些语言是引证曾子的话。曾子曰："十目所视，十手所指，其严乎！富润屋，德润身，心广体胖。故君子必诚其意。"这是在文字中引证进来的，如果这一段文字是曾子所作，我们不可能说我自己写，再说我说的是什么，所以这是弟子们在记录老师的话中把它引进来的。

过于骄傲，过于自满，也肯定不会行端表正。而且不仅是自己有这种敖惰的情绪，因为别人有敖惰的情绪，自己感觉到不满，处理问题那种言语的表现也不见得能够从公允的角度出发。因而，要想做到身正，要想做到修身，一定要注意在我们身边经常出现的这几个方面的问题。

但是人很难做到处处公允，事事公正，《大学》里面也强调"故好而知其恶，恶而知其美者，天下鲜矣"。你喜欢他，还知道他的缺点所在，你讨厌他，还知道他的优点所在，你能用一种公心来对待，那是很不容易的。所以谚语中有这样的话："人莫知其子之恶，莫知其苗之硕。"我们百姓都是这个状态，儿子都是自己的好，我们总不觉得自己的孩子毛病多，谁也看不出自己喜欢的孩子毛病是什么。"莫知其苗之硕"，而对自己的田野中的庄稼，总觉得我这个庄稼长得不如人家的好，其实已经挺好了，但是总是这种心态。当然我们今天的"莫知其苗之硕"，这样的话我们现在不说了，现在把它转化成了我们生活中经常使用的语言，当然也是玩笑的语言，说"孩子总是自己的好，媳妇都是人家的好"，其实也是这个意思。你一定是爱自己的孩子，但也要知道他的缺点所在，即使是你讨厌的事情，也一定要用一种客观的心态去面对那样的事情，你只有做到对事公允，言语行为都能做得很正，你才能够达到身正，你只有达到了身正，才能够齐家。所以此谓身不修不可以齐其家。齐家的关键在于修身，只有当我们把格、致、诚、正这种内在的学习转化为我们外在的言行举止，先做到修身，才有可能齐家。

所以对于一个人在社会生活中的言行举止而言，修身就是本，身怎么修？上面我们强调了言行，其实不光是言行，所有的由内及外的表现都可以视为修身的范畴。比如说容色、辞气、服饰、举止等，都属于修身的范畴。在这里笔者想举在《论语·颜渊》第十二篇中的一段话："颜渊问仁，子曰：'克己复礼为仁，一日克己复礼，天下归仁焉。为仁由己，而由人乎哉。'颜渊曰：'请问其目。'子曰：'非礼勿视，非礼勿听，非礼勿言，非礼勿动。'"把这一段在这里穿插进来，对于我们理解修身可能有所帮助。言行举止，视听言动，语默出处，都是修身。

三、修养

修身修好了，就能看出个人修养，修养不仅仅指你做什么，还包括所显露在外的气质，腹有诗书气自华。为什么很多领导往那里一坐不怒自威？古代那些大将军八面威风靠的是什么？是它从里往外透射出的气场。有的小男孩，一个人在家时一脸冷酷的状态，你可千万注意要好好培养，这小子前途不可限量。因为中国古代的相人术强调"少年公卿半青面"。少年人要想位至公卿，脸上得有一种肃杀之气，就是我们现在说的"酷"。年轻的时候这样，到老了就不一样了，成年人谦卑涵容是贵相。跟人接触很谦和，自卑以尊人。但是有度，不是谦和得让人觉得这人下贱，那不行。好多领导都是这样，说话不仅在于你说什么，还包括你说话的时候语速的快慢、声调的高低，所以你看，一个坐姿、一个脸色、一个眼神、一种声音……都能体现出一个人的修为。说话的内容那就更不用说了，表现的修为是更准确的。所以中国人说要想看一个人外在的修为，得看视、听、言、动这四个方面。这实质上把问题推向了很高难的程度，不符合礼，那我就不看，不符合礼，那我就不听，不符合礼，那我就不说，不符合礼，那我就不做。

如果你想修身的话，可以从这几个角度去着手，想一想，我们在观察社会，在和人交往的时候，是不是很不礼貌地直视着人家，是不是那些不该看的事情都去看了，不该听的都听了，不该讲的乱讲了，不该动的轻易动了。如果总是处在一种对自己没有约束的行为过程中，就没法儿做到修身，如果真是把自己处在小人的层面，或者都是一些社会中负面的生活圈子里，你怎么能够做到修身呢？你所处的环境就不够为修身提供条件。所以你看什么、听什么、说什么、做什么都能表现出一个人的修养来。

看一个人有没有修养，还可以观察他看不看书。中国文化强调诗书传家、书香门第。要想修身，一定得读经典。古人说"遗子黄金宝，何如教一经"。家里真有经典，进去就有文化氛围。曾国藩当年骂不读书的人说"三代不读书，一家都是猪"。但是只读书也不行，得看读什么书。书架上是有很多书，拿起来一看，《女明星秘史》……此类的书读上一火车，也就这品位了。但是如果桌子上放一本《资治通鉴》呢？放一本张岱年先生的《中国哲学大纲》呢？放一本马克思的《资本论》呢？一看这人学问得多深，修养得多好。看什么就代表修为，所以不但是你做什么事，还要看你读什么书。

四、修行

修身不只要修心，还应该是从诸多行为去做，就是要做到内化于心，外化于行。用佛教《心经》里面的话讲就是，"眼、耳、鼻、舌、身、意""色、声、香、味、触、法"。每个环节都考虑到才行，其实都考虑到，进入社会生活中，也未必都能做得很适度。在儒家经典《论语·乡党》篇中用了大量的笔墨记述孔子的行为，是孔子和其他人在接触的时候表现出来的一种态度。我们可以试举几例，从这里我们可以去分析这位古圣先贤是怎样修身的。

"孔子于乡党，恂恂如也，似不能言者。"开篇就讲孔子在自己居住的地方和左邻右舍相处的时候，非常谦和，表现得很木讷，总是带着一种和蔼的态度细心去听，好像不会说话似的。孔子是不能言的人吗？孔子教学都是德行、言语、政事、文学。强调言之不文，而行之不远，可见孔子是相当健谈的。但是在乡里乡亲街坊邻居面前却表现得不能说。但"其在宗庙朝廷，便便言，唯谨尔"。等到了自己的单位，在宗庙朝廷议论朝政，有什么意见必须得说出来时，孔子说话又是一种很爽快的样子，一定要明辨是非。但是尽管说"便便言"，还要"唯谨尔"，因为是在宗庙，是在朝廷，讨论的都是一些大事，所以既表现得很谨慎，对其他的同伴很恭敬，但是又必须把自己的思想、主张表达出来，这就和在乡党不一样。

"朝，与下大夫言，侃侃如也。"和下大夫说起话来很畅快，侃侃而谈。"与上大夫言，訚訚如也。"在孔子所处的那个时代，等级制度是很森严的，天子、诸侯、公卿、大夫，大夫里面还有上大夫、下大夫，地位不一样，孔子和他们谈话的时候也不一样。"入公门，鞠躬如也。"走路的时候怎么走？"立不中门，行不履阈。"不在门的中间站着，进门的时候不能踩门槛，细节上都非常注意。

当然还有怎么和人打招呼，怎么去行礼，怎么去说话，总而言之，把孔子在生活中在不同的场合应该怎样把自己的修养体现出来，什么样的身份，什么样的容色，什么样的情态去面对他所处的那个环境，这里面都有细节的区分。在不同的环境中都是不一样的。我们从这些细节出发，才能够不断地让自己行为举止经过一点一点的、有意识的改变，使得自己的行为越来越规范，越来越合乎礼仪，这就是修身的过程。把这些过程做到什么程度？要做到表里如一，发乎于内心的愿望，还要符合社会的规范，发乎情，民之性也；而止乎礼，是文明之始也。也正是因为有了礼仪，有了这种文明，才使得我们的人情有别于其他生物的情感，有别于动物的性情，实质上这也是人的文化根本意义之所在，修身恰恰是这种文明和文化的具体表现。

我们所有的内在的修为都已经准备成熟之后，这个时候就可以充满信心，推开门走向社会了。你的知识、你的水平、你的能力、你所有的学养……其实都是靠着你的言行体现出来的。因而实质上你内在的东西要靠你外在的形象来体现，因而修行是一个人进入社会生活中特别关键的要素。（《修齐治平》篇还有论述）

兽人神

西方哲学里追问人是从哪里来？要往哪里去？儒家文化很少有这种直接的追问，但通过文学作品立象达意，也在探求人类的发展历程。笔者在讲座中多次提过，儒家文化，五经读不懂，那读四书，四书读不懂，就读四大名著，在《身心行》篇里，我说四大名著中的《西游记》就是对儒家文化"心学"理论的形象化解读，这一篇里，笔者说《西游记》就是对人类发展的昨天、今天、明天的思考。

"道形器"是纵向分析的三个层面。

"身心行"是横向分析的内与外。

"兽人神"则是形象解读人的发展。

人类进化，人生修养的过去、现在、未来。

笔者讲儒家文化，或者说本书的理论所在，

无非这九个字，做事离不开"道形器"，这是世界观；做人无非是"身心行"，这是方法论；人生就好比"兽人神"，这是辩证法，也是进化史。

一、人的过去

《西游记》是把人放在一个发展的、动态的过程中去思考，孙悟空昨天是"天产石猴"，达尔文说人是猴变的，其实《西游记》比他说得早。《西游记》不仅仅说人类进化是猴子变的，其实小孩子也就是小猴子，你不能用大人的标准去约束他。小孩子什么时候成人呢？男孩到十八岁成人，成人了要举行成人礼，在中国古代，成人礼又叫冠礼，是六礼之首，就是给孩子戴个帽子。读过《西游记》就会恍然大悟，帽子是什么？就是紧箍咒，"成人不自在，自在不成人"。从此你的行为就要受到制度、法律、文化、习俗的约束，不能再任意妄为。什么时候这种约束就没了呢？孙悟空到了西天，一摸头上，紧箍咒没了，约束也就没了，那就是孔子说的"从心所欲不逾矩"。你就从必然王国走上了自由王国。所以说《西游记》是什么呀？是一个问题少年的成长史。而猴子是动物，就是兽。

这里要说一下人和兽的区别。人和兽的区别在哪里？人有一种理性力量能控制自己，有一种比本能更高尚的精神，把人和兽区别开来，那就是"礼"。今天的科学研究让我们深入了解到"动物世界"，动物的群体性、社会性，以及分工合作、使用工具、对死亡的认知，等等。可以说，在这个星球上，所有生命都走在进化的路上，不过是有快慢之分，方向之别而已。生命从海洋来到陆地，最初是艰难地爬行，但是，渴望天空的飞成了雄鹰；向往奔跑的跑出了骏马、猎豹；上了岸又留恋水中的变成了青蛙、蛇；当然，也有已经上岸生活一段时间，又折回深海中再也不回头的。

人与其他动物在自然状态下最大的区别是人掌握了用火，举起那燃烧的树枝，凝固成永恒的火炬。会用火，依水而居，因采摘而种植，因狩猎而养殖，人类就成了其他动物的主宰，逐渐进化，发展出文明……在儒家文化中，认定人与动物的区别就是文化，就是"礼"，"相鼠有皮，人而无仪，人而无仪，不死何为？"

"礼"，简而言之就是文化。我们说中华民族是礼仪之邦，这相当于说中华民族是一个有文化的国度。中国文化是"礼仪三百，威仪三千"，也就是孔子所说的"兴于诗，立于礼""不学礼，无以立"。有这个礼，就和动物有区别；没有"礼"，就和动物没什么区别了。

《诗经》第一篇："关关雎鸠，在河之洲，窈窕淑女，君子好逑，求之不得，辗转反侧……"不管怎样折腾，君子的追求都得用"礼"的方式，要用"琴瑟友之"，用"钟鼓乐之"，要用礼乐的方式，用文化的方式取得。所以后人说这首诗是"发乎情，止乎礼"。电视剧《闯关东》里，那个慈祥的母亲管他的二儿子传武叫"活兽"，跟二儿媳秀说："活兽又回来了。"之所以骂传武活兽，是因为传武在和秀儿结婚时撇下了秀儿，逃跑了。传武的这种做法破坏了"婚礼"，破坏了"礼"，哪怕是至亲的人也不能容忍，人无礼不立。当然"礼"是很复杂的概念，其中有很多细节，"礼仪三百，威仪三千"，这是"礼"的总纲，即礼仪准则有三百条，细目即行为准则有三千条。但是，因为我们的文化是"道不远人"，"道"就在心中，就在生活中，都是身边的事儿，所以，中国人讨论人生还是从文化入手，由身边的小事着眼。诸多文化中，"孝"是儒家文化关注的重点，是人有，而动物尚未形成系统认知和行为约束的区别之一。关于这个问题，我们在"孝悌"专题中有讨论，"孝"从"老"来，思考了人生延续，形成了"教"化的认识起点，也形成了儒家认定人与动物的区别之所在。

在此基础上，我们再分析一个字，那就是"教育"的"教"字。何谓教？甲骨文写为"𢽾"，可见上面是爻，摆弄树棍计算，下面一个小孩，右边是一个人手里拿个棍子，似在看着孩子写作业。到了汉代，文字变了，要用一种文明的手段让青少年懂得孝心，所以《孝经》里面说："夫孝，德之本也，教之所由生也。"孝才是教育的根。

这是文字学给我们的一个启示，强调了孝在教育中的作用。中国人在传承文化的过程中，不断地思索人和动物的区别在哪儿？动物能行孝吗？深入探究"孝"文化，你会发现能否行孝是人和动物的区别之一，人而无孝，与犬马没什么区别（见《孝悌》篇）。向下使劲，对幼子爱护是所有动物的本能。作为人，只做到这一点，做得再好也和兽没什么区别。但是反过来对上，对父母长辈能够做到尊敬孝顺，这样人生的链条才接上了，用孔子的话说就是："使老者安之。"要让老年人安度晚年，享受天伦之乐。

二、人之为人

上一段我们分析的是人与动物的差异性，其实我们还应关注的是人与动物的共同性，而儒家文化的可贵之处就是对这个问题有了直面回答。《孟子·告子上》中，孟子借告子之口，说"食、色，性也"，食、色是什么？是性，是什么性？是人的动物性，动物大体就这两种特性，一是吃，二是成熟后繁殖，前者是"食"，后者是"色"，人也是动物，所以人也有这两种特性。其实人类所有的物质生活追求都是这两点的延伸，但是，人之所以是人，是因为在动物性之上，还有文化性，还有文明性，还有历史，还有哲学，还有更加迷人的神性的光辉。在这种光辉的关照反省之下，动物性是人性的弱点，是人性与兽性的脐带，是与生俱来的天性、本性，或者叫劣根性，形象一点说，就是人的丑陋性。《西游记》中的八戒就很典型地诠释了这个特性。先天的本性，后天的习性（环境、教育）铸成了大多数人生命运的"惯性"。

能把《西游记》读进去，就能把中国文化中关于"人"的问题了解得更透彻。《西游记》就是借助取经故事，用一种形象来表现这一问题的。《西游记》里的主要角色是孙悟空，孙悟空从石头里面蹦出来，他是个天产石猴。孙悟空诞生后要干什么？外出学习。就是"学做人"：着人衣、学人语。就是学习中国文化的一个核心思想：做人。正所谓："作之不止，乃成君子；作之不变，习与体成。"这是《资治通鉴·卷六·秦纪一》里的一句话，意思是说：人都是"做出来的"，努力、勉强而为，才能"成人"。都会强求自己去做一些事情的，如果这样不停地做下去，便会成为君子；始终不变地这样做，习惯与本性渐渐结合，也就成为自然了。

三、人的未来

《西游记》就是借着石猴孙悟空成佛的故事，对人的昨天和明天进行回顾和展望，希望通过这个回顾和展望能使人做得更好，看得更远。昨天是什么？用《西游记》的话说是猴子，是兽。我们的昨天是兽，明天是什么呢？这个问题很难回答，没有实践就没有发言权，明天是什么样还未可知，需要探索。借用屈原的一句话就是："路漫漫其修远兮，吾将上下而求索。"

人和神有什么区别？当你不知道人和神有什么区别的时候，可以回头看。不知来，视诸往，历史的借鉴价值就在于此。

人类的未来是所有人文社科和自然科学探讨的焦点，无论是浩瀚的宇宙、微观的世界，还是人丰富的心灵，以及门类众多的学科、学说，似乎都有一个共同的指向：未来。如果说《西游记》中孙悟空从一个"天产石猴"到"学做人"，很巧合地与达尔文进化论认知相符，那么，孙悟空最后成为"斗战胜佛"，就与当下很热的一本书

《未来简史》有更深的契合。以色列作家尤瓦尔·赫拉利著的《未来简史》，思考着："从智人到智神"的发展，被誉为"打开人类，认知未来之窗"，恰恰和《西游记》一样，翘首企盼着人类未来的下一个站点。

先不说人类发展的未来，人生有没有来世？有没有下辈子？这些问题，科学说不清楚，哲学不说清楚，哲学只是概括地说："生命是短暂的，精神是永恒的。"宗教说了，但又无法去印证，无论是基督教的天堂、地狱，还是佛教的成佛、成魔，或者道教的成仙、成鬼，都是无法证实、无法证伪的逻辑，有没有来生？谁胆子大去看看？能不能去？能去，但回不来，无法向大家汇报。

但是文学说了，文学的真实不是实际发生的真实，而是可能发生的真实，文学是用这种或然性的真实引发人们的遐想和思考，引导思想有一个方向：未来，或者彼岸，有没有？是什么样？

《西游记》恰恰对人的未来是什么进行了思考。《西游记》就借着一个取经之路表述了人类的未来。如果放下我们百年人生，看整个人类，一千年、一万年、一亿年之后会是什么样？

四、佛不是人

《西游记》里强调人追求的结果就是以后要成佛，佛是有觉悟的人，是一种大自在，是抛离肉身、抛开食色而剩下的精神。在唐僧脱去肉身的部分，作者详细阐发了自己的这一观点。没有肉体就没有肉欲的需求了，这是一种精神的独立存在。佛是无欲无嗔，是大自在的人。从文字学角度分析，佛，从人，弗声，"人"加上表示否定意义的"弗"，老百姓解释说："佛不是人，而是神。"

《西游记》讲神，是用文学的手法表明人类未来的追求，未来会有一个什么样的境界、什么样的收获、什么样的成果。这个境界肯定跟我们今天的不一样。

唐僧带着徒弟，历经千辛万苦，最后到了灵山脚下，眼看着就要上灵山啦，这时前面出现一条河叫"凌云渡"，河的对岸就叫"彼岸"。河上有一座桥，因为年久失修，长满青苔，唐僧不敢过，说桥这么滑，掉下去怎么办？"奈何？奈何？"这是什么桥啊？奈何桥。不敢过桥怎么办啊？就得坐船。一想坐船，河面就出来一条船，结果大家一上船，这个船没底，众人就问摆渡人，说这个船没底，怎么坐啊？摆渡的人其实是"接引佛祖"变成的，说话尽是佛禅的味道，说："我这船虽然没底，但它能渡人。"什么意思？这是现实生活的船吗？这叫法船。为什么把佛教分为大乘佛法、小乘佛法，"乘"是乘什么呀？就是乘船、乘筏子，通过一种方式把你送到人生彼岸。大家上了这个筏子，它就不沉。船刚一开，又出事了，这河水是活水，从上游漂来一具尸体，这可能是有溺水的。但是《西游记》在这儿飞来神笔，匪夷所思啊，孙悟空一看吓一跳，说："师父你看，是你！"唐僧明明在船头上好好地站着，漂来的一具尸体却是唐僧。这句话八戒、沙和尚也注意到了，齐声说："师父，真是你！"摆渡说："圣僧，可喜可贺，是你，是你啊！"连摆渡的都说圣僧可喜可贺，是你是你呀，漂个尸体是唐僧，还可喜可贺。说明什么？说明唐僧把肉身抛掉了。你看到的唐僧其实是一种精神的独立存在，是一种精神形象化的反映。

这种精神的独立存在、形象表达，换言之就是"神"。人身上兽性的东西，是食色。要是把食色的东西逐渐抛掉，大家想一想没有肉身了，用不用吃了？所以猪八戒到了西天自己都说，"师父，取经是成功了，我脾胃怎么虚了呢？"他也不想吃了。再想一想，没有肉身了怕不怕色？我们都是精神层面，爱色就色呗，谁色谁也不会对谁构成伤害，大家放开色。其实你色什么呀？没有肉身还有性别吗？没有肉身就无所谓性别了。佛教中普陀山上的观音，看面相是个女性，实际那是个男身。就是告诉人们无所谓男女，因为已经没有肉身了，看到的那是精神独立的存在。没有肉身用不用穿？还穿什么名牌啊？开什么好车呀？住什么别墅啊？明白这一点，就懂得了佛教里佛所说的"我相、人相、众生相、寿者相，既非我相、人相、众生相、寿者相"，我们看到的佛像都不是佛，不要以三十二相见如来，谁要以三十二相见如来，那就叫谤佛，佛不那样。但是没有形象化的表达，对他就没有感性化的认识，所以才给你相。在追求精神的路上，当真有那一天到来的时候，把人身上兽性的东西都扔掉，让精神能独立存在的时候，那就叫神。

当你明白《西游记》是对人的昨天和未来的思考时，你会发现，原来人是生在兽和神之间的。有人说，人一半是天使，一半是恶魔。人性实际上就是兽性和神性的一种组合，人就是不断地从兽往神的方向发展，因为人是走在追求的路上的，所以我们经常说"敢问路在何方"。

昨天我们就是兽，昨天我们怎么来的已不重要了，范伟的小品不是说了吗："我不关心我是怎么来的，我就关心我是怎么没的。"就想知道明天会是什么？通过孙悟空，可以知道昨天是个"天产石猴"，明天成为"斗战圣佛"。

这需要不断进化学习，不只追求"食色"的本性，还要追求更高层次的"精神"。如果在前进的路上，追求的精神层面越来越多，当有一天达到百分百，身上的兽性越来越小，最后归结为零，这个人不就从量变到质变了吗？那时候是什么？我们描述那个时候的人，就说他是一个脱离低级趣味的人，就是一个道德高尚的人，就是一个纯粹的人，说白了，就不是人。是什么呢？是另外一种状态。

包括儒家里面的人性是善还是恶，这都给解释出来了。为什么孟子说人性本善是对的，因为人之所以是人，而不是兽，不就是在兽性的基础上，加了一点点神性的光辉吗？而这一点点神性的光辉，就其本质而言，不就是善的吗？所以孟子说人性本善（人性之辩见《性情》篇），他可没说兽性本善。理论上解读不清的问题，《西游记》解读得特别清楚。但是这还没完，更经典的是原来人是处在兽和神中间的，那人不就是走在一个从兽到神的过程中吗？

唐僧说："心生，种种魔生；心灭，种种魔灭。"怎样成佛？怎样成魔？你要一天天面目狰狞，心灵灰暗，善心从何而生？因此观音菩萨教化悟空：心念一善就是神佛，心念一恶就是妖魔。但是儒家文化告诉我们，向前努力也不能成佛，《西游记》说神佛和人没区别。看唐僧到西天取经，神佛授经时不照样索贿要好处吗？佛都索贿呢，这说明什么？别执迷，别说往前成不了神佛，就是往后退，都回不到兽那儿去，你退远了，老百姓说你禽兽不如。但是不能因为往前努力成不了神佛就不努力了，"学如逆水行舟，不进则退"啊，就是往前努力成不了神佛也得努力，为什么？因为中国文化在这里才是最精彩的，这就是取中，往前努力虽然成不了神佛，但是在人和神之间还有个过渡。往后退退不到兽，但是兽和人之间也有个过渡，在兽和人之间你还是人，但是对不起，你就叫"小人"。

五、君子小人

儒家思想认为人成不了佛，不仅成不了佛，也退化不到兽。《论语》记载孔子"不语怪力乱神"，但还得表达清楚，就可用两个名词：在兽和人之间的这种状态叫作"小人"；在人和神佛之间也有一个状态，就叫"君子"。

儒家文化指向高远，但是其实不管怎么追求，就是想成为一个君子，顺着这个角度就能读懂儒家文化所有的思想。《论语》里经常有

描述君子、小人的话。（见《君子小人》篇）

　　儒家文化思想中，"君子"是古人给我们留下的一个理想的人格标准。因而后人都在讨论如何做君子，而不去做小人。人怎么做才能远离兽而趋于神？怎么做才能远离小人而近乎君子？儒家经典都在讨论这个问题。四书之一的《大学》，朱熹解读时说："大学者，大人之学。"什么是大人之学？在中国古代，大人和君子这两个概念是统一的，都有官职高、德行高之意。修养既好，地位又高，既叫大人，又叫君子。随着文化的发展，词语所表达的意义也逐渐分开了：大人就指地位高的人，君子就指德行高的人，这就是大人和君子的关系。

　　在特定的时空环境下，你看看人家君子是怎么做的，关于君子可以详见《君子小人》篇，这里只说点笔者对君子人格的赞誉吧："君子有自强不息之志、天地浩然之气，君子有切磋琢磨的修养，有不忧不惧的坦荡，有忧乐天下的情怀，有任重道远的担当。君子是智者，智者乐水！君子是仁者，仁者乐山！君子是勇者，虽千万人，吾往矣。君子是义士，见义勇为，无适无莫，泰而不骄。好学近乎智，力行近乎仁，知耻近乎勇，行而宜之谓之义！君子是孝子，事亲从兄，孝悌为本。君子是大丈夫，为天地立心，为生民立命，为往圣继绝学，为万世开太平！君子就是今天有公共责任的知识分子，凭良知，一切为了人民的自由和社会的公正而奉献自己的青春和热情、智慧和力量！君子之心，永远是强国兴邦的少年之心；君子之躯，是中华民族的铮铮铁骨、不屈的脊梁！"这是中国文化一种人格的追求。

儒家文化是讲立志教育的，《大学》开篇的三纲领："大学之道，在明明德，在亲民，在止于至善。"给我们立出一个目标，怎样才能实现这个目标？《大学》接着给我们列出八个步骤："古之欲明明德于天下者，先治其国，欲治其国者，先齐其家；欲齐其家者，先修其身；欲修其身者，先正其心；欲正其心者，先诚其意；欲诚其意者，先致其知，致知在格物。"用朱熹的话讲，叫作八条目。八条目就是从这个目标入手，一点一点地去做，去接近这个目标，最后达到"明明德""亲民""止于至善"。

我们来梳理一下《大学》中的这段话：你要想把这种光明正大的人生道理由己及人，向社会上去推广，以你现有的条件不够，不能按照你的意愿把光明正大的德行广布于天下，要想做到平天下，就要先治国。

这个国是指诸侯国，在周灭殷商、夺天下之后，分封诸侯。如把齐地分给了当时的姜太公，把鲁地分给了武王的弟弟周公，就是这样一个个地封。这个大的封国也叫邦国，不足五十里的叫附庸，后来到了汉代，为避皇帝刘邦的名讳，就都叫了国。这种国就相当于我们现在的地区，所以在《诗经》里面就有国风，十五国风相当于十五个地区。要想明明德于天下，你做不到，你就等而下之，就先治国。

如果说治国现在也做不到，我也不是一方长官，没有那么大的力量，那就先齐家。每个人都有家，怎样能够把家治好？怎么让这个家庭形成好的家风，能够按照你的理想状态把这个家治好。

再具体落实，要想齐家，得先修身，行端表正，做什么事情出于公心，能够推己及人，能够做到以心比心，言行举止都做得合适，那家人就佩服你，就向你看齐，你就能做到齐家。所以要想齐家，就得先修身。修身修好了，其他的问题都会由己及人，迎刃而解。

怎样才能做到修身呢？《大学》里又讲要修身，首先得正心。要想做得正、行得正，首先得心正，有一个正确的心态，正确的指导思想，做什么事出于公心，这样才能由心正达到身正。所以想要修身，先得正心。

正心还有前提条件，就是要有一个非常真诚的、想让自己有一个健康生活的意念，这就是诚意，意要不诚，就做不到心正。所以欲正其心，要先诚其意，诚意是正心的前提条件。

我们怎么才能诚意？是不是我生下来之后就能够做到诚意呢？这样的人有没有？也可能有，但是一般人做不到。要想诚意，得从哪里下手呢？

诚意、正心、修身、齐家对人的发展、对人的一生是有积极作用的，要明白这个道理才行，那怎么办呢？就需要致知，要能懂得这个道理，才能朝着这个方向追求。怎么才能懂得这个道理呢？就需要学习，所以"致知在格物"，"格物"就是学习。

一、致知在格物

想要达到明明德于天下这个目标，就要由远及近，一点一点地落实，一点一点地明确，最后到"学习"这里，这就是《大学》为了实现人生的目标，为了达到三纲领，给我们列出的这八条目。

《大学》由远及近、从外向里强调了八条目之后，怕你不重视，又从里向外一点一点地散发出去，又重复了一遍——"物格而后知至，知至而后意诚，意诚而后心正，心正而后身修，身修而后家齐，家齐而后国治，国治而后天下平"。

要想达到天下平，得从治国、齐家、修身、正心、诚意、致知、格物开始。这就是朱熹在研究《大学》这一篇文章之后认定的步骤。简单地说，八个字叫"格、致、诚、正、修、齐、治、平"，这八个字在中华思想文化传统中已经成为中国人的人生追求。传统文化已进入我们的生活，进入我们的心灵，我们在人生之路的追求上就是走了一条格物、致知、诚意、正心、修身、齐家、治国、平天下的路。

二、修身为本

《大学》纲目阐述完，接着总结说："自天子以至于庶人，壹是皆以修身为本，其本乱而末治者否矣，其所厚者薄，而其所薄者厚，未之有也。"不管是高为人君、天子，还是低为庶人、平民，都要以修身为本。如果本没做好，想要达到好的效果，那是不可能的，修身是本，平天下就是末；修身是根，齐家、治国、平天下就是在这个基础上长成的一棵参天大树，本不固，干就不坚，树叶就不能茂盛。

培养内在的德行，如果没有做到，你平时的行为表现出来，想非常符合社会规范的要求，那是不可能的，因为该厚的地方没有培植厚实，没有做到坚固。所以《大学》强调："其所厚者薄，而其所薄者厚，未之有也。"

我们理解《大学》，觉得修身在人的整个发展中是一个非常关键的环节，它是齐家治国平天下的起点，但同时它又是格物致知、诚意正心的集中表现，所以古人说它是"本"，是一个人内在的修为，通过学习掌握了知识，对客观事物有了一个明确的认识，形成了自己的人生观、价值观、世界观，调整自己的心态，对积极健康的事物有热诚的追求态度，这是一个人走向社会之前内修的过程，因此修身是格致诚正外化的标志。同时它又是齐家治国平天下的起点。因而《大学》强调修身是这八个过程中的"本"。

三、格物理

要想达到修身，哪儿是起点呢？"欲修其身者先正其心，欲正其心者先诚其意，欲诚其意者先致其知，致知在格物。"从整个八条目上看，格物是起始点，那什么是格物？有人说"格"是至，《尚书·大禹谟》："有苗来格。"也有人解释成修正、纠正，叫格其不正使之归于正，《孟子·离娄上》有："唯大人为能格君心之非。"朱熹说格物是"穷尽事事物物之理"，要把事事物物之理都弄清，这叫格物。

朱熹的解释是很深刻的，但是就解格物本身，还不是很贴近我们自己，要了解格物，我们无须去寻找这个词的辞源，从现代生活中去向古代推及，"格"今天的含义，也是由古汉语一点一点转变传承而来的，所以要是了解了今天的这个"格"，其实你也就能明白格物是什么意思了。它就像一把尺子，去衡量这个事物是不是符合规范，如果不合乎规范的话，那就让它合乎规范，这是"格"。

我们现在使用这个"格"是分析、区别的意思。比如说我们从青少年时期，写字都使用方格、田字格、米字格。笔者自己做语言文字工作，还研究了一种本子叫"金蛋格"，这种格子都是使汉字在一个固定的平面上，能够均匀分布，它就是分解、分析。如果想理解格物，还有一个最好的方式，就是去中药铺，到药店就会明白什么是格物，你看那个中药铺里边有很多的格子，不同的格子里边装着不同的中草药，哪个是天麻？哪个是地黄？哪个是半夏？通过这些格子，就能知道不同的药物，不同的药物通过格子把它区别开来。

用一种标准去衡量产品，符合标准就合格，不符合标准就不合格，对物的区分就是格物，对人的区分就是格人，反过来叫人格，性情好坏叫性格，去其现象看品质叫品格。

"格"是"度也、量也"，这在《文选》中的引证里有，后来被陈立夫在《四书道贯》里注明了，再后来，张岱年在中国哲学概念补充中说明了，陈来的研究也注意到了这一点。因而格物的过程实际上就是一个区别、分析的过程。我们人类有两种思维朝向：一种是属于演绎性、发散性的思维，是不断地分析、不断地细化的过程。另一种思维形式是归纳式的思维，是把一些不同的具体事物最后总结成规律。

格物就是先从一个整体，把它不断地细化、不断地分析的过程。其实这种过程恰恰符合了人类认识世界、认识社会的规律。

在我们的原始先民那里，对天地自然不像我们今天分析得这么清晰，它实质上是一个由整体到部分逐渐细化的过程。格物的过程就是细化的过程，就是对事物分析的过程。

我们对世界认知的过程就是不断地区别过程，我们对最初的世界没有认知，物我两忘，相当于无极，后来发现我们处在大千世界之中，混沌一片叫太极。后来发现这个世界有天有地，有日有月，有男有女，叫两仪。后来又发现不是日月，是日月星辰，是男女老少，是春夏秋冬，是东西南北，这叫四象。只停留在东西南北的划分吗？我从哪里来的？我从东北来的，四面八方，于是又有八卦，最后还有六十四卦，三百八十四爻，越分越细，就是一个不断细分的过程。

我们对知识也是这样分割的，我们上小学之前学的是一些常识，上了小学主要是语文、数学，等到中学才有一些细化的科目。不仅有语文、数学、外语，还有化学、物理、生物、历史、政治，等等。九年义务教育结束之后，进入高中，分得就更细了。上了大学就开始分科，到了研究生阶段就开始细化专业，等到博士阶段就关注某一个主题、某一方面的问题，开始深入细致地研究，它就是个不断分解、细化的过程，我们的学习过程就是格物的过程。

朱熹说的所谓格物是穷尽事事物物之理，对格物的认识不能仅仅局限于对自然物的区分，对社会生活中的理也要区分，如果能把社会生活中的"理"分开，那就做到格物了。

四、格事理

有一副对联说："言之高下在于理，事无古今唯其时。"又有一副对联说："世事洞明皆学问，人情练达即文章。"都强调明理的重要性，格物就是既格物理，又格事理。比如说我们讲"事亲有隐而无犯，事君有犯而无隐，事师无犯无隐"，这种对待君王、对待父母、对待师长的不同方式其实就是在事理上进行区分。

比如说我们强调人要诚实，但是能所有的时候都诚实吗？你去看一个病人的时候，那个人已经病危了，你能以一种实话实说的方式，说你不久于人世了吗？不能。你得安慰他，说熬过这一段困难时期，就会好起来，没有问题，明知道这个话是不符合实际的，但是要这么说，这就是在特定的环境中应该如何格这个理。孟子说过在家里，成年的小叔子拉嫂子的手是不合家庭伦理的，但是如果嫂子溺水了，你也不伸手拉上来，那不就是豺狼吗？这就是权宜之理。

物理上的"理"好格，事理上的"理"不容易格，有些事理不经过实践，你就得不到真知。在读史书的时候有一件事对我的触动非常大，那就是历史上著名的思想家，越国的一位智者范蠡，他应该是一位格事理的高手。吴越争霸的时候，越王勾践卧薪尝胆、励精图治，最后终于报仇雪恨，灭了吴国。但是范蠡发现越王这个人鹰顾狼视，可与共患难，不可与同享乐，于是在功成名就之后，辞官远去，离开越国，临行之际，给同朝为官的另一位大臣文仲写信，分析"飞鸟尽，良弓藏，狡兔死，走狗烹"的理，文仲不信，后真应了范蠡之言，文仲被越王杀死。范蠡辞官，泛舟江湖，外出经商，并且经商也很成功，被称为陶朱公。但是范蠡也有格理格不明，酿成惨痛教训的时候。他有三个儿子，有一次他的二儿子在别的诸侯国触犯了当地的法律，按照当地法律有可能被处斩。当时那个诸侯国里有一个当权者，是范蠡的朋友，范蠡就想去求他，求人不能空手去，得送礼，家里不缺钱，但他想的是让谁来办这件事，范蠡本想让他的小儿子去，但是他大儿子不干，他大儿子说，我在家中是长子，这个事应该我去，范蠡就有些犹豫。范蠡原本是想让小儿子去，不想让老大去，结果老大据理力争，也是救弟心切，就去了。带着好多礼物，找到了他父亲的故交，把礼送上去，把这个事说了，那个人没有什么表示，就说东西放这里吧，回去听信，于是老大就回去等信了。

等了一段时间，没有音信，老大正在焦灼之际，这时赶上国家大赦，很多罪犯都被赦免了，他的弟弟也在赦免之列。老大就觉得这个礼送得有点冤，本来就是一个政策的变化，又没有给我办什么事。他就又找到了他父亲的朋友，说现在赶上天下大赦，我找你办这个事，你也没给我什么话，送你的钱怎么算？那人一听就明白了，说你那个礼没动，你拿走吧。老大觉得挺好，就把礼带走了。结果这个礼前脚儿带走，后脚儿国家就颁布了一个特殊的法令，他的二弟属于不当赦之列，结果就被杀了。

老大载着二弟的尸体悲痛万分，回来把这个事一说，范蠡非常悲痛懊悔，他说这事不怨别人，怨我！我就应该让小儿子去，不应该让老大去。为什么？老大跟着我由穷到富一路拼下来，他把钱看得特别重，舍不得钱。老二被杀就是因为他一送一取的结果，礼送去了，范蠡的那位朋友虽然没有说什么，但是他运作国君，使得老二在被赦之列，他是用政策的方式解救了他的二弟。而他把这个钱要回来，那人当然很生气，结果又是一番进谏，于是他二弟就变成了罪在不赦之列，最后被杀。为什么应该让小儿子去呢？小儿子出生的时候家庭已经很富有了，小儿子没有承受过创业的艰辛，拿钱不当回事，如果他去了，他到那里把钱一放，自己没事就去玩了，办成办不成，他对那钱都不在乎，事也就成了。老大就是太看重钱了，也正是因为他把这个问题看得太重，反而害了他的弟弟。范蠡把这个问题分析得很准确，这实际上是对事理格得非常清楚。

五、格心理

格物不但要格物理、事理，还要格心理。

明代的大儒王阳明在读《大学》的时候就把"格"字曲解了，按照前面孟子解的这个"格"，叫"惟大人为能格君心之非"。格其不正使之归于正，就把格式化的"格"变成了革命的"革"，或者切割的"割"，就是把错的东西割掉，剩下的就都是对的了，他这样理解，就使自己的理论偏了。

他年轻时就跑竹林里去格竹子，天天瞪着眼睛看竹子，也没有问题的导向，就是看，格了几天，什么也没格出来，还把自己累病了，觉得自己天分不够，以后他就不敢往外面去格了，而往心里面格。朱熹是格尽事事物物之理，就是"格物理"，而王阳明就变成"格心理"。因为格事事物物之理，最后得出的结论就是知"道"。为什么我们把理学又叫作道学？朱熹的理论为什么是客观唯心主义？就是因为他认为客观事物之前都有一个"理"，都有一个"道"在那里。所以他让你明白知"道"。而阳明不敢往外部使劲，总往内心使劲，因为用力在心里，最后就形成了"良知"，一个是"格物理"，一个是"格心理"；一个是"致知道"，一个是"致良知"。

一个是把目光投向大千世界，一个是把目光投向内在心里。哲学家说这个世界上有两个领域是有无穷魅力的，一个是浩瀚的星空，一个是伟大的心灵。其实将阳明与朱子结合一下就完美了。但你要是仔细思考一下，朱熹说的事事物物是包括你的内心的。这都是客观的存在，所以朱熹的学问更纯正。阳明先生强调不用外求，问心就行。儒家在这里有说法，儒家强调忠恕，问自己的心，将心比心，推己及人。道家也有说法，道家强调圣人"不窥牖而知天下事"，我不用扒你家窗户看，我就知道你在做什么。因为"口之于味也，有同嗜焉；耳之于声也，有同听焉；目之于色也，有同美焉"，你想做的人家也想做，所以了解自己的想法，扪心自问就够了。但是阳明的什么事问良知，下手就特别快。如果用宗教的语言表达，两个人的差别是阳明强调的叫方便法门，朱熹强调的叫人生根本。一个是说究竟，一个是说方便；一个是根本义，一个是切入点，把这两个融在一起，其实就非常好了，内外融和。朱熹强调的是世界观，阳明强调的是方法论。当然，因为阳明将格理解为格君心之非，格其不正使之归于正，于是就有了"无善无恶心之体，有善有恶意之动。知善知恶是良知，为善去恶是格物"。这是阳明很有名的四句诗，按照这四句诗的前后顺序、逻辑关系来看，先要做到知善知恶之后，才能为善去恶，也就是说良知是格物的前提，而《大学》明确说"物格而后知至"，格物是致知的前提。因此，应该将格物理解为区别分析，而致知就是因此达到"知"的程度。先知再做，但是阳明提倡知行合一，就将对事物理解的偏差补救回来了。其实他强调的先知后做对后来是有影响的，我们的教育家陶行知就是按照阳明先生的知行合一，知然后还要做起的名。后来又改名叫陶行知，为什么呢？是因为受到了毛泽东的实践理论影响。理论来源于实践，先做后知更好。

六、致知

我们说格物就是学习，致知呢？致知是学懂了，学到了知的程度，实质上把格物做得很到位，"格"得很细致，就能达到一个知的程度，不仅在物理上格，在事理上格，在心理上格，把事事物物的理都格清楚了，就能达到致知的状态。可以将格物致知看作一件事的两个阶段，都是学习。格物是进入学习的过程，而致知是因为学习，达到了获得知识的过程。而这种由格物到致知的过程，中间有一个由一般到特殊、由普遍到个别的过程。学习是一个不断细分的过程，这种细分的过程有一个先后的顺序，从先后顺序这个角度，我们就能看到有些时候、有些问题实质上是不符合逻辑关系的。

中国唐代大诗人李白有两句诗："小时不识月，呼作白玉盘。"如果这句单独一看感觉非常美，实质上这首诗的描写是基于李白自己的一种想象，根本就不符合儿童认知客观事物的顺序，你想少儿连月亮都不认识，他怎么能把它叫作白玉盘呢？他还没有认识月亮的时候，他就能认识白玉盘了？这是一个什么样的家庭？以前我跟学生开玩笑，除非他是个厨子家的孩子，小孩对社会生活其他的一些知识还没有认识的时候，就先认识了这个盘子。按照自然的过程，小孩先认识父母、爷爷奶奶、周围的亲人，然后在他牙牙学语的时候告诉他什么是天、什么是地、什么是日、什么是月，连月亮都不认识就认识白玉盘，实际上这是不符合认识规律的。

所以如果从格物这个角度分析，我们可以看出在社会生活学习的过程中，它是一个从整体到局部一点一点细分的过程，把世间的物理认识清楚，把社会生活中的事理也都认识清楚了，两者合在一起，事事物物的理上都能格得明白，才算达到一个致知的过程。因为致知才能够转化成意诚，才能心正、才能身修、才能家齐、才能国治、才能天下平。

《中庸》里面有这么一番话，"自诚明谓之性，自明诚谓之教"。因为天性纯诚，达到对事事物物都有所认识，这是天性使然，但一般没有这种情形。我们个人的成长过程多数是自明而诚，因为认识到了社会生活中哪些是对的，哪些是错的，我们应该怎样做，不应该怎样做，最后才能不断地调整自己的心态，按照人生正确的目标去思考，向着积极的道路去努力。因而，人的成长过程是一个"自明诚谓之教"的过程，因为认识了社会生活中的是是非非，对道理都认识清楚了，使自己变得诚意、正心、修身，最终达到齐家治国平天下。

《中庸》里面"修道之谓教""自明诚谓之教"和《大学》里面由格物致知达到诚意正心的过程，虽然语言不同，但指归都是一致的，都是强调只有学习，才能让人有所进步。

修齐治平

　　本专题与上一专题正是上下两篇，上一专题为"内修"，本专题为"外用"；内修修得好为内圣，外用用得好为外王，内心世界修炼在于认识的深入提升；外在行为的修炼在于建功立业。建功立业不用幻想着什么旷世奇功，而实实在在为寻常日用的平凡行为，修身是第一层体现，身修得如何，从对待身边人的态度就可以反映出来，是否因为"亲爱""贱恶""畏敬""哀矜""敖惰"而出现情感偏颇、行为失当都是修身好坏的具体表现。

　　儒家经典《大学》强调：诚意为本，心正为要，修身为门，齐家为落脚点。格致诚正的内省功夫在哪里能得到体现呢？首先就是在家庭生活中。人一出生就在家，最后叶落归根也回到家。人走向家庭之外的社会，那是成人以后的事情。

　　齐家与治国，小大之别而已，现在社会生活中，治理企业，事业单位领导，地方政府领导，社会组织领袖，都涉及治国之策，把一方土地治理好，既体现人生价值，又造福一方。

互联网时代，天下是平的，伟大的思想、伟大的政治、伟大的胸怀，是构建人类命运共同体的主观条件，民胞物与，悲天悯人，天人合一，世界大同，终将"天地位焉，万物育焉"。

一、先齐其家

人来到这个世界，首先接触的就是家庭，如果能把家里的事情处理好，推而广之，才有机会去治国、平天下。

《大学》中说："所谓治国必先齐其家者，其家不可教，而能教人者，无之。故君子不出家，而成教于国。孝者所以事君也；弟者所以事长也，慈者所以使众也。《康诰》曰：'如保赤子。'心诚求之，虽不中不远矣。未有学养子而后嫁者也。一家仁，一国兴仁；一家让，一国兴让；一人贪戾，一国作乱。其机如此。此谓一言偾事，一人定国。尧舜率天下以仁而民从之，桀纣率天下以暴而民从之，其所令反其所好而民不从。是故君子有诸己而后求诸人，无诸己而后非诸人，所藏乎身不恕而能喻诸人者，未之有也。故治国在齐其家。《诗》云：'桃之夭夭，其叶蓁蓁。之子于归，宜其家人。'宜其家人，而后可以教国人。《诗》云：'宜兄宜弟。'宜兄宜弟，而后可以教国人。《诗》云：'其仪不忒，正是四国。'其为父子兄弟足法，而后民法之也。此谓治国在齐其家。"

《大学》八条目中，从格物开始到致知、诚意、正心、修身，都是自修的过程，如何应用落实？就表现在家庭生活中。想要治好国，先得"齐其家"。如果在家庭生活中的所作所为不能为其他的家庭成员所折服、尊敬、认可的话，想行教于天下、想治国，那是不可能的。所以说君子在没有出门的时候，自己的学养、见识能不能赢得一个家庭的认可就决定了他能不能治国、能不能平天下。

中国古代的家和我们今天这个家不完全相同，我们现在的家庭是指小家，是三口之家、四口之家。只能作为家家户户的"户"而已，现在也是按这个方式统计"户口"。而在中国古代，"家"是一个个的大家族，很多是四世同堂，从爷爷辈开始，爷爷的兄弟要在一起生活，到了父亲这一辈，叔叔、伯伯他们各自组成的家庭也在一起生活，到自己这里，自己的小家和哥哥、弟弟的家庭也都在一起生活。如果有孩子，儿子要是成家了，不管是老大、老二、老三，都要在一起生活，堂兄弟也是在一起。只有女儿嫁出去，娶进他姓人家的女子做媳妇，媳妇进门，女儿出去，这么一种组合就是中国古代的大家庭。

在这样的一个家庭中，不管是处在嫡长子的位置，还是处在旁支的位置，能做到身修，才能在言行之中成为周围亲人的表率，才能"齐家"。能够把家治好，才能向外谈及治国。

我们面对的这个家首先是由血缘关系形成的自然之家，"高曾祖，父而身，身而子，子而孙，自子孙，至玄曾，乃九族，人之伦"。九族之家形成一个大的家庭，用我们今天的话讲就是，单位有职工之家；年轻人在一起聚会，那是青年之家。在这些小的集体、小的范围里面，你是不是能够率先垂范，你的修养是不是大家的表率？如果你真的能成为大家的表率的话，哪怕你不是这个家中的首领，大家也会对你唯命是从，因为"身修而后家齐"。

所谓齐家的"齐"有两个意思：一是你做得好，全家人向你看齐，你是榜样、是表率。二是你要用你的好让全家人都好，一般齐，于是在中国就有家教、家训，最后形成家规、家风。

"君子不出家而成教于国，孝者，所以事君也"，实质上事君就是从"孝"这里引发出来的。孝是什么？孝是对父母的顺从、敬畏，基于与家族成员的血亲关系，晚辈对长辈要有一份孝敬之心，要把这种孝敬之心推而广之，走向社会。如果一个臣子要用对父母之心去对待你的君王，由己及人，社会也就稳定了。这就是孝可以用来事君。这里强调的是你用孝父母之心来对待君王，这样就不会出什么矛盾，你就能做得很好，就不会出现逆臣，也不会出现恶臣。如果你对你父母不好，那是逆子，你对父母都叛逆，怎么能够做一个国家的忠臣？

所以事君事父，性质都是一样的。

当然我们后世在生活过程中，把自己的生命都交给国家的一些英雄们，他们经常提到的是忠孝不能两全，要在家孝顺父母，就不能为国尽忠；为国尽忠，对孝顺父母这一方面就做不到从心所愿。

"慈者，所以使众也。"孝悌是下对上，而这个慈是上对下。传统文化的家庭伦理道德中要父慈子孝，你对子女慈，你是抱着一种慈爱之心去教育子女，去养育子女，你这份心推到社会上，就可以做到"幼吾幼以及人之幼"。因为你是以一种慈爱之心走向社会的，即使安排别人做一些事情，大家也会心悦诚服，因为你的心是一种好心，你让大家做的事情是正事，而这种好心、正事都能让大家获得利益。在家的行为就决定了你在社会上的地位。

"如保赤子，心诚求之。虽不中不远矣。"就像看护襁褓中的孩子一样，一片热诚之心。有了这份心，虽然不是事事做得都好，也是庶几不差矣。最后又加上了一句"未有学养子而后嫁者也"，这句话是说没有见到过先学养小孩，然后再去嫁人的女性，这不能颠倒，你得先嫁人，后学养育孩子。他用这句话来证明什么？想治国也好，想平天下也好，不管你的理想有多大，都要"千里之行，始于足下"。一定要从自己身边的事情做起，因为我们的学识、我们的心态体现在我们的言行举止上，把它用于我们的家庭生活，在家庭生活中，我们处理好了家庭的关系，才有可能在走向社会的时候，用你齐家的模式去对待社会中的朋友、同志，你的上下级、你的左邻右舍、你周遭的社会群体，当按照齐家的方式，把你在社会生活中所遇到的种种的人、所处理的种种的事都处理得很稳妥之后，你才有资格谈治国。

当然，我们现代社会奉子成婚的现象屡见不鲜，随着人类的进步自由解放，传统道德已约束不了现代行为，亟须有新的道德规范建设。

朱熹强调的这一篇《大学》里，我们的人生是格致诚正，修齐治平，其实对于我们普通人来讲，能够做到治国和平天下那是不容易的，不是每个人都会去治国，每个人都能平天下，但是每个人最能做到的就是齐家。人生这八个步骤，我选择"格致诚正，修身齐家"，能做到齐家已经非常不容易了。

"一家仁，一国兴仁；一家让，一国兴让；一人贪戾，一国作乱。其机如此。此谓一言偾事，一人定国"，这一段文字主要是强调齐家和治国的关系，我们经常说"国家"。国家，其实天下国家本同一理，"其家不可教，而能教人者，无之"。

一家要是兴仁的话，一国兴仁，当然这里"一家兴仁"是指有地位的诸侯要是兴仁，一国都兴仁。一家兴让，一国也兴让。一人贪戾，一国作乱。如果作为国君你不率先垂范、贪暴、不行使仁政的话，整个国家就乱了。"其机如此"，就是说这种内在的机制，因果关系逻辑顺序，"机"是指这里面的机理，内在的根本缘由。

其实对"机"的理解我们可以针对现有的社会生活，比如说电视机，我们看到这个电视机，它是一个机器，实质上这个电视机是指能够把电讯信号转化为图像的一个机制。发动机是指有传动作用的机制。所以把"机"做一个形象可感的比喻，就相当于现实生活中的这些机器，要联想到机器后面的原理，对它就能有一个理解。这就是此谓"一言偾事，一人定国"。可能因为一句话兴国，也可能因此亡国，非常重要。

齐家而治国之间的关系强调那些为君之人，在治国的时候也要由齐家开始。为什么？"尧舜率天下以仁，而民从之。桀纣率天下以暴，而民从之。其所令反其所好，而民不从。是故君子有诸己而后求诸人。无诸己而后非诸人。所藏乎身不恕，而能喻诸人者，未之有也。故治国在齐其家。"尧舜，上古时期的两位明君，据说尧这个人其智如神，他本身又非常仁厚、仁爱。他治理国家，国家大治，尧的功绩是为中华民族定了时间系统，一年365（366）天，春夏秋冬四季。《尚书》就是从记录他的《尧典》开篇，相当于中国的"创世纪"。他的位置向下传承时，没有把这个君位传给自己的儿子丹朱，而是传给了舜。尧舜之间是用禅让方式交接的君王位置。

尧的时候，舜就已经表现出来深厚的德行和非凡的才能，舜的品德主要是通过"孝"体现出来的。尧觉得舜很厉害，然后就把自己的两个女儿许配给他，看他如何处理好夫妻关系，又安排自己的几个随从去帮助舜，在舜的手下做官，看他怎样去做。而舜把这些事情处理得都很好，最后尧觉得他是非常理想的接班人，就把帝位传给了舜。在后来表彰尧舜之间禅让的这件事上，有一首音乐叫《韶》乐，《韶》乐就是歌颂大舜的。孔子在齐闻《韶》，三月不知肉味，也许就是有感于舜的德行。

像尧舜一样帅天下以仁，百姓就都一心向仁；像桀纣那样帅天下以暴，百姓也都跟着作乱。为什么？你这边行着暴政，那边还想要社会太平，做不到。"其所令反其所好，而民不从。"你所施的政令和你所喜好的不一致，老百姓能听吗？不能听。所以"是故君子有诸己而后求诸人"。自己认同，然后再想别人也这样；自己不想这么做，也不要让别人那么做。你在你自己这里都过不去，而让别人这么做，那是不可能的，"所藏乎身不恕，而能喻诸人者，未之有也"。恕是将心比心，《大学》里这样说，《中庸》里也这样强调，《论语》《孟子》中同样这么论述，那就是"己欲立而立人，己欲达而达人""己所不欲，勿施于人"。所以反复强调想要治国，必先齐家。

"所谓平天下在治其国者，上老老而民兴孝，上长长而民兴弟，上恤孤而民不倍，是以君子有絜矩之道也。"这里提到的是我们要想明明德于天下，想要平定天下，那必须得从治国下手。怎么样才能治好这个国家？要"上长长，上老老"。所谓"上老老"是指做君王的以老人为尊为敬，尊重老人，体恤老人的心情，要把老人的生活惦记在心里。而且要把天下的老人当成自己的老人那样去对待，是"老吾老以及人之老"。君王要是能做到这一点，百姓就会"兴孝"，君王要兴孝，百姓也跟着兴孝。

"上长长而民兴弟。"如果君王做到尊敬兄长，以天下的长者为长者，总是用尊上的心情去对待长者的话，百姓就怀着一颗兄友弟恭之心，相互之间礼仪有序，互相爱护。这就是所谓的上行下效，所以要想平定天下，必先治其国，要想治其国，首先要从孝悌入手，这是最贴近的问题。

"上恤孤而民不倍。"如果说君王特别体恤那些鳏寡孤独的群体，百姓就不会做出伤天害理的事，有悖于国家的事。什么是恤孤？孤是孤儿，在我们的家庭生活中有这么几种人，生活中有缺失，鳏者是老而无妻，寡者是丈夫早逝，孤者是幼年失亲，独者没有兄弟姊妹。鳏寡孤独都属于生活不幸的人。如果说作为君上能够把这些鳏寡孤独群体的生活总挂念在心中，对他们体恤、爱护，百姓之间就会相互爱戴，人们就不会做出有悖情理的事情，这也是上行下效。就如同我们今天的扶贫，今天的政治清明，就体现在此。对上反腐倡廉，对下打黑除恶；对外加大开放，对内扶贫助农。

所以怎么样成为君子？怎么样成为仁君？怎么样做一个好的帝王？"是以君子有絜矩之道。"治国也好，齐家也好，平天下也好，不待外求，只是一个心正身修的问题，你要用自己的心去考虑别人，要自己行端表正，然后去要求别人，你做得好，这个世界就都向着好的方向发展；你心静了，世界就开始静听你的心声，静待花开。这就是所谓的"絜矩之道"。《大学》中推出的"絜矩之道"是非常关键重要的一个概念，这是要我们经常量一量自己，看我们自己的所作所为是不是中规中矩，我们是君子还是小人，就用这尺子好好去衡量一下。我们个人的修养，我们的人生追求，就能够不断进行修正，就能够找到一个方向，就知道我们下一步努力的目标。"所恶于上毋以使下，所恶于下毋以事上，所恶于前毋以先后，所恶于后毋以从前，所恶于右毋以交于左，所恶于左毋以交于右，此之谓絜矩之道。"就是用自己的"忠恕之心"去对待周围的人和事，标准不必外求，就在你自己。"伐柯伐柯，其则不远。"拎着斧子上山去砍树做斧柄，什么样的树适合做斧柄？标准就是你手上的斧柄。

《诗》中有"殷鉴不远，在夏后之世"。强调一定要以殷的灭亡为借鉴，要兢兢业业地承担起治国为民的重任，所以最后总结了一句"道得众则得国，失众则失国"。怎样才能治理好一个国家？关键在于得众。怎样才能得众？那就要与民同好，与民同乐，"民之所好好之，民之所恶恶之"。怎样才能与民同好、同乐？怎样才能知道民之好乐呢？将心比心，都是按照我们自己认定的健康美好的生活去对待别人，去面向社会。只有这样，才能够行君子之道，治理出一个好的国家。所以要想明明德于天下，要想平定天下，就必先治其国，我们讲的都是治国的一些具体方法，而《大学》就这个问题强调得最多。

二、德本财末

平天下在治其国这一段我们可以看到，尽管也是强调由个人自我修养出发，但到这里就不是一般人所能及的地步，这里面是强调君王应该怎样做。有一种解释说，所谓大学者是大人之学，我们说它可以是大道理、大学问，但还有一点就是给治国平天下的人讲的道理。

我们再看《大学》的文本："是故君子先慎乎德。有德此有人，有人此有土，有土此有财，有财此有用。德者本也，财者末也。"这一段集中讨论了财和德之间的关系。在当时的社会背景下，有国者要想办法积聚财力，这是诸侯争霸期间必须思考的一个问题，哪个国家都一样。

孟子见梁惠王，梁惠王一见到孟子就问："叟，不远千里而来，何以利吾国？"梁惠王年纪很大了，当时孟子的年龄也不小了，梁惠王说话有点不客气："老头儿，你不远千里到我这里来，用什么给我的国家带来利益呢？"孟子就说："王何必曰利？亦有仁义而已矣。"你干什么一见面就去谈利益，我要来跟你讲仁义。但是因为孟子所讲的和梁惠王所需的不一样，结果是谈不到一起的。我们有时说孟子好辩，如果孟子在这时候会因势利导、循循善诱的话，他就会说：有啊，有利于你国家的不仅是物质的利，还有文化的利，是使民高尚的仁义之利。但是大匠不为拙工改变绳墨，孟子一对立，就把事谈僵了。但是也突出强调了君子治国，要先"慎乎德"，德者得也，得之于中，而施之于人，这是德的本意。德是自己有了好的品质，还能施惠于人的一种行为和结果，这是我们现在对德的判定。做君子的要先有德，认真地培养德行。德行好了，别人才能团结在你身边，你作为一个君王，你有德，国人、百姓就觉得在你的领导下这种生活很愉快，所以有德才能有人，有人才能有土。

"邦畿千里，维民所止。"不管你的疆域有多大，有百姓才是你的国土，如果说你的行政管理区域内那些百姓根本就不忠于你，疆界虽然是你的，实质上民心已经离去了，不仅不等于你的国土，而且可能成为你覆国亡国的祸根，在历史上这样的事件比比皆是。所以君子一定要注意，先要培养自己的品质，有了人民，有了土地，才能够借助土地积累财富，"有土此有财""有财此有用"，积聚财富才可以取之于民，用之于国，才能够使用这个财富。传统中的土是"地盘"，现代意义的"土"就是市场。

这里就涉及德、人、土、财、用之间的关系，这个关系怎么去理顺？哪个在前，哪个在后？《大学》里面讲"德者本也，财者末也，外本内末，争民施夺"。这句话很重要，但是我们一定要辩证地听。我们总是说传统文化尤其是儒家文化重本而轻末，重德而轻财，它强调义，而忽视利，但是笔者觉得这种观点未必就符合事实，在儒家早期的队伍中就有一些因经商而致富的人，比如子贡。

孔子说："富而可求也，虽执鞭之士，吾亦为之，如不可求，从吾所好。"孔子认为如果富贵可求，虽执鞭之士也可以做。但如果富贵不可求的话，我就想干什么就去干什么。可见他也想求富求贵，但是必须要"见得思义"。孔子说："饭疏食饮水，曲肱而枕之，乐亦在其中矣。不义而富且贵，于我如浮云。"如果这个富且贵是因为不义而得来的，对我来讲没什么价值，那要是取之有道，谁不想让生活富裕，谁不想让自己的财富积累得多一些、日子过得好一些呢？

所以这里面强调德者本也，财者末也，这个"本"和"末"是指一个先后顺序的问题，并不是单纯地像我们后来所理解的，哪个比哪个更重要的问题。你得抓住哪些是根，根要是不坚固，你这个枝就不可能枝繁叶茂。"本""末"就是树的根与稍，根深才能叶茂，德厚才可财来。大家不去养育德行，全去唯利是图，那就要出事。所以一定要注意以养育德行为主，通过养育德行带来财富。

想要平定天下，得先治其国，要想把国治好，一定要齐其家，小的单位、小的团体做好了，才能治国。要想齐其家，就得做到修身，身修才能家齐，要想修身，就得不断地学习、调整心态，格致诚正做得好了，才能身修。

三、大同小康

《礼记·礼运》中记载："大道之行也，与三代之英，丘未之逮也，而有志焉。大道之行也，天下为公。选贤与能，讲信修睦，故人不独亲其亲，不独子其子，使老有所终，壮有所用，幼有所长，鳏寡孤独废疾者皆有所养。男有分，女有归。货恶其弃于地也，不必藏于己；力恶其不出于身也，不必为己。是故谋闭而不兴，盗窃乱贼而不作，故外户而不闭，是谓大同。"这是用孔子的话为我们描述的一个大同世界。

大同世界是什么样的？"大道之行"真的到了明明德于天下，达到至善境界的时候，那是"天下为公"。贤是以德论，能是以才来论，既有德，又有才，选这样的人是讲信而修睦，信是诚信，睦是和睦、和谐，这样的社会是讲信而修睦。所有的人不但把我自己的亲人当成亲人，还能"老吾老以及人之老，幼吾幼以及人之幼""不独亲其亲，不独子其子"。老年人能够安度晚年。壮年都有自己的工作，都能为社会尽一点自己的力量。儿童都能够在一个很好的环境中学习成长，这是一个非常好的社会状况。鳏寡孤独，包括一些残疾人，也都能够有所养，不至于因为他们是弱势群体，就被社会淘汰，这样的社会非常好。

小康社会的概念也是孔子在《礼记·礼运》中提出来的。我们在提出要全面建设小康社会这个概念的时候，就是对我们传统文化的一个很好的传承，当然我们今天说的小康社会和孔子在《礼记》中描述的小康社会不尽相同。

我们看看孔子所描述的小康社会是什么样的："今大道既隐，天下为家，各亲其亲，各子其子，货力为己，大人世及以为礼。城郭沟池以为固，礼义以为纪；以正君臣，以笃父子，以睦兄弟，以和夫妇，以设制度，以立田里，以贤勇知，以功为己。故谋用是作，而兵由此起。禹汤文武成王周公，由此其选也。此六君子者，未有不谨于礼者也。以著其义，以考其信，著有过，刑仁讲让，示民有常。如有不由此者，在执者去，众以为殃，是谓小康。"

今天已经不是那种"大道之行天下为公"的状态了，那是君子之大道，在现在这个社会生活中，大家已经不去考虑怎样为社会做贡献，而是以天下为家。其实这个限定很符合我们现实的生活，从平常百姓生活的角度去思考，也是让我们自身能够发展，让我们这个家庭能够更为和睦、更为幸福，物质生活富足，家庭关系良好，能对父母尽孝，能够让子女都有一个好的未来，这就是我们努力的目标。

"大道既隐，天下为家，人各亲其亲，各子其子。"那个时候别人怎么样我现在顾及不了，但是我要把我自己的亲人照顾好。对父母要孝，要把我的孩子培养好，其实这也很好，如果人人都能这样，这个社会也就好了。所以尽管小康社会和大同世界比较起来是等而下之，但实质上我们感觉到这样的社会也是不错的。我们去谋取财富，我们出力，为社会做工作，其实也能够让我们自己有一个很好的回报，有一个收获。

君子小人

学习儒家文化，经常会遇到"君子"这个词，君子是指思想境界、品行修养达到一定高度的人。在儒家经典中，经常有对君子的讨论：《诗经》开篇第一句说的就是君子，"关关雎鸠，在河之州。窈窕淑女，君子好逑"。《周易》六十四卦是六十四种人生状态。而每种人生状态最后都会说：君子在这种情况下应该怎样做。以乾坤两卦最为经典：乾卦说"天行健，君子以自强不息"；坤卦就是"地势坤，君子以厚德载物"。《左传》里总用"君子曰"引出对历史事件的一番议论。而《大学》就是大人之学，大人之学就是君子之学。《中庸》讲的是中庸之道，中庸之道就是君子之道。究竟谁是君子？儒家并无确指，只是以一种形象化的表达方式，给我们塑造了一种理想的人格范式，所有溢美之词加之于身都不为过。

君子有切磋琢磨的修养；

君子有不忧不惧的坦荡；

君子有忧乐天下的情怀；

君子有任重道远的担当。

一、何为君子

孔子在《论语·雍也》中说："质胜文则野，文胜质则史。文质彬彬，然后君子。"如果质朴胜过文采，有纯朴的本质而没有文化的过程，没有进化、没有转化、没有通过文明的教化，就会趋于粗野。如果文采胜过质朴，有过分的文采修饰，而没有朴实的内涵，就会有一些伪饰，有一些矫情，就会流于浮夸。怎样才是最好的呢？是文与质相互搭配平衡，彬彬有序，质于内而文于外。这是通过文和质的对比，告诉我们什么样的品质才是君子。

（一）君子形象

《诗经·淇奥》："瞻彼淇奥，绿竹猗猗。有匪君子，如切如磋，如琢如磨。瑟兮僩兮，赫兮咺兮。有匪君子，终不可谖兮。

瞻彼淇奥，绿竹青青。有匪君子，充耳琇莹，会弁如星。瑟兮僩兮，赫兮咺兮。有匪君子，终不可谖兮。

瞻彼淇奥，绿竹如箦。有匪君子，如金如锡，如圭如璧。宽兮绰兮，猗重较兮。善戏谑兮，不为虐兮。"

用一首诗来描述君子的形象：君子是既有威仪，又很和气，还常常善意地开一些玩笑，他不凌暴于人，他在自己的修养上讲究切磋琢磨、精益求精，不断地提高自己的内在修为、自己的思想境界，通过修身达到近乎亲属、信乎朋友，进而齐家治国平天下，这样的人就是儒家文化所塑造的君子形象，也是我们作为一个优秀的人所要追求的目标。

（二）君子九思

在《论语·雍也》中，孔子提到君子有九思："视思明，听思聪，色思温，貌思恭，言思忠，事思敬，疑思问，忿思难，见得思义。"

"视思明，听思聪"就是看事物时，一定要看得透彻，听事情时一定要听得明白。看得透彻就是要看到现象背后的本质，听得明白就是要懂得弦外之音，要能分辨事情的意义和影响。

"色思温，貌思恭"是一定要想着时时提示自己温和谦虚，不要总板着脸很威严的样子。色和貌有怎样的差别呢？色是表现在脸上喜怒哀乐的情绪，貌是通过脸色体现出来的内心的取舍趋向。对人是不是恭敬？对事是不是认真？实际上色和貌融合在一起，既温和，又恭敬，这是君子外在的表现。如何在日常生活中时刻修炼自己？就是要时时刻刻想着"色思温"而"貌思恭"。

"言思忠，事思敬"是指说话时要想着我这番话是不是从我内心中流露出来的，是不是和我的情感一致，要对自己说的话负责。对内要诚，对外要信，这才是忠。忠诚、诚信都体现在这里。敬不仅仅是尊敬和恭敬，而且要非常认真地去做事情，这是君子应该达到的一种品质、一种修养。为人谦和，说话谦虚，如果是做事疲沓、轻佻、马虎，这也不是"言思忠，事思敬"的君子。在《论语·卫灵公》中，孔子说"君子不以言举人，不以人废言"。君子不会根据你说话说得漂亮就任用你，不仅要看言，还要去观察行。同时君子也不会因为对某个人的主观偏见，就否定他所有的言论。

"疑思问"就是有了不懂的地方，一定想着要把它问明白，孔子讲"三人行必有我师"，要"不耻下问"。

"忿思难"指的是在社会生活中有不如意，有情绪要发怒时，一定要想到愤怒带来的结果。现在常说愤怒是拿别人的错误来惩罚自己，这是有道理的。孔子就讲忿要思难，真的内心不平衡，想要拍案而起时，一旦能考虑到后果，这样，激动的情绪也就会平稳下来，人的修养往往就体现在此。

"见得思义"就是平常说的占不占便宜，"取"是不是符合于道，君子爱财，要取之有道。不要轻率地就去得财，不要看着便宜就上，一定要想到我的得是不是符合于道，是不是该得。所谓"义者，宜也","可欲之谓善"才行。

君子"九思"是对君子的言行举止、内在思想和外在行为提出的全面标准，是君子人格的系统体现。这里强调的重点在"思"上，就是面对九种状态，生活中我们拿捏的"度"，君子的内心世界要健康、正面、积极、阳光，表现出来才是使人如沐春风的修养。

（三）君子三戒

怎样才能做一个君子？孔子在《论语·季氏》中还强调君子要有"三戒"："少之时，血气未定，戒之在色；及其壮也，血气方刚，戒之在斗；及其老也，血气既衰，戒之在得。"

君子有三件事是一定要警惕避免的：年轻的时候，身体还没有长成，一定要注意戒色。如果少年之时好色，这一生无论是从健康角度讲，还是从人生志向追求角度讲，都容易被毁掉，这对青少年是有警醒作用的。等到身体强壮、血气正旺之时，一定要注意不要争强好斗。争强好斗会给社会带来不安定的因素，对个人也会有性命之忧。《孟子》中说的五不孝之一就是"好勇斗狠"。到了老年，血气已衰，心智已经不那么强了，再色、再斗已经做不到了。这个时候要避免什么呢？要"戒之在得"。一般都把得解释成贪婪，到老的时候不要过于贪财。但从人的生命历程角度来讲，当人老了，有了一定的社会经验，有了一定知识储备的时候，一定要注意不要自以为是，不要"意必固我"。不要总认为自己吃的盐比别人吃的饭还多，过的桥比别人走的路还长，于是就以老眼光看新问题，用旧经验思考新现象。时代不同，环境不同，同样的事情就有不同的结果，而不同的事情就有不同的处理方式，不能总是用前代的经验来解决当下的问题。

（四）君子三畏

君子也有怕的事，这种怕不是胆怯，而是敬畏的态度。君子要"畏天命"，天命往往是人不能通过个人意志所能改变的。春秋之前，天命往往和民意结合在一起，所谓"天视自我民视，天听自我民听"（《尚书·泰誓中》），百姓就构成了天。所以"畏天命"也是畏民心，君子一定要对天命、民心有所敬畏。

君子"畏大人"。君子对于道德修养、社会地位比自己高的人是很敬畏的，也很认真地去对待这些人。孔子在工作时与国君诸侯、上大夫、下大夫、卿等如何相处，有一整套的礼节。而这些礼节之中就能体现出他对"大人"的敬畏。（见《论语·乡党》）

君子还"畏圣人之言"。君子非常重视先贤的经验教训，也就是圣人之言。在社会生活中，涉世不深的人往往吃亏在没有认真对待圣人以往的人生经验。所以人们经常说"不听老人言，吃亏在眼前"。《周易》强调："君子以多识前言往行，以畜其德。"圣人之言、先贤之言，那都是用整个生命历程体悟出来的真理，经典书籍中所反映出的思想就可以称为圣人之言。这些言行以及这些言行背后所蕴含着的思想是基于对人生的认识所得出的经验，是永恒的人生智慧。古圣先贤的思想和智慧永远有参考的价值，永远有现实的意义，常常可以警醒我们当下的人生。

（五）君子谋道

"君子固穷"这句话往往引发误解，第一个误解是对"固"的理解当作肯定、一定的意思。其实这个"固"是先让一步的表达，说君子固然也有贫穷的时候，"固"应理解为"当然也有""纵然也会"。第二个误解是"穷"，一般认为穷人是物质匮乏，古汉语中物质缺乏是"贫"。而"穷"是指没有出路，或者到了尽头，图穷匕见便是一例。

孔子在周游列国的时候，在陈绝粮，弟子都有一些抱怨，孔子自嘲说：我们又不是野牛，又不是老虎，我们一群人在这旷野上游荡，怎么流落到这个地步呢？子路问孔子："君子亦有穷乎？"穷是无路可走之意，孔子说"君子固穷，小人穷斯滥矣"，君子当然也有"穷"的时候，君子虽然也有"穷"的时候，但是他意志坚定，志向不改，做到"岁寒，然后知松柏之后凋"，而小人每到无路可走之时，就不守规则，任意妄为了。

孔子在《论语·卫灵公》中说："君子谋道不谋食。耕也，馁在其中矣；学也，禄在其中矣。君子忧道不忧贫。"君子应该志存高远，考虑怎么样做，才是走人生的正道，而不是天天就只为一日三餐，只为吃喝去努力。生活仅仅是为了活着，那不是生活，还会形成恶性的循环。真的掌握了知识，有了智慧，在今天人类社会生活中，才会有足够的生存空间，才会有很好的社会角色和位置，所以强调作为君子应该是"忧道不忧贫"。

在《论语·雍也》中，孔子评论在郑为相的子产，"君子之道四焉：其行己也恭，其事上也敬，其养民也惠，其使民也义"。子产的行为举止严谨认真，对人谦虚恭敬，对待上级尊敬有礼。他努力想让老百姓能够得到更多的实惠，物质生活能更丰裕，要求百姓做的事都是百姓应该做的事。想让百姓按照合理的方式来行使他们的权利。他从不去盘剥强求，不过分消耗民财、民力。所以使民也义，施民也惠，作为一个领导者、执政者，这就合乎君子的标准了。

二、君子所恶

君子的品行这么好，是不是也有他讨厌的事情呢？在《论语·阳货》中，子贡就问过孔子"君子亦有恶乎"，孔子说有的。君子也有讨厌的人和事情，"恶称人之恶者，恶居下流而讪上者，恶勇而无礼者，恶果敢而窒者"。

君子讨厌那些宣传别人缺点的人，君子讨厌那种地位低下，却对上一味地奉承、巴结的人。如果作为一个很明智的领导，一旦有人总是奉承他，他就会警惕身边可能有小人。如果领导有一点自得的心理，又做出了一些功绩，有人一夸，他可能就飘飘然了。小人就借机利用你这种自得的心理来办他的事情。君子见到这样的人是非常厌恶的。

有的人胆大不守礼法，表面上看很正直，实质上这些人因为无礼而非常轻率。因为"勇于敢"，什么事情都敢干。当面揭短，发现你的隐私，满不在乎地当众质询你，让你无地自容，能把你逼到没有退路的境地，让你感到窒息。这是孔子对子贡的回答。

然后孔子又问子贡："赐也，亦有恶乎？"子贡说我也有："恶徼以为知者，恶不孙以为勇者，恶讦以为直者。"徼是小聪明，是用一些投机的手法来表现自己的"智慧"。"恶不孙以为勇者"，讨厌把不谦虚当成正直勇敢的人。"恶讦以为直者"就是果敢而窒，当面攻击别人、揭人短处，这样的人是子贡讨厌的。

子贡在《论语·子张》中还说过这样一句话："纣之不善，不如是之甚也。是以君子恶居下流，天下之恶皆归焉。"纣王其实不一定就像我们后人传得那么无道、昏庸、可恶，但是因为他有了恶名，居于下流，天下之恶全归于他。在历史上盛传纣荒淫无道，宠爱妲己，但他就一个儿子武庚。文王很贤德，但是据说文王有一百个儿子。细想一下，这里面是不是还有一些别的问题呢？但是历史就是这样，一旦他是众恶所归，就浑身是嘴也说不清。所以君子一定不要让自己处在恶人的位置上。一旦走到那个境地，那就天下之恶皆归焉，不是你的毛病也是你的毛病了，不是你身上犯的错误也搁到你身上了。读《封神演义》，我们知道妲己其实是女娲派到纣王身边，要把殷王朝灭亡的女间谍，但是因为纣王作恶，她助纣为虐，也就成了坏人。还有一位和她有同样的使命，做着同样性质工作的人，但是其结果却截然不同，这个人就是西施。西施是越国派到吴国的女间谍，目的也是让吴王更加昏庸，最后灭国。但是西施在我们民族文化中是正面的角色，而妲己就是反面的角色。因此子贡这一番话是一定要深思的，一旦居于下流，"天下之恶皆归焉"。

三、君子小人

在儒家经典中，君子常与小人比较议论，稍加整理，便可看出儒家经典中君子、小人的区别：

在《论语》中有几个代表性的论述：《论语·述而》中说"君子坦荡荡，小人长戚戚"。君子胸怀宽广，不为琐事所烦扰，光明磊落地对己对人对事；而小人则心胸狭窄，遇事琢磨困扰忧虑，总以自己为中心去为人处世，所以患得患失，无法快乐无忧地生活。

《论语·子路》中记载："君子和而不同，小人同而不和。"君子有自己的独立人格，但是在与众相处之时，也不至于因为个性和其他人发生矛盾。不和其他人发生矛盾，并不代表没有主见、随声附和，这是自尊，也是尊人。正是因为不同，才能提及"和"，如果一样，同质化，水兑水，就无所谓"和"，"五味调和""大羹调和"。而小人则相反，小人希望别人都和自己一样，一旦有不同的声音，就将其视为异己，所以小人是"同而不和"。

《论语·子路》中有"君子泰而不骄，小人骄而不泰"。君子坐、卧、行、走，处理事情都很从容和泰。但又不自得、不自满、不自傲，既不傲气凌人，也不低三下四，从容不迫地和人相处。而小人则是谄媚那些地位比自己高的、权力比自己大的、财富比自己多的人。对比自己地位低的、权力没有自己大的、财富没有自己多的人，就表现得豪横起来。

《论语·里仁》中有"君子喻于义，小人喻于利"。和君子在一起相处，只要是为义所在，这个事该这么做，这么做符合正道，就不会在利益上过分计较，可以很融洽地相处。而小人看重的却是利益。

《论语》中还有很多这样的比较，如：

"君子周而不比，小人比而不周。"

"君子怀德，小人怀土；君子怀刑，小人怀惠。"

"女为君子儒，无为小人儒。"

"君子之德风，小人之德草，草上之风，必偃。"

"君子易事而难说也，说之不以道，不说也；及其使人也，器之。小人难事而易说也，说之虽不以道，说也；及其使人也，求备焉。"

"君子上达，小人下达。"

"君子求诸己，小人求诸人。"

"君子不可小知而可大受也；小人不可大受而可小知也。"

"君子义以为上，君子有勇而无义为乱，小人有勇而无义为盗。"

通过这种对比的方式告诉我们应该向君子学习，去修养君子的品德，而不应该去仿效小人的行为。

四、小人形象

通过与君子的对比，我们已对小人有了初步的印象。儒家经典《大学》中云："小人闲居为不善，无所不至，见君子而后厌然，掩其不善，而著其善。人之视己，如见其肺肝然，则何益矣。此谓诚于中，形于外。故君子必慎其独也。"这段是说小人之所以是小人的品性，重要原因之一就是不反省自我，在没有人监督管理的环境下，为所欲为，不辨善恶。这样的人认识社会，往往强词夺理，无理狡辩，颠倒是非，胡作非为。别人看他很悲哀，但他自己却浑然不觉。

《大学》中还有另一处语涉小人："长国家而务财用者，必自小人矣。彼为善之，小人之使为国家，灾害并至，虽有善者，亦无如之何矣。"一旦小人掌握治国理政的大权，只知道谋利，无所不用其极。什么官德、国法，什么文化建设，只要不是眼前利益，就不去考虑。只要能迅速提高经济指标，就趋之若鹜。什么都无所顾忌，国家就危险了。

《中庸》里说："君子中庸，小人反中庸。君子之中庸也，君子而时中；小人之中庸也，小人而无忌惮也。""中庸"这个概念，一段时期在中国甚至成了负面概念，就是"小人反中庸"的结果，傅雷在翻译罗曼·罗兰的《贝多芬传》序中说："不经过战斗的舍弃是虚伪的，不经过劫难磨炼的超脱是轻佻的，逃避现实的明哲是卑怯的，中庸、苟且、小智小慧，是我们的致命伤，这是我十五年来与日俱增的信念，而这一切都由于贝多芬的启示。"这里面的"中庸"就是指"小人反中庸"，"君子之中庸"是做事的"度"，是"发而皆中节"，小人把"中庸"用"庸"俗化了，变成了明哲保身，小智小慧，精致的利己主义者。

当然，有些人将这一句"小人之中庸也"翻译成"小人之反中庸也"，但是笔者觉得，就原文使用，同样另有一种意味。

《中庸》第二处涉及小人的："故君子之道，暗然而日章，小人之道，的然而日亡。"什么叫"君子之道，暗然而日章"？君子重视自身修养，越内敛越厚重"玄德升闻"。什么叫"小人之道，的然而日亡"？就是整天喊着一些好听的词儿，口是心非。其实做的不是那么回事儿，当下社会里，很多标榜"国学大师，武术大师，慈善大师"的各类"大师"们越想凸显自己有多么高的修为（的然），其实修养就流失得越快，所剩无几（日亡）。

五、益友损友

益友和损友也是君子和小人的另一种具体化的对比：《论语·季

氏》第十六记载："孔子曰：益者三友，损者三友：友直，友谅，友多闻，益矣；友便辟，友善柔，友便佞，损矣。"

什么是益友？有益于自己，也有益于对方，更有益于社会的朋友。第一，友直。很正直，能够明辨是非，不至于在你做出错事的时候含糊其词。他很正直，见到朋友做得不对的时候直言相谏，这样的朋友特别有益于人生。这在中国古代叫作诤友。《孝经》就强调"天子有诤臣"，人生要有诤友。诤友发现你的缺点和问题时，明确地给你指出来，有的时候不顾你的情面，让你有些难为情，甚至有些难堪，有的时候会让你很恼火。但是请记住，如果你有这样的诤友，你的一生就不会出大问题。

第二，友谅。"谅"是宽容，是体谅，这样的朋友是能够读懂你心的人，所以朋友相交以诚相待。什么是"诚"呢？就是在和你的交往中能够非常真实、非常热情、非常真诚地付出那份感情，他常常是将心比心、换位思考，就是古人说的"忠恕"的情感，"尽己之心谓之忠，推己及人谓之恕"。当你觉得对方做的这件事情，换成自己也可能这样做的话，那就宽容他，甚至对方有一点儿小毛病、小缺点、小性子，只要是在不违背原则的前提下，就体谅他、包容他、容忍他。这是心胸宽广、有度量、有见识、有高度、有胸怀的朋友，这就是"友谅"。朋友之间能够对错误、毛病、个性有这样的容忍度，这样交友才不至于吹毛求疵，才不至于把朋友之间的关系要求得那么高、那么紧张，求全责备。

第三，友多闻。就是一定要结交那些知识渊博、人生阅历丰富的人。交友是有助于人生发展的，如果你这一辈子都交一些非常好的朋友，就有助于你人生的提升。儒家特别强调交友，而且一定要保持与朋友交往时言而有信，就是交友有一个最好的基准点，即诚信。"诚"是一种情感的热度，"信"是答应了就要履约，让朋友认定你是一个可信之人。

你交"多闻"之友，可以提升思想见识，丰富知识。你做一个"多闻"之友，可以帮助别人，完成一些他们完成不了的工作。

中国古人就想打造这样的人生，这是中国古代的一种"士"的形象，"士不可不弘毅，任重而道远"。大事难事看担当，那么如果你能交一些正直的朋友、宽容的朋友、博学多闻的朋友，你与这些优秀的人为友，你的人生就得到了提升，你也就成为优秀的人。这些优秀朋友的品质就是君子。

什么样的人是损友呢？是不值得我们交的朋友？第一是友便辟。什么是便辟？按照朱熹对"四书"的解读，"便辟"就是习于威仪而不直，正好和"友直"相对应。有些人表面上一本正经，甚至有一种威风凛凛的气势，看着好像有气场、有威仪、有派头儿，但是实质上其内心并不是很正直，并不是很坦荡，而是用这种装腔作势的方式表现出的那种威仪，这就是便辟。

第二是友善柔。我们交朋友期望能交到那些虽然是很宽容，但是有一种正能量、有一种积极向上的精神、有一种阳光心态和健康身心的朋友。我们常常不喜欢什么样的朋友呢？只要你和他一见面，他就一副愁眉不展的样子，只要你和他一说话，他就总是唉声叹气，对生活失去信心，没有精气神，甚至他用负面的情绪影响着你的心情、影响着你的心理，他没有积极的、阳刚的进取之心，这样的朋友对我们的发展、对我们的进步、对我们的健康成长和阳光生活是有损害的，结交负能量的人，就是友善柔。

第三是友便佞。便佞就是善于巴结，见到有权势的人，见到有钱的富人，就巴结、讨巧，说的都是漂亮话，但是没有实际的内容，没有真本事。这样的人属于便佞的人，便佞还轻一点儿，如果再深入一点儿，那就是奸佞。这些损友的性格特点就是小人。

孔子认为，益友是"友直，友谅，友多闻"。与"直""谅""多闻"相对应，就是表面看着有威仪，其实内心没原则，这是便辟；取悦于人而不能够包容别人，而且不会给朋友之间增添一种健康向上的助力，这就是善柔；只是说漂亮话，说一些虚话，没有一些从生活中提炼出来的思想、从人生中反思得来的智慧，从知识和思想层面都不能给人以启迪，不能给人助力，这就是便佞，那就是小人了。

有益的朋友，正直、宽容，博闻强记，交往中总能提升自己。

曾国藩多次告诫儿子，要交"直谅之士"。

有害的朋友，能装，花言巧语。面善心毒，会说话，但没什么实际学问。和这样的人交朋友，日趋下达而不知，渐入小人之流。

孔子还说："益者三乐，损者三乐。乐节礼乐、乐道人之善、乐多贤友，益矣；乐骄乐、乐佚游、乐宴乐，损矣。"

知礼好乐而能节制，与人为善，为好人点赞，愿意结交天下贤士，都是有益于身心健康成长的好品性。

沉湎于骄奢淫逸、纵欲无度、花天酒地、不思进取，就是有害于人生的毒品，当时仿佛快乐，越陷越深越消沉，大好年华被毁掉，往往在于此。

六、乡原，德之贼

在儒家文化中，还提到了一个概念叫作"乡原"，什么是"乡原"呢？《论语·阳货》中孔子说"乡原，德之贼也"。那是对良好品德最伤害的负能量。孟子在解读什么是"乡原"的时候说："居之似忠信，行之似廉洁"，不可入尧舜之道，是同乎流俗、合乎污世。我们身边就有这样的一种人，表面看好像这个人挺好，这叫"居之似忠信"，也挺厚道，"行之似廉洁"，当你做好事的时候，他说对，应该做这样的好事，挺好吧？但是明天你要做一点儿坏事的时候，或者你懒惰的时候，他也会支持你。他是见着好人说好话，遇着坏事也往上添油加醋、添柴加火，这种人的行为就叫"乡原"。具体来讲，你觉得他跟你是同类，但是整体一看，因为没理想、没主张、没定力、没原则，因为没有这种坚定的健康价值观，所以人生就没有定力，就可以飘忽不定，就可以随波逐流，就可以是非不分，其实这就是小人。

七、必杀五种人

关于小人，还不得不提孔子痛恨的五种人。在《荀子·宥坐》中有过孔子为什么要杀少正卯的议论。孔子说有五种人在可杀之列，盗贼都不算其中。那么是哪五种人呢？"一曰心达而险，二曰行辟而坚，三曰言伪而辩，四曰记丑而博，五曰顺非而泽。"

第一种叫"心达而险"。就是"心里明白的"坏，心特别凶险，这样的人就是小人。

第二种叫"行辟而坚"。我们生活中就有这样的人，他做事很另类，很怪异，但是他还很坚定，谁说都不听。这些人其实是心理不健康、生活不健康，孔子认为这叫"行辟而坚"。

第三种叫"言伪而辩"。"言伪而辩"的人，他说的都是错的，说的都是假的，但是他一套一套的，你辩论不过他。

第四种叫"记丑而博"。什么是"记丑而博"呢？只要和他一见面，他给你传达的都是社会上负面的信息。为什么？因为他看报纸呀，听新闻呀，上网啊甚至是传递信息呀，只关注社会上那些负面的东西，他记的都是社会上丑陋的现象，而且他知道得特别多，这就叫"记丑而博"。你跟这样的人接触的时候一定要小心，如果不小心，跟他在一起谈上两个小时的话，你就容易被催眠，心态就会由正常的状态变得越来越消沉，越来越阴暗，觉得这个社会完了，因为他给你传达的都是负面的东西。如果按照他的思路往下想，那我们这个社会会走向堕落，会走向腐败，最后的结果就是灭亡。这种人就叫"记丑而博"。现在有些媒体就是这样，有些宣传也是这样，说什么和谐拯救危机，听着好像很好，但是一看，所表述的内容都是社会末日要到了，看着好像有一些批判精神，但实质上是一种对社会公信力的破坏，这就是"记丑而博"。

第五种叫作"顺非而泽"，这是我们在交友的过程中特别需要警惕的人，什么是"顺非而泽"？如果你是领导，你的身边就容易聚集这样的人，如果你内心没有定力，世界观不坚定，价值观不明晰，遇到权贵的时候，你也容易成为"顺非而泽"的人。就是你这件事做错了，他明知这件事错了，他不说你错；他不但不说你错，他还说你做这件事挺好；他不但说你挺好，他还能找出一两条你都没想到的理由来支持你。结果是让这个错误很润滑、很润泽、很顺利地就做下去了，其实最后坑你害你的就是这些人。

孔子说的这五种人就是小人。

子曰诗云

《论语》给中国人打造了一个表达思想的方式，叫作"子曰"。你别小看这两个字，有的学者对这两个字崇拜到什么程度呢？什么是"子"？叫"匹夫而为百世师"。什么是"曰"？叫"一言而为天下法"。你看一看对"子曰"两个字的重视程度，子就是孔子，"匹夫而为百世师"，孔子其实是一介布衣，但成了百世先师、万世师表。就这么一个"曰"字，一言而为天下法，一涉及"子曰"，就是孔子说的话。其实"子"也是个尊称，和我们今天的"先生说""老师说"是一样的。就是因为《论语》中这个"子曰"，打造出中国人表达思想的一个特殊方式："引经据典"。

中国人一旦提及对什么问题有自己看法的时候，一般不用"我以为""我发现""我觉得""我认为"这样的表达方式，因为"我我我"这样的词用得多了，就会给人一个印象：这个人太自以为是！"你发现"，你发现什么呢？古人都发现很多遍了，你之所以还说是你发现，就是因为你书没读到，叫"无知者敢言"，所以孔子在讨论这个问题的过程中，给我们提出了一个叫"四毋"的观点。叫作"毋意、毋必、毋固、毋我"。解释一下，这四句的意思有些相近，大家一定要注意它的细微差别：

"毋意"就是：不要主观臆测。

"毋必"就是：不要一定如此。

"毋固"就是：不要固执己见。

"毋我"就是：不要自以为是。

那么表达思想需要注意这四个"毋"，还要表达思想，怎么办呢？我们老百姓最好的办法就说"子曰"，更进一步需要引证，甚至可以用"诗云"，我可以引用一点经典，这不是我说的，这是孔子说的，其实这种"引经据典""子曰诗云"的方式是中国人表达自己思想的一种非常好的方式。

用经典的智慧思考问题，用经典的语言表达思想，用经典的标准去规范行为，人生不都变得经典了吗？

《论语》中的很多名言名句，在当今社会、在世界范围内都流传甚广。相比鸿篇巨制的论述性散文，这种语录体的名言警句让人更易读、易懂、易记、易用，用字虽简，句式虽短，却言简意赅，道理深刻。直到今天，有很多《论语》名言还活跃在我们的日常用语中，比如"任重而道远""三人行必有我师焉"等等。正因为《论语》中"子曰"后面的话很多都泛化为中国人常识性的语句，经常被我们拿来引用，就如同《诗经》中很多诗句常常被人旁征博引，比如"窈窕淑女，君子好逑""青青子衿，悠悠我心"等，于是《论语》和《诗经》这两部儒家经典就生成了一个专属词汇，叫作"子曰诗云"。"子曰诗云"这个词专门用于形容人们引经据典的语言状态，或形容言之有理的权威性。"子曰诗云"也说明了一种文化现象，说明了自儒家思想成为中国文化道统以来，人们对儒学的信服和奉行。

西方哲学家像黑格尔等人没太在意《论语》，认为这不过是一个东方老人的生活感悟，这是他不懂中国古代圣贤智慧，试问，是你哲学逻辑缜密系统对百姓有益，还是让百姓掌握经典智慧，用它指导人生更重要？中国哲学重在"以文化人"。

一、引经据典

老百姓说："学了《周易》会算卦，学了《诗经》会说话。"中国人说话喜好引经据典，常说"子曰诗云"，你会发现这是非常好的文化现象。

一个民族五千年的积累，好多事情古人都想到了，你还想表达思想，还不能说我发现，那怎么办呢，你说"子曰"，你说"诗云"。

引经据典有什么好处呢？好处多多。第一，这不是我说的，是古圣先贤说的，显得你很谦虚，但是听者一听，你张口就引经据典，满腹经纶，很博学啊。你主观追求很谦虚，客观效果又很博学，相得益彰。

第二，经典是一个民族的共同语境，大家使用的频率高。你说"三人行必有我师焉"，你不用解释，不用翻译，都懂，你说，我说，他说，是使用频率高。

第三，经典具有权威性，多少代人都用，肯定是在生活中反复验证，用了觉得好，好了就往下传，传了再用，用了再传，反反复复才到了今天。大家想一想，用一个民族积累了五千年的智慧来指导我们百年的人生，不够用吗？这是非常好的。

第四，说话引用经典，你就是说错了，你也只负一半责任，是孔子说的，不是我说的，他跟你共担风险。

但是笔者说的这些还都是表象，往深入想，你会发现：语言是思维的载体，语言是思想的符号。你说着什么话，就代表着你在想什么事，如果你思想高度不够，你的语言肯定表达不到。"只有思风发于胸臆，言泉才能流于唇齿。"语言是你内在思想的外化而已。这么一想，我们今天的中华民族就处在非常关键的时期，这个问题意义就非比寻常。改革开放四十多年，我们向西方学经济，为了能够和西方对接，我们从国家角度要求青年人学外语。小孩子学外语没问题，各位老师教外语没问题，但是你发现没有，现在我们有很多具有话语权的专家学者因为学外语，进而学习西方文化、哲学、政治、意识形态、价值观，最后形成了一种语言使用的病态，张嘴涉及概念，就引证黑格尔怎么说的、康德怎么说的；涉及词语，就引证拉丁语怎么讲的、希腊语怎么讲的；一写文章，满篇都是西方学者的观点、意见。各位，我不是民粹主义者，不是要盲目自大，也不是拒绝其他思想，但这样看问题，这样表达思想，即使说得再好，也是拿着别人的标准衡量着自己的日子，你会发现我们好多高端的学者已经失去用自己的语言表达思想的能力。作为一个民族，我们都得了失语症，这非常危险啊！这种影响是不知不觉的，导致我们很多青年教师给孩子讲课都这样，同样是教故事，我就教《伊索寓言》中的"农夫与蛇"，就不讲中国寓言中的《东郭先生与狼》，其实这两个寓言是一个意思，而且按照表意的丰富性来讲，《东郭先生与狼》还有拟人的对话呢！但是我就不讲它，你看我讲《伊索寓言》显得我多有学问，多洋气，这是非常成问题的。所以今天各位关注国学，不仅是掌握点滴知识的问题，而且是一个民族重建自己文化体系的问题，是重新构建民族语言系统的问题。否则，你用别人的语言表达自己的思想，总是站在人家的屋檐下思考问题，如何能够做到"文化自信"？如何能从一个文化大国成为文化强国？所以我们要亲近经典，熟悉传统语言。以文化人，等于维护一个民族的文化，保护一个民族的文化相当于保护一个民族的血脉。中华民族就是因为有了这些文化经典，才使得中国文化世世代代传播到今天。

读《论语》我们会发现，孔子不亲自教自己的孩子，圣人不亲教子。他的儿了孔鲤跟着他的学生一起学习，有一天，孔鲤从院里过，孔子看见了，就叫过来问："你学诗了吗？"孔鲤说："没学诗。"孔子说："你要记住，不学诗，无以言。"你要不学诗，你说话的时候就达不到高雅的状态。诗，温文尔雅，用诗意的语言表达生活，表达起来既含蓄，又艺术，"言之不文，行之不远"。孔鲤听了父亲的教训，认真地去学诗。还有一次也是这样，孔鲤从院里走过，孔子说："你学礼了吗？"孔鲤说："没学礼"。孔子说："不学礼，无以立。"人与人之间交往的礼数都不懂，你怎么能立足社会？孔鲤说："哦，我好好学礼。"后来中国人就把这种在庭院里的教育叫作"庭训"。康熙帝教育孩子说的话被雍正整理成一本书，叫作《庭训格言》。《庭训格言》读起来真是很好，你能感受到作为一个帝王教育自己的孩子，言辞恳切，谆谆教导，既有大见识，又很接地气。

大家记住，一定要读有人生阅历的，有人生磨难的，有高端思想的那些著作。像我刚才说的《庭训格言》，那是康熙帝的，包括毛泽东非常喜欢的《资治通鉴》，那是司马光著的，他用了十九年的时间，把中国历史最有价值的东西整理了出来，不仅有史料，还有史评，中国的史书因为有了评论，就有了高端的见识，中国文化中就是这样好。我们看到的四书经典是用道理说话，而历史经典是用事实证明。就像我们写议论文一样，经是论点，史是论据，互为表里，要读这样的书。因为它谈论的是永恒的人生，它谈论的是寻常日用的、做人做事的标准，所以在今天仍然有指导价值。学中国文化，不仅仅是要学几句古语，拾纸墨之一二，窃唇吻之三四，同时也是一个重拾话语权、重构民族语言体系的问题。

二、子曰例述

（一）《论语》是孔子语录集，"子曰"的使用频率最高，在此省略。

《大学》中，据说"经"的部分就是孔子说的，"传"的部分就是曾子根据孔子的思想加以解读，因为没注明"子曰"，在此不录。

（二）《中庸》中"子曰"的部分引用

子曰："道之不行也，我知之矣，知者过之，愚者不及也。道之不明也，我知之矣：贤者过之，不肖者不及也。人莫不饮食也，鲜能知味也。"

子曰："舜其大知也与！舜好问而好察迩言，隐恶而扬善，执其两端，用其中于民。其斯以为舜乎！"

子曰："人皆曰予知，驱而纳诸罟擭陷阱之中，而莫之知辟也。人皆曰予知，择乎中庸，而不能期月守也。"

子曰："道不远人，人之为道而远人，不可以为道。"

子曰："射有似乎君子，失诸正鹄，反求诸其身。"

子曰："好学近乎知，力行近乎仁，知耻近乎勇。知斯三者，则知所以修身；知所以修身，则知所以治人；知所以治人，则知所以治天下国家矣。"

（三）《孟子》中"子曰"的部分引用

孔子曰："为此诗者，其知道乎！故有物必有则，民之秉彝也，故好是懿德。"

孔子曰："'操则存，舍则亡；出入无时，莫知其乡。'唯心之谓与？"

（四）《孝经》中"子曰"的部分引用

子曰："爱亲者，不敢恶于人；敬亲者，不敢慢于人。"

子曰："孝子之事亲也，居则致其敬，养则致其乐，病则致其忧，丧则致其哀，祭则致其严。五者备矣，然后能事亲。事亲者，居上不骄，为下不乱，在丑不争。居上而骄则亡，为下而乱则刑，在丑而争则兵。三者不除，虽日用三牲之养，犹为不孝也。"

子曰："教民亲爱，莫善于孝。教民礼顺，莫善于悌。移风易俗，莫善于乐。安上治民，莫善于礼。礼者，敬而已矣。故敬其父，则子悦；敬其兄，则弟悦；敬其君，则臣悦；敬一人，而千万人悦。

所敬者寡，而悦者众，此之谓要道也。"

子曰："君子之教以孝也，非家至而日见之也。教以孝，所以敬天下之为人父者也。教以悌，所以敬天下之为人兄者也。教以臣，所以敬天下之为人君者也。"

子曰："君子之事亲孝，故忠可移于君。事兄悌，故顺可移于长。居家理，故治可移于官。是以行成于内，而名立于后世矣。"

（五）《周易》中"子曰"的部分引用

子曰："君子之道，或出或处，或默或语。二人同心，其利断金。同心之言，其臭如兰。"

子曰："劳而不伐，有功而不德，厚之至也。语以其功下人者也。德言盛，礼言恭；谦也者，致恭以存其位者也。"

子曰："德薄而位尊，知小而谋大，力少而任重，鲜不及矣。"

子曰："君子安其身而后动，易其心而后语，定其交而后求。君子修此三者，故全也。危以动，则民不与也；惧以语，则民不应也；无交而求，则民不与也；莫之与，则伤之者至矣。"

三、赋诗言志

我们在"诗书易"一章中提到诗，重在强调三古经《诗》《书》《易》，为人文社会科学文史哲的源头，现在我们第二次提及诗，侧重诗的引征应用。我们还要在"诗书礼乐"中提及诗，强调"兴于诗"的文化功能。

古人强调学习要从诗开始，"兴于诗，立于礼，成于乐"。诗"感发志意"。"可以兴，可以观，可以群，可以怨。"诗在中华文化中影响着中国人的气质，提升着中国人的表达。用诗表达思想感情，语言更精粹优美，思想更清晰明确，气质儒雅，谈吐不凡，锦绣文章。用诗的眼光看世界，就能在生活中处处发现诗意的美。

"赋诗言志"是春秋时期用诗之风的典型特征，刘勰的《文心雕龙·明诗》云："春秋观志，讽诵旧章，酬酢以为宾荣，吐纳而成身文。"《诗三百》结集于春秋中叶之后，并没有引发创作的繁荣，也没有形成一定严格的确解，所谓"诗无达诂"。相反，已成之诗，广泛应用于政治、外交、社会活动等诸多方面，逐渐演变成由文学艺术，进而为人生经典的文化现象。据统计：《国语》引诗三十一条，《左传》引诗二百一十七条，或言一百三十四条。这种用诗常常是使用诗的引申义，用《左传·襄公二十八年》中言："赋诗断章，余取所求焉。"杜预注："譬如赋诗者，取其一章而已。"所以皮锡瑞在《经学通论》中《诗经》卷说："《左传》载当时君臣之赋诗，皆是断章取义，故《杜预注》皆云取某句。"用诗中淬炼好的已成之句表达心中的所思所想，比较简洁方便。

赋诗言志最经典的例子当数《论语》中子贡与子夏两弟子问诗：其一，见《论语·学而》第一篇，子贡曰："贫而无谄，富而无骄，何如？"子曰："可也，未若贫而乐，富而好礼者也。"子贡曰："《诗》云：'如切如磋，如琢如磨'其斯之谓与？"子曰："赐也，始可与言《诗》已矣，告诸往而知来者。"

此例中引《卫风·淇奥》中切磋琢磨之句，以喻"贫乐好礼"比"无谄无骄"更有更高境界，这是引诗用诗、随处生发的最好例证，竟使得为师的孔子也兴奋地称其"告诸往而知来者"。

其二，《论语·八佾》第三篇，子夏问曰："'巧笑倩兮，美目盼兮，素以为绚兮。'何谓也？"子曰："绘事后素。"曰："礼后乎？"子曰："起予者商也！始可与言《诗》已矣。"

子夏是孔子诗学诗教的衣钵传人，如孔子读《诗·卫风·硕人》，初仅言素为绚之极至，而孔子当时也仅解释为：色彩后于素白。不料子夏转语生发，一变而从诗言礼，问到"礼后乎"后于什么呢？后于"诚敬"。朱熹《四书章句集注》云："敬者，礼之所以立也。"不敬而有礼，不过客套而已，礼貌而已。故而为师的孔子都受到启发，高兴地称子夏为可与言诗的"知音"，真是教学相长啊！

用诗之风绵延至今，《关雎》古意亦有新用，《关雎》为三百篇之首，旧称文王太妃之德，所谓"《关雎》后妃之德也，风之始也，所以风天下而正夫妇也……是以《关雎》乐得淑女以配君子，忧在进贤，不淫其色"。以《关雎》比人生理想追求，正是王国维人生三境界的源头。

孔子也称《关雎》"乐而不淫，哀而不伤"。孔子甚至说："诗三百，一言以蔽之，思无邪！"今察诗三百，思有邪者有之，思无邪者，《关雎》为其首，为其代表是也。

四、《四书》引诗

《四书》中引诗的数量，其中《大学》涉诗十二处，引诗十首，重复有二处；《中庸》涉诗十七处，引诗十五首，重复有二处；《论语》涉诗二十三处，引诗十三首，重复有二处；《孟子》涉诗三十五处，引诗二十八首，重复有四处。夏传才先生在《诗经讲座》中说："《孟子》七篇。篇篇都有引《诗》，计《梁惠王篇》八处，《公孙丑篇》三处，《滕文公篇》六处，《离娄篇》八处，《万章篇》五处，《告子篇》四处，《尽心篇》一处，共三十五处。其中有四处论《诗》。"

夏传才先生在《诗经讲座》说："春秋中期以后，贵族阶级退出政治舞台，不再赋《诗》言志，进入战国时期，百家争鸣，随着《诗》的流传，诸子百家著述普遍引《诗》。所谓'著述引诗'就是在理论著述中引用《诗》中的句子作为理论的依据，又称'引《诗》

明理'，或'引《诗》为证'。根据现存文献，在这些学者中，孟子是战国中期'著述引《诗》'最早也最多的人。从春秋时期的'赋诗言志'发展到战国时期的'著述引诗'，表明《诗》经孔子整理后，随着孔门师教的兴盛，走出贵族宫廷而进入宽阔的社会领域。"

从"赋《诗》言志"转变为"著述引诗"，"断章取义"的方式却一脉相承地保存下来了。通过对《四书》引诗、用诗的分析：

其一，所引诗句在文中的主旨与《诗》的原旨相符的占多数，如以征引最多的《诗经·大雅·文王》为例，原诗就是歌颂文王，而在《四书》征引中，《大学》分别在三处用《诗经·大雅·文王》的句子：

"周虽旧邦，其命维新。"

"穆穆文王，于辑熙敬止。"

"殷之未丧师，克配上帝，宜鉴于殷，骏命不易。"

《中庸》用《诗经·大雅·文王》一句：

"上天之载，无声无臭。"

《孟子》中用了四处，二处重复用：

"永言配命，自求多福。"（重复）

"周虽旧邦，其命维新。"

"商之孙子，其丽不亿，上帝既命，侯于周服。侯于周服，天命靡常，殷士肤敏，裸将于京。"

其二，所引诗句在文中的主旨与《诗》不尽相符，而是触景生情、借题发挥的，如："如切如磋，如琢如磨。"诗的原义是描写君子的修养，而《论语》中子贡引用此诗句谈的是师生之间探讨问题逐步深入和升华。

其三，还有与原诗主题关系不大，仅截取某句诗义的，如："宜兄宜弟。"原诗出自《诗经·小雅·蓼萧》，本义只是抒发兄弟之情，在《大学》中用于佐证"治国在齐家"。甚至有的"断章取义"，基本不考虑原诗主题，如：《中庸》引《诗经·大雅·旱麓》：""鸢飞戾天，鱼跃于渊，'言其上下察也。"以此句为起兴，目的是讨论君子，与原诗思想基本无关。再如：《孟子·尽心下》十九章""忧心悄悄，愠于群小，'孔子也。"诗句原句出自《诗经·邶风·柏舟》，《毛序》中说是"仁人不遇"。而朱熹一直认为是"妇人不得志于其夫"。当然主人公是男性还是女性大有讨论的余地。但以朱熹整理《四书》的出发点来看，那么用此句来说孔子，则确乎是"断章取义"了。关于引诗意图与诗原义的比较分析，应该就《四书》所引的诗做一一比较分析，本文限于篇幅不能穷尽，可做另外专题阐述。

《孝经》中"诗云"的部分引用：

《诗》云："战战兢兢，如临深渊，如履薄冰。"

——《诗经·小雅·小旻》

《诗》云："夙夜匪懈，以事一人。"

——《大雅·烝民》

《诗》云："心乎爱矣，遐不谓矣，中心藏之，何日忘之。"

——《诗经·小雅·隰桑》

《诗》云："有觉德行，四国顺之。"

——《大雅·抑》

《诗》云："淑人君子，其仪不忒。"

——《诗经·曹风·鸤鸠》

《诗》云："恺悌君子，民之父母。"

——《诗经·大雅·泂酌》

《左传》中"诗云"的部分引用：

《诗》曰："经始勿亟，庶民子来。"

——《诗经·大雅·灵台》

《诗》曰："德音孔昭，视民不恌。"

——《诗经·小雅·鹿鸣》

《诗》云："敬慎威仪，维民之则。"

——《诗经·鲁颂·泮水》

《诗》曰："恺悌君子，遐不作人。"

——《诗经·大雅·旱麓》

《诗》云："自求多福。"

——《诗经·大雅·文王》

《诗》曰："德音不瑕。"

——《诗经·豳风·狼跋》

《韩诗外传》中"诗云"的部分引用：

《诗》曰："我心匪石，不可转也。我心匪席，不可卷也。"

——《诗经·邶风·柏舟》

《诗》曰："不忮不求，何用不臧！"

——《诗经·邶风·雄雉》

《诗》云："深则厉，浅则揭。"

——《诗经·邶风·匏有苦叶》

《诗》曰："日就月将，学有缉熙于光明。"

——《诗经·周颂·敬之》

《诗》曰："鹤鸣九皋，声闻于天。"

——《诗经·小雅·鹤鸣》

读《诗》《尚书》《易》时，大家发现，三书之间少引证，因为三书皆是源头，《诗》自身不可能引"诗云"，其他三书亦如此。

读《论语》时大家要注意，《论语》者二十篇，唯独乡党无"子曰"二字，《论语》第十篇《乡党》，记录的是孔子的行为表现，重点是"礼"的样子，孔子教学："文行忠信"，言传身教。"子曰"是言传，而乡党折射出来的"礼"就是身教。这一篇语言特色鲜明，风格迥异，多用两字重叠的"拟态词"，例如：孔子在乡里乡亲面前说话，是"恂恂如也"；在朝堂宗庙上却是"便便言，唯谨尔"；工作的时候，与下大夫言"侃侃如也"；与上大夫言"訚訚如也"；国君诸侯在的时候"与与如也"；下班出门之后"怡怡如也"；私下与朋友聚会相见"愉愉如也"。不仅如此，孔子与学生们在一起的时候，学生的表现也很像老师。《论语·先进》篇里记载孔子弟子："闵子侍侧，訚訚如也。子路，行行如也，冉有，子贡，侃侃如也，子乐。"

《论语·述而》篇描述："子之燕居，申申如也，夭夭如也。"这种表达方式想必被日本学得很到位，所以日语中这种重叠式的拟声词、拟态词特别多。

这些状态的描述是从一个角度反映儒家举手投足间的修行，是行胜于言的"礼仪""礼教"。这个问题在其他专题中还有很多涉及，这里不多赘言，只是引申出来，涉及几句而已。

儒家是最重视学术传承的学派，至圣先师孔子删诗书，定礼乐，序易传，著春秋，集先贤尧、舜、禹、商汤、文武、周公思想之大成，继承发扬了先贤的经验智慧，又一生从事教学，传播中华优秀文化。

诗书礼乐，就是孔子继往开来的最好例证，据《礼记》记载："乐正崇四术、立四教，顺先王《诗》《书》《礼》《乐》以造士。春秋教以《礼》《乐》，冬夏教以《诗》《书》。"诗书礼乐，邹鲁之士，缙绅先生多能明之，孔子从事教学，最初也不是振臂一呼，应者云集，但是四十三岁之后，采用诗书礼乐为教学内容的形式，弟子弥众，至自远方，莫不受业焉。

诗书礼乐，在今天是我们"为往圣继绝学"的"绝学"，又能代表中国文化走向未来、走向世界。诗是中国语言，书是中国文字，礼是中国形象，乐是中国声音，讲好中国故事，传播中华文化，诗书礼乐首当其冲，义不容辞。诗言志，书启智，礼节行，乐和情，最适宜于：中华少年，优雅女性，国学师资，书香家庭。

本章诗书礼乐，目标在于将这套体系转化成现代课程体系，在新文科教育改革中应用，在互联网时代，提高民族文化素养，转化落地。

一、教以六经

孔子作为儒家文化的集大成者，他在教学的过程中，所教的内容是什么呢？一般认为孔子是以"六艺"教学，"六艺"指的是两个层面：

一是礼、乐、射、御、书、数。

"礼"教育学生在日常生活中的举止要规范。

"乐"是音乐知识，歌唱或抚琴伴奏是用音乐调整人的性情。

"射"是射箭；"御"是驾车，当然太小的学生不能射箭驾车，但是可以学习一点射箭驾车的知识。"射"跟"御"相当于我们现在的体育课。

"书"是写字、书法，中国古代对字的书写要求非常高。

"数"是数学、计算，孔子是精于数学计算的，金景芳、吕绍纲先生著的《孔子传》中记载：孔子的第一个职业就是会计。

以上内容偏重基础训练和社会生活实践。

二是《诗》《书》《礼》《乐》《易》《春秋》"六经"。现在常说"五经"，因为《乐》丢失了，有"乐"之名，无"乐"之实，所以汉朝时设置的是"五经博士"。

现在普遍认为孔子给学生上的文化课，内容就是"六经"。孔子一生教学，也是动态发展的过程，他并非一出生就是圣人，而是由凡入圣。我们读《论语》会发现，孔子五十岁才开始学《周易》，《论语·述而》中孔子说："加我数年，五十以学《易》，可以无大过矣。"《史记·孔子世家》里也记载他"晚而喜易"，并且说："假我数年，若是，我于易则彬彬矣。"意思就是再给我几年时间，我就能条分缕析、有纲有目、有章有节地理解《周易》了。孔子五十岁才开始学《易》，那五十岁之前肯定是不能讲《周易》的，那他讲的是什么呢？

《春秋》是孔子晚年在周游列国之后，回到鲁国，依据鲁国的历史删述而成。《春秋》是从鲁隐公元年开始的，记录了鲁国十二个诸侯，以此为线，带出来其他诸侯国发生的事件。一共二百四十二年的历史，这段时间特别混乱，后来孟子总结："弑君三十六、亡国五十二，诸侯奔走，不得保其社稷者，不可胜数"，那是中国最动荡的时期。孔子依据鲁国的历史脉络，将各国的大事如实地记录下来，孔子删述春秋，是"笔则笔，削则削，子夏之徒不能赞一辞"。在修史书问题上，孔子是非常严谨的，一字之间含褒贬，成为后人著史遵循的原则。孔子作《春秋》，使得乱臣贼子惧。

因为《春秋》写得太好了，于是就以这本书为名，把那个时代命名为"春秋时代"。孔子作《春秋》的时候，都已经近七十岁了，是周游列国之后，回到鲁国作的。孔子七十三岁时去世，也就是说他删述完《春秋》不久就去世了，由此可以肯定他大部分教学时段和内容里也涉及不到《春秋》，诸弟子记录《论语》里也没有提到过《春秋》的内容。

可以看出，原来孔子大部分教学过程中，涉及《周易》和《春秋》的内容很有限，《易》和《春秋》，后来又分别独立为哲学和史学，所以，就文化素养、常识而言，诗书礼乐最适中。"六经"里抛开了《周易》和《春秋》，剩的就是《诗》《书》《礼》《乐》。

二、圣人四教

孔子当年的教学内容涉及最多的就是《诗》《书》《礼》《乐》。孔子是中国文化的集大成者，这套教学体系也是他向古圣先贤学习的成果。古有四教，诗书礼乐。《礼记·王制》篇有："乐正崇四术，立四教，顺先王《诗》《书》《礼》《乐》以造士。春秋教以《礼》《乐》，冬夏教以《诗》《书》。"可知《诗》《书》《礼》《乐》为当时官办教学的主要课程。

在《庄子·天下》中说："《诗》《书》《礼》《乐》者，邹鲁之士、缙绅先生多能明之。"说明在孔子所处的鲁地用《诗》《书》《礼》《乐》教学是很盛行的，是一个知识分子的必修课程。

朱熹的《四书章句集注·论语序说》中也说："孔子年四十三，而季氏强僭，其臣阳虎作乱专政。故孔子不仕，而退修《诗》《书》《礼》《乐》，弟子弥众。"司马迁的《史记·孔子世家》中记载："故孔子不仕，退而修《诗》《书》《礼》《乐》，弟子弥众，至自远方，莫不受业焉。"从这两段可以看出，孔子四十三岁的时候，社会动乱，"陪臣执国命"。齐桓公九合诸侯之后，天子就是虚名，诸侯各自掌握各自的政权。但诸侯也管不了下边的事，诸侯不听天子的，下边的家臣就不听诸侯的。在这种情况下，孔子不再想出仕，就开始修《诗》《书》《礼》《乐》，广招弟子，传播文化。在《史记·孔子世家》中记载："孔子以《诗》《书》《礼》《乐》教，弟子盖三千焉，身通六艺者七十有二人。"孔子的三千弟子，七十二贤人，在中国文化史上影响都非常大，而他们所学的知识都是"诗书礼乐"。"诗书礼乐"教育体系，教学效果是非常好的。

孔子是中国第一个社会力量办学的人，也经历过门下"三盈三虚"的坎坷。孔子当年讲课，学生也睡觉，孔子有一个学生叫宰予，《论语》里说"宰予昼寝"，孔子很生气，就说他"朽木不可雕也"，这就是当年孔子教学中的一个情境。但是，还原到我们生活中来，儒家还强调"失诸正鹄，反求诸其身"。如果说做的事效果不好，那么不要去埋怨客观对象，而是要去思考主观原因，是不是自我没有做好？没让大家能够凝神聚气，没让大家兴高采烈，没让大家想睡都睡不着，那样就好了。所以孔子直到用上"诗书礼乐"的教学体系，才其道大行。

"诗书礼乐"是至圣先师孔子成功的教学法。孔子曾说："吾十有五而志于学，三十而立，四十而不惑，五十而知天命，六十而耳顺，七十而从心所欲，不逾矩。"孔子十五岁就励志学习，三十岁学识增长，可以立足于社会，到了四十岁有了足够的人生阅历，不会为一般现象所迷惑。教师职业更应强调这一点，"师者，传道授业解惑"。不到四十，自己还没有达到通透呢，怎么能"以其昏昏，使人昭昭"呢？怎么能够答疑解惑呢？学识也是如此，所以孔子在四十三岁之后，教育事业才蒸蒸日上。

在《后汉书·邓张徐张胡列传》中提到"臣闻《诗》《书》《礼》《乐》，定自孔子；发明章句，始于子夏"。孔子以后，儒家仍在传承"诗书礼乐"。中国古代"士"的担当和使命，北宋五子的张载将其概括为"为天地立心，为生民立命，为往圣继绝学，为万世开太平"。这是中国知识分子永恒的追求，教育工作者的使命和担当就是"为往圣继绝学"，往圣的绝学就是"诗书礼乐"。

三、何谓文章

在《论语·公冶长》中，子贡说："夫子之文章，可得而闻也；夫子之言性与天道，不可得而闻也。"孔子说的性和天道的问题，谁也不知道怎么回事，学生听不懂，其实《周易》作为哲学，正是谈"性与天道"的。所以学生说这话的时候，肯定是老师还没有讲《易》，孔子就讲"文章"，文章是可得而闻的，文章是什么呢？刘宝楠在《论语正义》中已经指出"据世家诸文，则夫子文章为诗书礼乐也"。钱穆先生在《论语新解》中做注解时指出，文章就是指"诗书礼乐，孔子常举以教人"。当然这个"文"是"文化"，是"文采"；"章"就是文化水准体现出来的状态。

孔颖达在《周易正义》中注解"观乎人文以化成天下"："言圣人观察人文，则诗书礼乐之谓，当法此教而'化成天下'也。""诗书礼乐"是儒家人文教育的体系。

《史记·秦本纪》中提到"中国以诗书礼乐法度为政，然尚时乱，今戎夷无此，何以为治，不亦难乎？"中国社会以"诗书礼乐"为教。而蛮夷还处于非文明的蛮荒时代。《庄子·徐无鬼》中说："吾所以说吾君者，横说之则以《诗》《书》《礼》《乐》，从说之以《金板》《六弢》。"这里从一文一武两个角度强调了"诗书礼乐"的重要性。

孔子总结自己"志于道，据于德，依于仁，游于艺"。艺者，六艺，前面已知六艺，诗书礼乐是其常识、基础。

"诗书礼乐"虽然是很完备的教育体系，但随着时间的推移和社会的变迁，这套体系已不被整体重视了。当下中华文化复兴，用何种教育方式教育青少年，更好地传承中华优秀传统文化？我们经过十年的发掘整理，重新推出"诗书礼乐"教育体系：《易》为群经之首，是中国古典哲学，青少年还不到学懂形而上学的哲学的年龄；《春秋》是历史，已经在中学单列成科。最适合大众化人文教育的、最适合青少年健康成长的就是"诗书礼乐"，这是"为往圣继绝学"。当然我们为这套教育体系赋予了新的内容，也是传统文化的创造性转化，创新性发展。

四、兴于诗

诗原指《诗经》，现指中国历代好诗词。包括中国古典文学中那些对青少年有益的励志诗、哲理诗、景物诗、抒情诗等。

诗，一是用《诗经》里的诗，《诗经》里面有一些非常鲜活的好诗。《诗经》之外就是指教育部制定中小学教材里的古诗文里诗的部分，这都是经过千锤百炼的，肯定是好的。

另外还选定了四种主题的诗：第一种是励志诗，"诗言志"，学诗能让青少年励志养气。有了这样的正气，青少年一生的追求不会差，而且，不用你总管着，自己有这种心劲儿。孔子当年教学就是培养孩子们要励志养气。

第二种是哲理诗，好诗是具有哲理性的，可以变成一种诗意的哲学，哲学通透了是人生大智慧，闪烁那种智慧之美也是诗化的哲学，它们都是互通的，这是哲理诗。

第三种是景物诗，描写景物的诗要选择好的，你会发现它特别美，因为这些景物诗写得美，所以读了以后，你会更加热爱自然，更加热爱人生。

第四种是抒情诗，抒发个人情感志趣感悟。

诗的部分还包含诗学、诗艺、诗评、诗论、诗教等内容，如《毛诗序》《二十四诗品》《诗集传》《人间词话》等。学了这些，才不至于就诗论诗，教师讲诗词最怕的就是拿一首诗，告诉孩子作者是谁，时代是什么时候，它的主要思想是什么，艺术特点是什么，人云亦云地说了一遍，最后给诗做个翻译。对诗要是做直译，相当于给美酒兑水，本来是精粹的表达，但是被解释得不仅没有提升，反而弱化，学点诗评诗论能够提高你的欣赏水平。

有一首诗《江南》："江南可采莲，莲叶何田田，鱼戏莲叶间。鱼戏莲叶东，鱼戏莲叶西，鱼戏莲叶南，鱼戏莲叶北。"不懂诗的人就会觉得：这不是废话吗？鱼戏莲叶东西南北不就行了吗？可是那样写，还能叫诗了吗？就是这种单纯的重复，才会有境界，仿佛在那清清的池塘里，在荷花开着的荷叶下，那小鱼儿倏忽一下游到那边，倏忽一下又游回来了。它在你的脑海中就构成了一幅有静有动的画面，这不就是美吗？单纯本身就是美啊！

陶渊明的《归园田居·其三》最能代表诗的价值："种豆南山下，草盛豆苗稀。晨兴理荒秽，带月荷锄归。"当年笔者读这首诗的时候，自己再创造描绘：仿佛在那么一个春风沉醉的晚上，扛着小花锄，走在那乡间小路上，嘴里还哼着小夜曲，透过开满鲜花的月亮，感觉到生活多么惬意。但实际生活是那么回事吗？想一想"草盛豆苗稀"，那是一种什么状态？早上就下地锄草，晚上天都黑了才回来，得累成什么样儿？如果我们有一点农村生活经验就会知道，那是非常沉重、非常辛苦的劳作。但是你在诗人笔下感受不到沉重，体味不到辛苦，诗就是把充满杂质的生活，经过心灵的过滤，提升为纯净如水的境界。

诗是语言的凝练。诗的语言是最优美的语言。中国传统社会中都是以诗来交流。诸侯相聚，赋诗言志，两位诸侯见面，这位读两句诗，那位读两句诗，一发现这两句诗在思想上、精神上有共通，就视对方为同道。如果意思正相左，基本不是同道。

诗学好了，会发现气质中都带着诗意。我们说什么是贵族？贵族就是不管物质生活的贫富，能过着一种诗意的生活，内心十分优雅，举止特别从容，那种优雅从容想装都装不出来。不是光靠打扮就能达到的，它是一种环境，是一种内心强大，在中国要想达到这一点，有一种方式就是学诗。

五、习于书

书原指《尚书》，现指经典阅读和文章写作、汉字书写。书涵盖三方面内容：一是读书。中国古代读书就是指阅读，包括诗在内，诗以外的其他经典也在内，要善于读书。我们中国有很多好的、直接以书命名的经典，最早的是《尚书》。《尚书》不好读，当年韩愈都说

《尚书》"周诰殷盘，佶屈聱牙"，如果让大家读非常难，当然《尚书》里有很多名言警句，对现代生活仍有指导意义，而《尚书》记录的中国早期圣贤人物是后世中华民族学习的楷模。

"五经"之后，大家最熟悉的经典就是"四书"：《大学》《中庸》《论语》《孟子》。《大学》和《中庸》是《礼记》中的两篇文章，《论语》《孟子》是两部文集。

还有一些特别有人情味的家书，像中小学课本里选的诸葛亮的《诫子书》《诫外甥书》、康熙教育孩子的《庭训格言》，言辞恳切，谆谆教导，既有大见识，又很接地气。要是读一点曾国藩的家书，会发现大学者对人生的感悟，点点滴滴在心头，都是生活中最至情至理的思想，读了之后让人感动。大家记住，一定要读这样的书。千万别读小知识分子写的书，小知识分子本身就是不成功的，那里面与其说给你的知识多，还不如说对你的情绪负面影响大，有很多青少年读了这些书，长大后莫名奇妙地愤青。一定要读有人生阅历的，有人生磨难的，有高端思想的那样人的书。像毛泽东非常喜欢的《资治通鉴》，那是司马光用了十九年的时间，把中国历史最有价值的东西整理了出来，不仅有史料，还有史的评论，中国的史书正因为有了评论，才有了更高端的见识。

二是作文。书是文笔的训练，"读书破万卷，下笔如有神"。青少年因腹有诗书，而作文引经据典，华美文章。青少年作文，一旦能引用经典，水平立刻就不一样了。笔者上中学时，有一次老师讲了一课游记，然后带着大家到吉林北山去旅游，玩了一天，老师留了八篇作文，松花湖观感、揽月亭抒怀等，让大家写，笔者就想写"揽月亭"。那个时代一说到揽月，就引用毛泽东的"可上九天揽月，可下五洋捉鳖"。同学们都用这个，笔者就觉得都引用有点太俗了，巧合的是，那时候读到李白的"俱怀逸兴壮思飞，欲上青天揽明月"。就把这两句用上了，语文老师在旁边批了三个"好好好"。然后又写了一大堆评语，评语比笔者作文的字都多。从那之后笔者就喜欢上语文了。所以说，有的时候老师的一点儿行为，会影响孩子的一生。现在国家强调文旅融合，文化怎么给旅游赋魂？笔者认为旅游是"曾经的脚印，心灵的满足"，旅游文化、文学天然融合的代表就是游记。

三是写字。"六艺"中的"书"专指写字。写字的目的不仅仅是字好，在书写的时候，训练耐性、精确、认真精神。"书者，如也，如其人，如其面。"《弟子规》中说："墨磨偏，心不端；字不敬，心先病。"通过方块字，体味中国文化艺术的方圆有致。现在，写好规范字是国家语言文字的要求。

六、立于礼

礼原指"周礼"，现指青少年行为规范和日常礼仪。中华文明的最大特征就是礼乐文化。"我周公，做周礼；著六官，存治体。"周公制礼作乐，"礼仪三百，威仪三千"。君子淑女，彬彬有礼。孔子期望的理想社会就是礼乐之邦，所以他才强调"克己复礼"。礼就是让行为适宜、举止有度的尺子。"礼者，理也"是内心的标准外在的表现：在家就是孝悌，交友就是诚信，对国家是忠诚，对人民是热爱。礼以节行，我们修养的提高就是对内修心、对外修行的过程，内化于心，外化于行，内外兼修，内圣外王。

"不学诗，无以言；不学礼，无以立。"现在社会的交往中，有礼有节往往胜于无声无形，不战而屈人之兵。从《周礼》《仪礼》《礼记》《大戴礼记》中择取"礼"的相关内容，把青少年日常行为规范和中华优秀传统文化中仍然鲜活的行为礼仪相结合，中国古代礼数很多，有生礼、冠礼、婚礼等，现在大家要记住"新六礼"。新六礼是一条横线、一条纵线。纵线是一日之礼、一年之礼、一生之礼。

"晨昏定省，出必告，反必面"，这是一日之礼。一年之礼就是那些民族节日，这些节日里都讲究礼，祭祖、敬老都是礼。一生之礼：生礼、冠礼、婚礼、葬礼等。要是从横向上看，有一身之礼，怎么修身，举止言谈。有一家之礼，父慈子孝，兄友弟恭，夫妻和顺。有一国之礼，纪念抗日战争七十年阅兵、国庆阅兵都是一国之礼。按照时间和空间两条线，现代应用就带进来了，如果这些东西在学校里，德育老师一说就懂，马上就能做。

对于青少年，可选用《弟子规》等内容及相关节日礼俗知识更好地理解礼的意义，以此指导青少年的行为。所谓彬彬有礼就是一种举止的修炼。

七、成于乐

乐原指孔子乐教，现指儿歌、童谣、民歌、红歌、立志歌曲和传统音乐。乐以和情，陶冶情操，中国五千年优秀的传统文化强调修身养性。孔子说："兴于诗，立于礼，成于乐。"音乐教育是美育的重要组成。

"喜怒哀乐之未发，谓之中；发而皆中节，谓之和。中也者，天下之大本也：和也者，天下之达道也。致中和，天地位焉，万物育焉。"喜怒哀乐就是情绪，音乐是情感的语言，乐教有平衡情绪的能力。

性情调和的最佳方式就是乐教，正所谓"广博易良，《乐》教也"。用乐调整人的心情是最好的文明教化方式，是培养青少年阳光心态的思想品德教育。一旦情绪调节好了，一个人就会逐渐成熟，孔子说："成于乐"，内心平和、快乐是人格成熟的标志。

要教育孩子欣赏最具代表性的传统乐曲，如《春江花月夜》《梅花三弄》等等。并培养孩子们的合唱、唱诵能力，一旦歌声动天地，唱者闻者皆动容。青少年不仅要学会唱励志歌曲，还要唱民族风，唱红歌，等等。寓教于"乐"，乐就是内心情绪的调整，对自我的情绪训练，对自我情感健康的培养就是非常好的自我人生修炼的方式。

八、功能

"诗书礼乐"可以提升我们多方面的能力。我们说"诗是语言的凝练，书是文笔的锤炼，礼是举止的修炼，乐是性情的冶炼"。"诗言志，书启智，礼节行，乐和情。"

（一）诗是语言的凝练

"不学诗，无以言。"学了《诗经》会说话，诗是中国人说话的艺术。诗言志，引用古诗词，能使聆听者产生思想上的共鸣。

（二）书是文笔的锤炼

引经据典是对读书的综合理解应用，"腹有诗书气自华"，书读好了之后，才能"读书破万卷，下笔如有神"，提高写作能力。习字也是书的内容，坚持长期练习写字，不但可以提高书写水平，更能训练耐性、集中精神，通过方块字，体味中国文化艺术的方圆有致。

（三）礼是举止的修炼

"礼者，理也"是内心标准的外在体现。礼以节人，礼能够修正行为，让平常的生活变得庄严起来。学习古礼，真正做到"从心所欲而不逾矩"。上到治国安邦，下到治理百姓，学礼是最好的途径，所以《孝经》说："安上治民，莫善于礼。"

（四）乐是性情的冶炼

乐以和情，音乐可以调和人的性情，礼从外在节制人的行为，乐从内在调和人的情绪。《孝经》也说："移风易俗，莫善于乐。"诗书礼乐在培养中华少年、打造优雅女性、构建书香家庭，甚至培养国学教师等诸多方面都发挥着不可估量的作用。

九、形式

"诗书礼乐"教育体系在中小学义务教育阶段的传播上选择这样的方式：清晨诵诗一首，间操演礼一则，午后习字一法，放学赏乐一曲。

每周只做一个主题，如清晨诵诗，这一周就诵读这一首诗，下一周再换一首诗，一学期十八周，最多诵读十八首，而且诗里有教育部指定的中小学生诗文诵读，把它融进来，如果学有余力，就再增加一点，不但不增负，而且会减负，这样的习惯不断养成，这套体系也就形成了。

还有"诗书礼乐"师资培训，组建诗书礼乐讲师团，代表学校走向全区，代表全区走向全市，走向全省。全国政协孙丽英委员关注到了我们的"诗书礼乐"教育体系。在"两会"期间，根据我们的设计提出：

在中小学开展"诗书礼乐"教学试点，将"诗书礼乐"纳入中华文化课程进行统筹。

在高考时要增加"诗书礼乐"，将"诗书礼乐"纳入文化知识教育，以中学教材为重点，构建中华课程体系教材体系，这是站在国家角度的提案。

将"诗书礼乐"纳入中华优秀传统文化的重点项目，要立基金，国家基金设立之后，我们申请就有通道了。

要进行国际传播。要加大对青少年网站的内容建设。

十、意义

我们还建设了"中外文化书院联盟"的组织，在国外已经有十几个国家的华人华侨在用了。如华人华侨的教学、中外文化书院联盟，等等。诗是中国语言，书是中国文字，礼是中国形象，乐是中国声音。

"诗书礼乐"经创造性转化、创新性发展，可代表中华文化走向世界。

十一、比较

《礼记》中说："入其国，其教可知也：其为人也温柔敦厚，《诗》教也；疏通知远，《书》教也；广博易良，《乐》教也；洁净精微，《易》教也；恭俭庄敬，《礼》教也；属辞比事，《春秋》教也。"虽然这里说的是"六经"，但也把"诗书礼乐"的社会功能指出来了。对"诗书礼乐"有很好的功能定位。

从理论上，我们对传统国学内容和"诗书礼乐"教学聚焦点有一个比较：经史子集太学术，琴棋书画太艺术，文博考古太技术，诗书礼乐正适度。

若是从"国学""国艺""国器""国魂"四个角度比较，可以说"诗书礼乐"是"强基固本铸魂"的教育工程。

十二、对象

"诗书礼乐"在现代中华传统文化教育中，我们是针对四类人群：中华少年，国学教师，优雅女性，书香家庭。

十三、标准

为了让"诗书礼乐"的教学体系既有明确的目标，又有可操作的参考，我们制定了五项五级的评价体系和与之对应的考核标准。以横向、纵向为坐标，清晰地辅助教学。

横向五项为"诗、文、书、礼、乐"。

纵向五级为"一、三、五、七、九"。

这五级的具体划分是按照年龄和年级的顺序：一级是学前儿童；三级是小学低年级阶段；五级是小学高年级阶段；七级是初中生；九级是高中生、大学生及社会人士。

设置相对应知识的教学内容，在今年中华优秀传统文化的传承中，"诗书礼乐"必将起到从"导夫先路"到"中流砥柱"的作用。

周敦颐《周子通书》曰："文所以载道也。轮辕饰而人弗庸，徒饰也，况虚车乎？文辞，艺也；道德，实也。笃其实而艺者书之，美则爱，爱则传焉。贤者得以学而至之，是为教。故曰：言之无文，行之不远。然不贤者，虽父兄临之，师保勉之，不学也，强之不从也。不知务道德而第以文辞为能者，艺焉而已。噫！弊也久矣！"

笔者学习传统文化，有一点心得体会和感悟，可以归纳为几个字：一是"道形器"，是我们认识整个国学体系的一套理论。二是"身心行"，是如何让传统文化作用于我们自身。其切入点就是修身，如果身修好了，做人也就做明白了。三是按照自然进化的角度，把人的发展不同阶段叫作"兽人神"。人类和动物的区别就是人不仅有食色的动物性，还有文化性、文明性，还有更多的精神追求。而这种追求让精神世界不断扩大，甚至能达到独立状态的时候，那就是中国文化所描述的、用一个形象来表达的"神"。那是一种精神的独立存在，所以人往往追求精神世界的更高、更远、更强大。四是"诗书易"。五经中的三古经是中华文化"文史哲"的源头，是中国人识知"真善美"的基准。

文学为政治服务，无产阶级文学为无产阶级政治服务，传统文学也为传统政治服务，传统政治，儒家是主体，是核心价值观，所以传统文学也是努力解读儒家思想，用形象和形象的语言去诠解儒家，就是"以形传神，文以载道"。

一、五经四书

基于"诗书易""道形器""身心行""兽人神"这几字对国学理解的认知，大家要想读儒家文化，就有了很好的解读依据。儒家经典的主要代表就是四书五经。"五经"非常难懂，带有神秘色彩的《周易》、文学艺术源头的《诗经》，读起来让人感觉头疼。就更不用说那上古之书《尚书》了，当年韩愈在讲读《尚书》时都说，"周《诰》殷《盘》，诘屈聱牙"。被称为三礼的《周礼》《仪礼》《礼记》，记载上古的礼仪规范非常繁复，如果能把《礼》学通透了，那就是国学大家。而《春秋》经本身就微言大义，又分一经三传，都非常难懂。如果要把"五经"落实成"九经"，那就很难了。要是扩充成洋洋洒洒的"十三经"，别说我们普通人士，即使是专业学者，也颇费周折。怎么办呢？"五经"不好读，我们就读"四书"。因为"四书"相对"五经"而言简洁很多，"四书"本身的存在，或者说之所以有"四书"这个概念，就是汉代在建立和传播"五经"过程中，发现很难传承，经唐代韩愈、柳宗元的提倡，到北宋五子，特别是二程的大力推举，南宋朱熹就把《礼记》中的两篇文章《大学》和《中庸》加上一部集中反映孔子思想的语录集《论语》，再加上儒家另外一位代表人物孟子，晚年的时候带着学生总结出来的七篇文章（每篇分上下）——《孟子》，结成了"四书"。

"四书"最能代表孔孟之道，比较简洁，思想又非常有系统性：《大学》是入德之门，给我们勾勒出格物、致知、诚意、正心、修身、齐家、治国、平天下的人生理想蓝图，是人生的成功之学。《中庸》之道呢？执两用中，就是把握两边用中间，做什么事不要过分，不要不及，那是具有中国特色的成功大道。而《论语》中所论的、《孟子》中所说的，就是在中国文化背景下人生道路上的"交通法规"。

　　"四书"是对"五经"思想的最好解读，是"五经"思想的精粹版。"四书"里面的《论语》是"五经之管辖，六艺之喉衿"。《论语》里涉及关于《周易》的问题："五十而学易""加我数年，五十以学《易》，可以无大过"；《论语》里记载孔子读《易》——韦编三绝。《论语》里面关于《诗》的考量："诗三百，一言以蔽之，曰思无邪"；《关雎》"乐而不淫，哀而不伤"；"诗可以兴，可以观，可以群，可以怨"的兴观群怨说；"小子何莫学夫诗"；"不学诗，无以言。不学礼，无以立"。一部《论语》就把"五经"的精神都涉及了。

　　但是，中国文化在传播的过程中，经过一次五四运动的理性批判，再经过一次"文化大革命"的非理性践踏，到目前，这些文本对我们的学生来说已经很陌生了。当年朱熹为"四书"做了集注，公元1313年之后，成为国家指定的青少年科举考试的必读书，在中国历史上曾经是多少代青少年从小就熟读成诵的，但是现在对于我们很多专业人士来说都很陌生。怎么办呢？告诉大家："五经"读不懂就读"四书"。如果"四书"也读不懂，就去读四大名著。

二、四大名著

　　四大名著正是用形象和形象化的语言解读儒家思想的那些抽象的道理。为什么要这样说呢？其实这就是"形而上""形而下"和"形"之间的关系。我们常常说，文学为政治服务，无产阶级文学为无产阶级政治服务，其实传统的文学也为传统的政治服务。那么在中国的传统社会中，儒家是核心价值观，是官方文化，是主流意识形态。自从被董仲舒提倡，汉武大帝认同，儒家就"度越诸子，定于一尊"，中国文化史就"罢黜百家，独尊儒术"。儒家作为中国文化的主干，它不仅仅是靠着自身几部经典传承，它还需要有其他的文化形式帮助。包括笔者常给大家说的《史记》，经史互证。我们的大史学家都是大儒，如左丘明、司马迁、班固、司马光等。"经"是用道理说话，"史"是用事实证明。"经者以理言之，史者以事实言之"，互为表里。就像议论文一样，儒家说的是论点，历史说的就是论据。所以我们说优秀的人物要读史，读史不是喜欢老故事，而是因为"前事不忘，后事之师"。当你对当下的问题和未来的发展感到困惑、迷茫时，怎么办？回头看，回头一看，历史上有很多相似、相近，甚至相同的事件，可以给我们提供足够的借鉴、参考或者启迪。不知来，视诸往，历史的昨天、现实的今天、未来的明天，就像打枪一样，可以三点成一线，就有了趋向性，导致我们现在谈创新，都是温故知新，返本开新，推陈出新。但是我们有很多人对读史书也头疼，那怎么办呢？我们就去读文学。文学其实就是用形象来反映这些思想的。我们读的很多佛禅诗里面反映的是佛家的思想；我们也读了很多山水诗，那里面反映的是道家的精神，人与自然融为一体。但是更多的文学作品，它的主体精神反映的还是儒家的思想。

三、三国演义

要想了解儒家文化的核心理念，有个非常好的方式，就是去读四大名著。《三国演义》是讲什么的？有人说："《三国演义》就是三个军事集团在那里攻城掠地，逐鹿中原。"那不一定，那得分谁来看。笔者记得有个企业家说：《三国演义》就是三个企业在那里争夺市场。而且他说得言之凿凿，东吴集团就是百年老店，从他爹孙坚到他哥小霸王孙策，再到孙权这儿已经是三代领导了，所以江东基业深厚，你想拱都拱不动！那是老字号。曹操更了不得了，曹操是国有企业。怎么成了国有企业呢？曹操不管干什么都有政府批文，"挟天子以令诸侯"。那刘备呢？刘备不行，刘备是民营企业。但是刘备特别聪明，刘备一想：这边一老字号，那边一国有企业，我一民营企业的优势在哪儿啊？想来想去，刘备想出一个得天独厚的优势："我姓刘，我这个姓就是优势"，为什么姓都成优势啦？因为当朝天子也姓刘，一查族谱，刘备居然是汉室宗亲，一排辈分，居然是当朝天子叔叔辈的。所以刘备不管到哪里，只要介绍自己，就这么一句"我是汉室宗亲刘皇叔"。企业家说这是典型的贴牌战略啊！搞个名牌效应。

但是在中国儒家文化中，它还有一讲——做什么事一定要正名。"必也正名乎，名不正则言不顺，言不顺则事不成，事不成则礼乐不兴，礼乐不兴则刑罚不中。"所以君子对名分绝对不能含糊。为什么我们做事非得有一个正名呢？这种意识是从小训练出来的。一群小学生在一起打打闹闹，不分你我。突然一个小学生胸前别个小牌儿——值日生，那他就可以管事了，他就可以传达老师的意志啦，他就可以要求大家搞好卫生啦。同样一个车间，两个工人干活，一个认真，一个不认真，如果认真的对不认真的说："你干活怎么这么马虎呢？"那不认真的就会急了："你干什么吃的管我，你算老几啊？"可是你给这个认真的胸前挂个小牌——质检员，他说你就得听，差别在哪里？名分啊。中国文化特别重视这个名分，有人说"名者，命也"。为什么我们很多人愿意找人起名呢？就是觉得好名字能带来好命。其实这里有更精准的理解：这个命不要当成宿命，而要把它当成使命。"名者，命也。"我担了这个名，我就要干这个事儿，这样才能名副其实。

四、仁义智勇

刘备既然是刘皇叔，是汉室宗亲，那刘备的行为就要"匡扶汉室"。而我们说汉朝正是以儒家为统治文化，所以刘备的所有行为都是按照儒家的思想去做的。

儒家文化的核心思想是什么啊？"仁、义、智、勇、忠、孝"等。"仁者爱人""仁者，人也""博爱之谓仁"，仁是人的本质属性，仁的特征就是表示一个"爱人"。我们中国人常说"仁君"，"君仁臣义""君惠臣忠"是帝王对下属表达情感的一个标志。刘备本身就是一个仁厚长者的代表，就是一个仁君追求的典范！刘备与曹操对抗，打不过，就得跑，刘备转移的时候一定要带着当地的百姓跑，为什么？爱民如子，视天下百姓为子民，才能成为仁君。"志士仁人，无求生以害仁，有杀身以成仁。"

刘备代表"仁"，关羽呢？关羽就代表"义"。关羽为什么在中国文化中被称为"义帝"呢？因为他是"义"的典型。中国文化在民间传播的领域，如果大家能看懂关羽这个形象，中国文化你就读懂了三分之一（详见"仁义"篇）。诸葛亮就是"智"的代表，张飞就是"勇"的代表，黄忠、赵云就是"忠"的代表。你顺着这些形象就可以理解儒家的这些理念。

五、官逼民反

《水浒传》也是一样，《水浒传》说什么？笔者1976年读《水浒传》，那个时候正在批《水浒传》，毛主席说《水浒传》这部书给人们做了个反面教材。当时宣传的《水浒传》反映的都是农民起义。那时候笔者小，上初中，认真，就想农民起义，那谁是农民啊？一百单八将，笔者掰来掰去，查来查去，查出个阮小二、阮小五、阮小七是渔民，笔者好不容易查到个菜园子张青，以为他是个菜农，结果人家是开饭店的！有农民吗？没有！一个都没有！没有农民怎么叫农民起义呢？不理解，还说梁山英雄都是被逼上梁山的，官逼民反。有一次，有人给笔者发了个题目，说你不是大学教授吗，你给我们回答下"从林教头风雪山神庙，看官逼民反的社会意义"。笔者直接给他回答说："我看不懂！这题我答不了！"官逼民反，林冲是民吗？八十万禁军教头是民吗？家里有丫鬟，有仆人，住着二层小别墅，是民吗？中国历史上的民都过着这样的日子啊？说官逼民反是不准确的。但是《水浒传》更深刻的社会意义体现在哪里？就是当中产阶级跟这些当朝权贵发生矛盾时，就自身难保了。高衙内不就是属于官二代、富二代那伙的吗，是有背景的。当中产阶级和这些人发生冲突的时候，自己生命都得不到保障，自己连妻子都不保的时候，如果法律不能维护正义，那作为一个血性男儿，就要拿起武器，自己去维护权利，一个动荡的社会就要到了，其实这才是更可怕的。

六、忠义水浒

《水浒传》的核心思想就是书名中的那两个字，叫《忠义水浒传》。一个是"忠"，一个是"义"。晁盖做一把手的时候，他们开会的那个屋叫什么？叫"聚义厅"。那是以"义"字做整个组织的核心理念。宋江成了第二任领导，把"聚义厅"改成"忠义堂"。别小看这一改，把组织的发展方向改出来了。晁盖是"义"字为重，宋江是"忠"字当头。所以你看，宋江就是个忠臣。宋江的所有行为都是践行宋代名臣范仲淹在他经典名篇《岳阳楼记》中的那个思想——"先天下之忧而忧，后天下之乐而乐"，其实在这句话之前还有几句，"居庙堂之高则忧其民，处江湖之远则忧其君。是进亦忧，退亦忧。然则何时而乐耶？"那我就"先天下之忧而忧，后天下之乐而乐"。这个"先天"和"后天"源于孟子的"忧以天下，乐以天下"。宋江就是一个典型的"处江湖之远，则忧其君"的人！自己都已经流落为草寇了，还念念不忘归顺朝廷、替天行道呢！他是总想着被招安的，能为朝廷、国家尽忠效力，最后，终于接受了朝廷的招安。

但是当时朝廷被奸臣把持，真黑暗、腐败，蔡京、高俅等人使出一条"两败俱伤"之计，梁山好汉被招安之后，去征讨田虎、王庆，最后又去打方腊。在打完方腊的时候，一百零八位英雄被打得七零八落，一支队伍几乎被打散了。朝廷里，蔡京、高俅等人一看两败俱伤之计成了，梁山的人马是受朝廷招安的，已经没有太大的利用价值了，怎么办？赐予毒酒，于是赐给宋江毒酒。这一情节实际上是《水浒传》中最能够充分体现著作主题和表达宋江要"杀身成仁，舍生取义"的高潮之所在。宋江已经没有利用价值了，朝廷赐宋江毒酒，不是单纯地担心他是不是会反叛。作为政治，这是一种秋后算账。也是在通过这种形式来测试宋江是不是一个忠臣。朝廷非常明白，宋江也非常清楚：这杯毒酒他是铁定要喝的，为什么？宋江不可能再反了。在中国社会，一个被招安的臣子如果再反，就是"贰臣"。像吴三桂，不管有多大的功劳，也不管对中国社会有多大的影响，他一反再反，就是典型的贰臣，在中国文化史上"永世不得翻身"。

宋江非常明白，这杯毒酒他是喝也得喝，不喝也得喝。但是临死的时候他就不放心一个人，谁呢？李逵。为什么啊？因为李逵本来就不想投降。李逵认为在梁山泊过小日子多好啊，不想投降。所以宋江就把李逵找来了，把毒酒给李逵也倒上，让他也喝，而且明着就说了，兄弟啊，我要死了，我就担心我死了，你会闹事，所以这个毒酒你也得喝。李逵那么一个粗鲁的汉子，面对一杯毒酒的时候，好像突然成熟了起来。李逵就说了，哥哥啊，我这辈子能过几天好日子是因为认识了你。我因为认识你这个哥，才过上了幸福生活，好，今天哥哥你不是想让我死吗？那就死吧，不就是一条命吗？给你了。回到自己的属地，连句话都没有就死了。实际李逵当时就说了四个字"罢了，罢了"。文学艺术中什么是悲剧？悲剧就是把美好的东西撕碎了给你看。那么一个粗鲁的汉子，在面对生死抉择的时候毫不含糊。中国文化中死生为大。李逵面对着生命抉择的时候，听哥哥的，这不正符合中国文化对义的解读吗？"义之实，从兄是也"，孟子怎么说的？"鱼，我所欲也；熊掌，亦我所欲也。二者不可得兼，舍鱼而取熊掌者也。"鱼很好吃，但熊掌更好吃，两盘菜不能同时吃，那我就先来熊掌，这玩意儿更珍贵，这其实是做个比喻啊。接着就说了："生，亦我所欲也；义，亦我所欲也。二者不可得兼，舍生而取义者也。"所以其实李逵是用自己的生命给我们演绎了中国文化中的舍生取义。

为什么说宋江是忠臣啊，宋江为什么得让李逵死啊，宋江的心里更复杂。他知道：一旦他们再造反，之前牺牲的战友们命就白搭了。他们就等于给奸臣留下了借口："你看看，这些人天生就有反骨，迟早还会造反，所以收拾他们就对了。"宋江想，我绝不给你这个借口，所以他和李逵的死是为了集体的大我，牺牲自己的小我。他俩一死，吴用、花荣闻讯之后都是大哭一场，然后上吊了。那吴用啊，经天纬地之才，跟诸葛亮似的，但是文中告诉你们"无用"，在一个黑暗的社会里面，有多大才能都没用！那花荣百步穿杨，长得又好，但是告诉你青春、人生就是这样，花开花谢一下子就完了，梁山英雄完了，但是他们都是在用生命演绎着舍生取义的精神。

七、败家案例

《三国演义》和《水浒传》是对儒家文化核心仁、义、忠、勇思想的解读。《红楼梦》说什么呢？我们表面上看，《红楼梦》是青年男女纯洁的爱情，那是京华烟云，是一个浮光掠影的世界。实际究其大略而言，《红楼梦》就是反映儒家《大学》中的思想。

《大学》强调修身、齐家、治国、平天下。那么说到修身、齐家，举了一个反例："身不修不可以齐其家。"《红楼梦》就是最经典的因为修身没修好，最后导致家都败掉的一个败家案例。《红楼梦》大家得会读，它都是正话反说。它开篇就说了"满纸荒唐言，一把辛酸泪。都云作者痴，谁解其中味？""假作真时真亦假"，真真假假，你得有个慧眼。《红楼梦》一开始，就有两个人一个叫甄士隐，一个叫贾雨村。甄士隐就是把"真事隐去"，贾雨村就是"假语村言"。我们看这两个人物是用了谐音，其实最大的谐音还不在这儿，是在这"家"。这家你表面一看，这边叫荣国府，那边叫宁国府，是一片繁荣，一片安宁。但实际上这个家是什么啊？"贾"府都是假的。那是一个最经典的"金玉其外，败絮其中"，那里面都烂透了，用书中人物焦大的话讲："连门前的石狮子都不干净。"家不好，就是家中的人物修身不好。论人物，《红楼梦》里面的一号人物——贾宝玉。表面一看，你会认为作者是夸他，说他长得好："鼻如悬胆，面如满月"，说他"无才可去补苍天，枉入红尘若许年"。说这就是块宝玉，是宝玉吗？"假宝玉"，假的。这是一个最经典的败家子。其实作者开宗明义，这个人物一出现，就给他做了一个盖棺论定的评价。我们读小说常常不愿意读章回前面的诗词，其实那个诗词往往就是这章的主题。《红楼梦》第三回，人物刚一出场，作者就借着两首《西江月》给他这么个评价：

> 无故寻愁觅恨，有时似傻如狂。
>
> 纵然生得好皮囊，腹内原来草莽。
>
> 潦倒不通世务，愚顽怕读文章。
>
> 行为偏僻性乖张，那管世人诽谤！
>
> 富贵不知乐业，贫穷难耐凄凉。

可怜辜负好韶光，于国于家无望。

天下无能第一，古今不肖无双。

寄言纨绔与膏粱，莫效此儿形状。

说他"无故寻仇觅恨，有时似傻如狂"，你要是不懂儒家文化，那是解释不清这句话的。儒家文化强调修身：对外修行，对内修心。修心得分几个层面，要修心智、修心性、修心情。情绪的把控是修养最根本的。所以《中庸》才有："喜怒哀乐之未发，谓之中；发而皆中节，谓之和。"所以才有《大学》里面："身有所忿懥，则不得其正；有所恐惧，则不得其正；有所好乐，则不得其正。有所忧患，则不得其正。"那个身就是心。然后说："之其所亲爱而辟焉，之其所贱恶而辟焉，之其所畏敬而辟焉，之其所哀矜而辟焉，之其所敖惰而辟焉。"包括《论语》开篇三句话："学而时习之，不亦说乎？有朋自远方来，不亦乐乎？人不知而不愠，不亦君子乎？"说的都是情绪；情绪把控好了，修为才能上来。情绪把控两句话：一是平衡情绪，二是健康情感。其实我们说现在社会上很多违法案件，情杀、仇杀，一时冲动导致的犯罪行为都跟情绪、情感有关系，情绪或者偏激，或者消沉，或者亢奋，它就不平和。（见《性情》篇）

《红楼梦》中宝玉之所以有问题，就是因为他的情绪、情感有问题。第一句就叫"无故寻仇觅恨"，我们控制都控制不了呢，他还"无故寻仇觅恨"！而且"有时似傻如狂"，情绪失控，你看说得多好。"纵然生得好皮囊，腹内原来草莽"，表面光鲜是个帅哥，实际草包一个。为什么啊？"潦倒不通世务，愚顽怕读文章"，他不学习。"行为偏僻性乖张，那管世人诽谤"，这就是典型的"行辟而坚"。孔子当年说有五种人该杀，一种叫心达而险，一种叫记丑而博，一种叫言伪而辩，一种叫行辟而坚，一种叫顺非而泽。这个就是其中之一，叫行辟而坚，就是行为特别另类，还谁的话也不听。宝玉就是有怪癖，专爱吃女孩儿胭脂，心理变态，见到女孩儿就觉得清爽。接下来看："富贵不知乐业，贫穷难耐凄凉。可怜辜负好韶光，于国于家无望。"完了，没希望了。"天下无能第一，古今不孝无双"，这么一个"第一、无双"！"寄言纨绔与膏粱，莫效此儿形状！"这是什么啊？纨绔子弟。用现在的话讲，这就是垮掉的富二代、典型的败家子。为什么？作为男儿，中国人是有评价的，什么样算是好男儿？好男儿志在四方，"自古英雄多磨难，从来纨绔少伟男"，真正的好小伙儿得走出家门，在社会生活中经风雨、见世面，不断地摔打，不断地磨炼。失败了，不要紧，失败了从头再来。哪怕大器晚成，也终究是条汉子。但是你看，贾宝玉门都不出，天天在女孩堆里混着。一个小伙子天天泡在脂粉堆里，他不出"艳照门"事件才怪。

所以看《红楼梦》，得观其大局，你看贾宝玉，最后的人生结局是出家，要么在家，要么出家，这是一个最后无家可归的人，少年锦衣玉食，老年青灯孤影。因为他没有信仰，没有人生观，他就没有精神家园。因为他没有守着儒家那个现实的、社会的家，没有关注道家的自然的家，只能去寄托佛教那个彼岸的家。所以看书得看作者的深意在哪里。

八、首任教师

孩子不好，责任在谁？在父母。贾宝玉之所以有如此行径，那是被宠的，首先母亲没做好。《红楼梦》里母亲的代表就是贾母，老太太看起来是慈母，但实际上是"假母"。中国文化认为：溺子如杀子，而《红楼梦》中贾家从老太太到王夫人，对宝玉是一味地骄纵，一见面就是心肝宝贝，要什么都行。所以孩子不好，母亲有责任，母亲是孩子的第一任老师。要想培养好孩子，首先得有好母亲。中国文化里的教育往往是从这个角度入手的。

有一次笔者参加孩子的家长会，散会之后在电梯里看到了一个母亲带着她小学三年级的孩子。在电梯里，这位母亲打这个孩子："你看你这个卷子怎么答的？你看你急的，就不能认真地看一看？你说你急什么啊？"这孩子一脸不痛快，很是委屈，他妈妈却一直连捎带打。如果不是目睹此情此景，而是看到复述妈妈苦口婆心的文字，你会觉得这位母亲说得十分有道理：告诉你不要着急，要认真审题，要从容。身临其境的体会却是：那位母亲比孩子还着急。在这种情形下，小孩子根本听不到母亲在说些什么，也根本不去思考母亲说的话是否有道理，他所能感受的就是那份非常急躁的情绪，总在那种急躁的情绪中成长，孩子能不急躁吗？

在孩子成长的过程中，尤其我们生活的当代，好多父母为了孩子能够快速成长，让学这个，学那个。平心静气地思考一下，作为大人，我们有几个能像孩子那样承担如此巨大的学习任务？他们的学习重担比我们的生活重担似乎还要沉重。小孩子在成长期间没有那么多对生活的感悟，这让家长觉得烦心，但孩子并不知道为什么。作为家长，一方面想让孩子有一个自由发挥的空间，能够玩耍，能够快乐；可是另一方面又要求孩子听话，要努力学习。作业一写就写到半夜。老师为了让学生的学习成绩好，大量地留家庭作业，而且要求父母跟着，孩子作业写完之后，家长要检查，要签字。家长把孩子的学习寄托给学校，学校又把孩子的学习寄托于家庭，家庭和学校就像踢皮球一样，把孩子踢来踢去。这是教育体制的问题。

我们这里要说的是和孩子接触最多的是母亲，要想提高儿童的素质，就要从母亲抓起，应该提高妇女的素质。

为了提高人类素质，完全从妇女抓起也不全面。这边说从儿童抓起，那边说从妇女抓起，针对这两种观点，现在联合国教科文组织提出一个口号：要想提高人类素质，必须从妇女儿童抓起。其把这两点合二为一了。但是，光抓妇女儿童就行吗？光抓母亲就可以吗？母亲是要优秀，但还需要有一个好父亲。如果说把做父亲、做丈夫的抛开不论，专门去论母亲、妻子的责任，那是不全面的。

要想教育好孩子，不仅要有优秀的母亲，还要有优秀的父亲。我们说在《红楼梦》里，宝玉是个"假"宝玉，慈母又是个"假慈母"。父亲这一辈有没有问题？看看《红楼梦》家族中这些父辈人物，贾宝玉的父亲叫"贾政"。笔者开玩笑说，那"假正"就是"假正经"。看上去一本正经，其实是一个很死板的、很僵化的、只有一个躯壳的父亲。

在中国文学里，笔者最推崇的父亲形象是当年清华大学中文系主任朱自清先生《背影》中的父亲。笔者认为在中国文学史上写父亲的，没有人能出其右。朱自清先生这篇《背影》写得太好了。好在哪里？一篇文章要有文眼，要有画龙点睛之处，《背影》的文眼在哪里？就在题目中那个"背"上。写中年男子，写父亲，写什么都不如写他的"背"。写他粗糙的大手，写他爬满皱纹的额头，写他饱经沧桑的眼神，写他经过岁月磨炼的黑红的脸膛，这些都不典型，最典型的就是背。为什么？因为中年男子的背，父亲的背，那背上挑着一副无形的担子，这担子里，上有父母，要承担对父母孝敬的义务；下有子女，要承担教育后代的责任。横向还有社会各界方方面面、林林总总的事物，可以说整个社会的责任全压在一个中年男子的背上。所以那个背挑起的是一个社会的担子，这个担子里承载着整个社会中的责任、使命、担当。假如这个背倒了，一个世界都会轰然塌下。所以写中年男子，写父亲，没有比背更贴切、更准确、更能表达其特征的了。

在《红楼梦》里，我们看到这样的背了吗？我们看到这个责任了吗？我们看到做父亲是如何担当起这份生活中沉重的担子了吗？没有。我们只看到一个模模糊糊的形象，正是因为这些做父辈的没把身修好，所以这个家最后：

"忽喇喇似大厦倾，昏惨惨似灯将灭。"

最后就败掉了，为什么败掉？当爹的没有尽到爹的责任，当妈的没有做好当妈的角色，孩子怎么可能是好孩子？这就是典型的"父不父，子不子"。在家"父不父，子不子"，在社会就"君不君，臣不臣"。其实《红楼梦》所折射出来的就是中国两千年封建王朝的"背影"，只要修身不到，多大的家都能败掉。

但是笔者讲到的四大名著里的这三个都让人有点沉重。《三国演义》演绎的是历史的沧桑；《水浒传》撰写的是英雄的末路；《红楼梦》梦断的是家运的兴衰。这三大名著都是悲剧结局，唯有《西游记》是大团圆、大成功，所以读四大名著，一定要关注《西游记》。

九、西游心学

《西游记》是什么呢？有时候我们说《西游记》是中国式的成功学全书。因为一说到"成功"，有几个要素：第一，有明确的目标；第二，有积极的心态；第三，付诸行动。大家看《西游记》是不是这样？说目标，还有比唐僧的目标更明确的吗？说心态，你别忘了孙悟空就是心的形象化反映。说行动，孙悟空还有另外一个名呢，就叫孙行者！所以这是一种中国式的成功学。但是实际上它诠释的是什么呢？就是《大学》里的："知止而后有定，定而后能静，静而后能安，安而后能虑，虑而后能得。"止、定、静、安、虑、得是想要成功必须具备的几个因素。

另外一个是什么呢？它是中国文化中儒、道、释三教归于一心的一部形象化的《心经》。它谈的都是心的事儿，就是阳明心学的形象表达。中国儒家文化，从北宋、南宋形成的程朱理学，在南宋陆象山这里出现了心学，到了明代又形成阳明心学。阳明强调：凡事你得问良心，阳明心学是一种唯心主义思想，说起来比较难，老百姓听不懂，怎么能解释懂呢？看《西游记》。所以你要是明白《西游记》，你对阳明心学就有了形象化的解读。《西游记》就是《大学》中几个要素的形象表达：唐僧代表修身，悟空代表正心，白龙马代表诚意，八戒是戒性，沙和尚是和情。

先说修心，分为几个重要的要素：一个叫修心性，一个叫修心情。你要明白修心性，就能看懂中国文化。中国文化中，道家强调要有心斋，《道德经》强调叫"任性自然"，佛教呢，就更经典了，强调"明心见性"，儒家强调修身养性，或者叫修心养性。孟子强调叫"尽心知性"。其实都是奔着修心性使劲的。以前我们讲中国文化的核心是道和德，道是客观规律，德是主观修养，所以我们知"道"，我们"养"德。养德怎么养啊？对内养，叫作养德性，对外养，叫作养德行。德性好，人格魅力强，大家愿意跟着你。但是性不好养，不好修，更不好改，我们老百姓都讲"江山易改，本性难移"，不但不好改，性的善恶都不好说。所以孔子才说，"性相近，习相远"。不好修还要修，怎么办？中国人给了好修的方式叫修心情，从情绪入手，你要修好了，情绪稳定了，性格都转变了。情绪的把控是个量的积累，而性格的转变是个质的飞跃。要想化性，就去和情，让真情合乎人性，就是中国文化强调的一个最好的人生状态。要想达到这个状态，就用一个字——"诚"，所以儒家《大学》里强调的是"诚意"。

《西游记》所有的思想都锁定这里了。西天取经去了几个人？就一个，就唐僧。可能有人说：不对呀，还有孙悟空，还有猪八戒呀，还有沙和尚和白龙马呢！那是什么呀？那就是一个人成功必须具备的主观因素。唐僧是宿主，是心、意、性、情集于一身的"身"，孙悟空是唐僧的心猿，白龙马就是唐僧的意马，就是"心猿意马"。八戒代表性，就是戒性，沙和尚代表情，叫和情。《西游记》说：你要是想成功，不仅要驾驭住"心猿意马"，还要"戒性和情"。

白龙马是最简单的意象，他原来是龙啊，龙是呼风唤雨，上天入海，盈缩无期，可大可小的，那是变化多姿，非常有能力的，象征着我们的思想。有时候我们说让想象飞起来，那就是天马行空。但是《西游记》告诉我们，你要想成功，是龙得盘着，是虎得卧着。我得把你变成一匹马，给你配上鞍鞯，带上辔头，骑在胯下。一个能驾驭住心猿意马的人才能够成功。

孙悟空就是"心猿"，猴子脸就是"心"的形状，学习之处"灵台方寸山，斜月三星洞"，都是心的暗喻，就是在"心上修"，紧箍咒又唤作"定心真言"。一路上，童心、多心、二心，处处都说"心"。整部《西游记》，就是一个从放心到收心，从闹心到定心，全过程修心的心路历程。

猪八戒就是"食、色，性也"，沙和尚就是"和情"。一部《西游记》上承《大学》，中间解读阳明心学，终为儒家文化的形象化表达。唐僧为主——宿主，悟空为心，白马为意，八戒为性，沙僧为情，是身、心、意、性、情的形象化。

这是对修身、正心、诚意、戒性、和情的解读，就是对"兽人神"的思考，就是对君子小人区别取舍。以形传神，文以载道，是中华文化传承的重要方式。

先王之道

　　孔子被誉为中华文化的"集大成者"。他一生教学，培养出一大批优秀的学生，我们读《论语》，知道："子以四教：文、行、忠、信"；"孔门四科：德行、政事、言语、文学"。

　　六艺：礼、乐、射、御、书、数。

　　六经：诗、书、礼、乐、易、春秋。

　　孔子教学的效果很好，是因为他不仅仅讲道理，还要讲故事，讲历史人物事件。司马迁《史记》载孔子曾表示："吾欲托之空言，不如载之行事而深切著明也。"《春秋》是孔子晚年周游列国后，回到鲁国整理而成的，孔子著《春秋》之前的教学如何讲历史？孔子是以《尚书》中的人物勾勒出儒家文化所尊崇的人格理想，集先王之品格，而成儒家道德体系。以历史人物为榜样，推举出一系列后人景仰的先王，我们要想全面了解中华优秀传统文化，必须对这些人物有个认识，以史证经，才能更好地理解儒家文化。

　　尧、舜、禹是中国文化中带有传说性质的早期领袖和英雄人物。如果从文献角度来讲，能够证明他们存在的就是作为儒家文化经典的上古之书《尚书》。

一、帝尧放勋

《尚书·帝典》首先介绍了尧和舜，分《尧典》《舜典》两部分。

如果读传统文献了解尧的话，尧帝给中华民族带来的到底是什么？因为是带有传说性质的人物，所以《尧典》开始说："曰若稽古。""曰若稽古"类似佛教里边的"如是我闻"，也类似我们民间讲故事中的"据说很久很久以前"。就是这么一个开语词。因为是根据传说整理出来的文献，所以有的时候真伪难辨。但是读过《尧典》之后，尧给中国人留下最大的文化成就就是我们存在于这个世界中，对于一年四季春夏秋冬的认识和划分。

中华民族的古老智慧体现在对时空认知的两个方面。也就是我们所说的三维空间。尧给我们留下的中华文化智慧的遗产就是对时间的认知。

尧是一位很伟大、很聪明的人。"帝尧曰放勋。钦明文思安安。允恭克让，光被四表，格于上下。克明俊德，以亲九族。九族既睦，平章百姓。百姓昭明，协和万邦，黎民于变时雍。"这里说了一大堆赞美之词，但关键在于这句"黎民于变时雍"，就是能够使百姓对四时有认知，可应用。尧作为一个部落首领，能够安排属下研究四季变化。"乃命羲和，钦若昊天，历象日月星辰"，就是把我们所看到的天象区分开，然后让我们的百姓能够根据天象的变化、气候的变化进行农业耕作，不违农时。按照东南西北的气候特点分出春夏秋冬，最后定出一年三百六十六日，和今天我们说的一年三百六十五天实际上是一样的。而且是以闰月定四时，这些事情都是从尧时代做起的。要是放眼考量，中华文明史上，帝尧的最大功绩，其实是给中华民族进行了一个年月日时间上的梳理和划分。是中华文明史的"创世纪"，当然，比《圣经》创世纪早了几千年。

为什么要强调这个问题呢？因为他和后边《禹贡》中的大禹治水勘定我们中华大地的空间形成了一个鲜明的对比。

笔者想要讲的第二个问题就是，大家都知道尧舜之间帝位的相互禅让，仿佛我们上古时期的政治就像今天所谓西方的民主选举那样。其实要是用研究领域的行话讲，这叫"改铸古人"，其实并不是那么回事，那是一种什么样的状态呢？因为尽管帝尧自己作为部落首领，很出色，很有能力，但是他培养的孩子丹朱出了问题，丹朱不肖，《尚书·益稷》："无若丹朱傲，惟慢游是好，傲虐是作，罔昼夜额额。"丹朱沉湎于游乐，不争气。后来也被孟子批评过。

因为帝尧的儿子不争气，所以导致他的权力不能父子相传。所以需要另选贤能。而且换个角度说，在那个时期，政治的管理也不像今天这样严密，如果作为一个部落首领，后代不争气，而身边又有从苦难的民众之中拼搏出来、有影响力的人物，那这种权力的交接如果没有和平过渡，也一定是一种血腥的争杀。尧帝禅让之事在其他文献如《竹书纪年》中就有完全不同的记载："昔尧德衰，为舜所囚也"，"舜囚尧于平阳，取之帝位"，"舜放尧于平阳。舜囚尧，复偃塞丹朱，使不与父相见也"。

但是孔子不讲这些，孔子强调"攻乎异端，斯害也已"，他是据《书》而教学生，在《尚书》中：帝尧政治清明，发现了他的后继者大舜，经过不算短的一个时期的考核、试用，最后实现了尧舜之间权力的和平交接与过渡。笔者想这是尧为中华民族在政治智慧角度，从我们对生活常识认知的角度，给我们留下的榜样、典范。

二、舜治之道

在中国文化中，舜给我们留下更大的功绩，不仅是"孝道"（见

《诗书易》章），更是他在治理国家上形成了一套"巡守"制度。当年尧帝在考核他的时候，想看他农业生活的经验是否丰富，所以把他"纳于大麓"。他能做到"烈风雷雨弗迷""宾于四门，四门穆穆"。甚至尧帝把两个女儿嫁给他，他娶了娥皇、女英，也能够做到家庭生活和顺。舜还能勤勉政事，在领导岗位上经常到属地去巡守，自己也因此累死在九嶷山下。

"五载一巡守"，这就是舜工作上的一个管理体例，同时他建立了一套刑罚制度，"象以典刑，流宥五刑，鞭作官刑，扑作教刑，金作赎刑，眚灾肆赦，怙终贼刑"，使得治理国家有德有法。我们能分析出，他把帝尧那种仁德天子、太宽柔的一面进行了补弊修正，最后他把朝中的几个奸臣依法处理掉了。"流共工于幽州，放驩兜于崇山，窜三苗于三危，殛鲧于羽山，四罪而天下咸服。"所以，舜为中华文化留下的功绩是立法，建立了官员制度和处理事务的规则。

其实儒家佩服大舜最重要的一点是他"为政以德，譬如北辰，居其所众星共之"，孔子强调"无为而治者，其舜也与？夫何为哉？恭己正南面而已矣""举皋陶，不仁者远矣"。

舜有"四岳，十二牧"，各方的工作都有具体负责的官员，他给中国建立的领导制度，在中国历史发展过程中，不断受到中国传统社会的改变、完善，使得中华民族绵延发展到今天。舜是在中华文化中功绩比较完整的人物，不仅给我们民众树立了孝子的榜样，又在政治上敢作敢为，他还特别重视文化的力量。我们经常说的"诗言志，歌咏言"其实就是大舜的治国功劳之一，他说："夔！命汝典乐，教胄子，直而温，宽而栗，刚而无虐，简而无傲，诗言志，歌永言，声依永，律和声。八音克谐，无相夺伦，神人以和。"所以，从这个角度上看，舜的文化治理思想是非常成熟的，这是大舜留给我们中华民族的智慧遗产。

孔子曰："'无为而治者，其舜乎！'言其主尧之道而已，此非

不易之效与！"——《春秋繁露》

三、大禹治水

其实在中华文化史中，禹是我们农耕社会上帝王的榜样。我们都知道大禹治水，大禹治水是"随山刊木""随山浚川"。我们知道大禹的父亲鲧是治水的官员，鲧采用堵的方式，治水九年没有治好，最后被舜帝杀了。大舜是一位奖惩分明的首领，用贤不避亲仇，杀了做父亲的鲧，又用鲧的儿子禹，大禹总结了父亲的经验和教训，采取了疏通的方式，把水患治好了。但是在治水的过程中，大禹也给我们中华民族留下了很多故事，成为今天学习的榜样。就像百姓说的"大禹治水，三过家门而不入"。可见他是一位勤劳的、公而忘私的人物。

我们读《尚书·禹贡》实际是看到了早期中华民族的帝国版图。读《尚书·禹贡》，我们能知道为何把中华大地称为九州，古代帝王给我们留下的这份家业就是地大物博，丰饶富裕，"绿水青山就是金山银山"。如果说尧帝给我们百姓的生活定下了一个时间的制度，那么，大禹就给中华民族规范了空间的领域。所以有时间，有空间，我们中华民族在欧亚大陆的东方就绵延发展到了今天，无论是物质生活，还是文化生活，都有一种自己的获得感、满足感和快乐感。

大禹给中华民族留下了另外一个非常重要的政治事件，他结束了尧舜的禅让制，前面我们说过：因为尧帝的儿子丹朱不肖，无法父传子，而大禹在权利交接之时，却是想传给下边的臣子益，但是下属各部官员不去朝拜益，而是去朝拜他的儿子启，觉得他的儿子更加优秀，于是大禹就把帝位传给了启。启开启了中华民族有史以来的第一个朝代：夏朝。我们常说的夏商周，夏的开始源于夏启。其实是大禹的父传子，形成了中国政治父子相传的一个开端。

如果要了解中华文化史，我们就要学习这几位帝王的贡献，有时间层面的，有制度层面的，有空间层面的，袁行霈等人著的《中华文明史》正是这样的一种划分。正好留给了中国文化对于精神的、物质的、制度的一个全领域的文化关照，使得中华文化有了根源，有了起脚点。当然，更符合笔者所强调的"道形器"，逻辑体系建立的历史渊源。

四、伊皋经济

皋陶是舜的大臣，仿佛是与禹共同组成大舜政府的内阁一样，其地位与禹相近，其功绩是在制度管理建设上。皋陶建立了中国法治文化制度，也是一个让贤的典型。他其实是大舜的核心领导团队成员，政治局常委之一，不过后来舜选定下一代接班人的时候，选了大禹，没选皋陶。实际上他们都是同朝为臣、为官，而且，影响力都是差不多的人物。所以从相这个角度讲，皋陶为中国朝臣辅政开了个头。

当年孔子说："举直错诸枉，能使枉者直。"子夏曰："富哉言乎！舜有天下，选于众，举皋陶，不仁者远矣；汤有天下，选于众，举伊尹，不仁者远矣。"

在《尚书·舜典》中，皋陶出场，帝曰："皋陶，蛮夷猾夏，寇贼奸宄。汝作士，五刑有服，五服三就；五流有宅，五宅三居。惟明克允！"皋陶为士，能公允清正地处理政务，皋陶所作之"士"相当于主刑的法官，稍晚的"士师"也是。但"士"的概念名称被转换使用了，"士"是有着担当的中国知识分子的代表，"士不可不弘毅，任重而道远"。皋陶是首开中国"士"人之风气者，其后在春秋战国时代出现的"士"的阶层，游说诸侯，或以德或以法，百家争鸣，其谋士之祖，即为皋陶，后代中国有义士、志士、文士、雅士、壮士、烈士，以至于关照其他民族，日本有武士，西班牙有斗牛士，英国有绅士，美国有嬉皮士，士逐渐成了一种身份或偏好的特征。

皋陶的事迹集中在《尚书·皋陶谟》中，谟相当于"谋"，就是谋划治国方略。皋陶说：诚实公允履行德政，谋定决策，协同辅政，慎谨修身，思想持之以恒地向上，亲者相爱，贤者相助，远近在此，知人善任，安邦乐民，有许多优秀德行要逐渐推开啊，具体而言，就是："宽而栗，柔而立，……直而温，简而廉，刚而塞，强而义。"

要奖励表彰那些坚持向好的人，要明明德，各行各业共同努力，要择优选用那些为政府服务、有家国情怀的人，上下一心，兢兢业业，没有消极怠工的情绪，协恭和衷，惇德厚礼，赏罚分明，政治清明，繁荣昌盛。

皋陶最后提出理想的政治生态："元首明哉，股肱良哉，庶士康哉。"如果不能率作兴事，不能慎乃宪，事情就会走向理想的反面："元首丛脞哉，股肱惰哉，万物堕哉。"

皋陶为中华民族的后代政治生活树立了大臣为国股肱栋梁的榜样，开后世公侯宰相贤政之先河。

五、汤王革命

"汤伐夏，国号商，四百载，迁夏社"，汤之革命，商汤王推翻夏桀，建立了商朝，《孟子·滕文公》载："汤居亳，与葛为邻，葛伯放而不祀。汤使人问之曰：'何为不祀？'曰：'无以供牺牲也。'汤使遗之牛羊。葛伯食之，又不以祀。汤又使人问之曰：'何为不祀？'曰：'无以供粢盛也。'汤使亳众往为之耕，老弱馈食。葛伯率其民，要其有酒食黍稻者夺之，不授者杀之。有童子以黍肉饷，杀而夺之。书曰：'葛伯仇饷。'此之谓也"。"葛伯仇饷"给了我们一个反省警示，我们社会就有这样的人，给他他不要，不给他，他反而抢。本来通过正道谋生，可以过上幸福生活，他却非得干一些歪门邪道、违法犯罪之事。葛伯就是这样的例子。人家去给他送东西，他把送东西的孩子杀了，夺了东西，给不要，反而抢。

葛伯这么一个形象实际是要说什么问题呢？不改变愚昧和野蛮，而只有救助，就会出现适得其反的、扶不起来的人物和事例，"善人者，不善人之师；不善人者，善人之资"。这就是一个反面的典型。这给了汤征伐各地、扩大自己的领地一个理由，汤因此把自己做大，最后推翻夏王朝，建立了商政权。

商汤王之所以能够获取胜利，还在于诚恳吸纳人才。就是"三顾茅庐"，请伊尹。刘备"三顾茅庐"其实是效法先贤的实践而已。

伊尹作为有莘氏的媵臣，负鼎俎，以滋味说汤，至于王道。也有的说是"伊尹处士，汤使人聘迎之，五反然后肯往从汤"。那这就不是"三顾茅庐"，而是五顾了，但是商汤王"任以国政"，是很信任他的。当时，"夏桀为虐政淫荒，而诸侯昆吾氏为乱"，汤开始兴师相伐。

六、贤相伊尹

伊尹是商汤王的相，中国古代比较明确地作为诰命大臣，或者是辅政大臣的代表，要想了解伊尹的事，一个是《尚书·伊训》《商书·太甲》，再一个就是《史记·殷本纪》，当然几种书里有一些不同的看法。儒家四书《孟子》里边，孟子对伊尹也有精到的评价。

根据孟子的记述，"伊尹耕于有莘之野"，憧憬着尧舜之道，觉得如果不是像尧舜那个年代"非其义也，非其道也，禄之以天下，弗顾也"，如果不是靠着道义得来的，哪怕把天下的利禄都给他，他也根本不屑一顾。哪怕"系马千驷，弗视也"，"非其义也，非其道也，一介不以与人，一介不以取诸人"。

伊尹也叫阿衡，他开始对汤是有看法的，商汤王安排人拿着聘礼去聘请他，但是伊尹当时振振有词地回绝了：我能因为商汤王的礼物就去给他干活吗？我不如在农家乐之中自得其乐。商汤王是三使往聘，就是三顾茅庐。也有说是五聘，为什么笔者讲刘备请诸葛亮三顾茅庐是有古训可依的，就是从这里来的，商汤王三使往聘之后，使得伊尹的思想态度有了一百八十度的转变，伊尹幡然醒悟：我与其处畎亩之中，由是以乐尧舜之道，我为什么不能让汤王成为尧舜之君呢？为什么不能使这个时代的民众成为尧舜时代的民众呢？我为什么不能以我的努力来亲身实现尧舜盛世呢？人能弘道，"天之生此民也，使先知觉后知，使先觉觉后觉也"，我就是那个为天地立心的人物，天下之任舍我其谁呀！我是先知先觉者，我就要以斯道觉斯民呀！如果我不能来承担起这个任务，那我们的天下民众、匹夫匹妇都享受不到尧舜时代的那种红利，那不等于是我把他们推到沟里了吗？所以"故就汤，而说之以伐夏救民"。这段《尚书·伊训》里特别经典的话把伊尹出山前后的心理变化说得很清楚了。

关于伊尹，还有很多到今天也需要我们记住的一些警示语。在商汤王去世之后，伊尹在祭祀的时候，强调"百官总己以听冢宰"，"伊尹乃明言烈祖之成德，以训于王"。就是告诫后来的接班人太甲应该怎样去治理国家。向他陈诉成汤的大德。强调了夏后世已经失去了政德，"皇天降灾"是"假手于我"。"造攻自鸣条，朕哉自亳"汤武革命，第一个就是商汤王的革命。推翻了夏王朝之后，建立了新政权，是"惟我商王布昭圣武，代虐以宽，兆民允怀"。强调"今王嗣厥德，罔不在初"。就是不忘初心，慎始慎终。伊尹强调的这几句"立爱惟亲，立敬惟长，始于家邦，终于四海"特别经典。实际上大家想一想，在儒家文化里，齐家、治国、平天下都是从这种思路上下来的。他的"立爱惟亲"其实就是亲亲而仁民，从"亲亲之杀"说起；"立敬惟长"就是从兄友弟恭角度说起，强调尊贤，一个是强调孝道，一个是强调悌道。他的这种告诫非常有警示作用："居上克明，为下克忠；与人不求备，检身若不及。"在上位要能够明白事理，在下位要能够忠于职守。求人不求全责备，躬身反省却很严格，就是"严以律己，宽以待人"，"躬自厚而薄责于人"，这样就能远怨。

要求帝王一定要尊重人才。"警于有畏"，告诫太甲，你别看你在权力的高端，但是也要"战战兢兢，如临深渊，如履薄冰"。你要是不这样的话，想要荒淫无道也容易：

"敢于恒舞于宫、酣歌于室"，就叫"巫风"。

"敢于殉于货色、恒于游畋"，就叫"淫风"。

"敢有侮圣言、逆忠直、远耆德、比顽童"，就叫"乱风"。

如果这几种风气流行，那么就世风日下。就会出现什么状态呢？"卿士有一于身，家必丧；邦君有一于身，国必亡。臣下不匡，其刑墨。具训于蒙士。"无论是卿士于家，还是邦君于国，都要谨慎，戒骄戒躁。其实也是正因为有伊尹这样古圣先贤的告诫，我们才强调"君子之德风，小人之德草，草上之风，必偃"。就是"安上之民，莫善于礼，移风易俗，莫善于乐"。就是要用好的风气去改造社会上的不良之风。伊尹强调"圣谟洋洋，嘉言孔彰！惟上帝不常，作善，降之百祥；作不善，降之百殃。而惟德罔小，万邦惟庆；而惟不德罔大，坠厥宗"。这就是他对商汤王的接班人太甲的训诫，《尚书·伊训》记载太甲继立三年，开始也不懂治理国家，还很暴虐，不尊商汤王的法度，乱德。后被伊尹放置于桐宫，帝王被顾命大臣放逐了，实际上是给囚禁起来了，也能看出伊尹当时的权力是很大的，但是，就像孟子说的，做这类的事，有伊尹、周公之志，则可；无伊尹、周公之志，则篡。如果不是怀着仁德之心，就等于以下犯上，那就容易出事。《汲冢书》里记录得就比较另类，认为伊尹是篡位。后来被太甲反攻倒算给杀了。

把太甲放置桐宫三年期间，伊尹摄政，主理政务，以朝诸侯。太甲居桐宫三年，悔过自责，于是，伊尹又把太甲迎回来了，太甲修德，诸侯又都归心了，百姓也安宁了，因而伊尹作了《商书·太甲》三篇。

我们经常说的"顾是天之明命""靡不有初，鲜克有终"这些格言警句似的告诫都是从这里推出来的。特别是老百姓熟悉的孔子说的"少成若天性，习惯如自然"，其实就是这里伊尹所说的"习与性成"。还有"天作孽，犹可违；自作孽，不可逭""视远惟明，听德惟聪""德惟治，否德乱。与治同道，罔不兴；与乱同事，罔不亡""若升高，必自下；若陟遐，必自迩"都具有恒久价值，我们平常说的老子《道德经》中的话都和这相互呼应，当然谁在前谁在后，学术上都有一些争论，我们在这里只涉及他的智慧，不去考据他的先后。还有"有言逆于汝心，必求诸道；有言逊于汝志，必求诸非道"。总之是强调怎么样以德行立于天下。《尚书·伊训》和《商书·太甲》上中下集中反映伊尹的思想和语言，伊尹的事在《孟子》里记录得比较精彩。在《孟子·万章上》篇里就有一段专门记录伊尹对太甲的处理："伊尹相汤以王于天下。汤崩，太丁未立，外丙二年，仲壬四年。太甲颠覆汤之典刑，伊尹放之于桐。三年，太甲悔过，自怨自艾，于桐处仁迁义；三年，以听伊尹之训己也，复归于亳。周公之不有天下，犹益之于夏，伊尹之于殷也。孔子曰：'唐虞禅，夏后、殷、周继，其义一也。'"

伊尹做的比较典型的事就是"辅佐幼主"。后来的周公照顾成王，诸葛亮辅佐阿斗，以至于后来很多顾命大臣就都有了效法的榜样。当然，有伊尹、周公之志，就是中国古代的贤相，如果背叛了伊尹、周公之道，那就成了王莽，成了袁世凯，也成了中国政治道德中的反面角色。其实在中国传统社会里，借王命征伐，然后把自己做大，甚至最后又推翻了政权的案例比比皆是。商汤王是，周文王也是，齐桓公是，齐田常也是。赵匡胤是，所以宋高宗怕岳飞也正因此。彭玉麟就曾经有意试探曾国藩，也是想看看曾国藩是不是。就是王命安排你去平乱，但是平乱过程中，你把自己做大了，回头你自立为王。汤伐夏，周伐殷，都是这样。

七、傅说传奇

辅佐大臣里还要说一说"傅说"，关于傅说的事，可以先阅读《史记·殷本纪》，司马迁依据《尚书·说命》而叙述："帝武丁即位，思复兴殷，而未得其佐。三年不言，政事决定于冢宰，以观国风。武丁夜梦得圣人，名曰说。以梦所见视群臣百吏，皆非也。于是乃使百工营求之野，得说于傅险中。是时说为胥靡，筑于傅险。见于武丁，武丁曰是也。得而与之语，果圣人，举以为相，殷国大治。故遂以傅险姓之，号曰傅说。"

这一段记载傅说的出山颇为传奇，商王武丁守丧期满，临朝不说话，大臣们劝道："知之曰明哲，明哲实作则"，您是老大，您不说话，我们怎么执行命令开展工作啊？武丁说：我怕德能不足，所以不敢说话，我在"恭默思道"，梦见天赐我一位良弼，可以做我的代言人。这位武丁也真够聪明，我们现在知道他的妻子"妇好"就是中华奇女子，这里又演了这么一出奇葩的"托梦"故事。

首先，君臣之间有个设计，傅说可能出身贫贱，武丁怕骤然提拔引发群臣不服，故而假托老天以梦赐之，其后按图索骥找到此君。有些话让傅说替自己说，这可能是新闻发言人的最早实例。

但是武丁用傅说，说得很明白。"命之曰：朝夕纳诲，以辅台德。若金，用汝作砺；若济巨川，用汝作舟楫；若岁大旱，用汝作霖雨。"连续三个比喻，把傅说的重要性强调得极为清楚，武丁不愧是一代杰出的商王，脑子清楚，话说得有力量，他要求傅说："启乃心，沃朕心，若药弗瞑眩，厥疾弗瘳；若跣弗视地，厥足用伤。"良药苦口利于病；光着脚行走，不低头看路，容易受伤。

当然，傅说回答得也很给力："惟木从绳则正，后从谏则圣。后克圣，臣不命其承，畴敢不祗若王之休命？"木受绳则直，金就砺则利，国王你能从谏如流，我一定尽心尽力。

傅说佐政后真是不负所望，总理百官，助武丁建邦设都，而且有今天看来都很复杂缜密的思考："不惟逸豫，惟以乱民。惟天聪明，惟圣时宪，惟臣钦若，惟民从乂。惟口起羞，惟甲胄起戎，惟衣裳在笥，惟干戈省厥躬。王惟戒兹，允兹克明，乃罔不休。惟治乱在庶官。官不及私昵，惟其能；爵罔及恶德，惟其贤。虑善以动，动惟厥时。有其善，丧厥善；矜其能，丧厥功。惟事事，乃其有备，有备无患。无启宠纳侮，无耻过作非。惟厥攸居，政事惟醇。黩于祭祀，时谓弗钦。礼烦则乱，事神则难。"

就这一段文字，给后人留下多少警世格言啊，像"惟口起羞"，今天治理网络语言仍有借鉴。"官不及私昵，惟其能；爵罔及恶德，惟其贤""虑善以动，动惟其时""有备无患""无耻过作非""礼烦则乱，事神则难"，等等。最后两句在孔子那里都能找到化用的影迹。

武丁听完这一大通政论之后，表态：好啊，你不说这些，我怎么能付诸实践呢？但是傅说还跟进叮嘱："非知之艰，行之惟艰。"我说的这些都是先王美德的总结。我不说，错在我，你不做，我就叮嘱着。

武丁大概是个非常善于比喻的王，他总是要求傅说"尔惟训于朕志，若作酒醴，尔惟曲糵；若作和羹，尔惟盐梅。尔交修予，罔予弃；予惟克迈乃训"。就像酿制美酒，你就是酒曲；就像熬出和汤，你就是盐梅。有你修正，我才能政治清明。

傅说曰："王，人求多闻，时惟建事，学于古训乃有获。事不师古，以克永世，匪说攸闻。惟学逊志，务时敏，厥修乃来。允怀于兹，道积于厥躬。惟学学半，念终始典于学，厥德修罔觉。监于先王成宪，其永无愆。惟说式克钦承，旁招俊乂，列于庶位。"

武丁视傅说为股肱之臣，期望他可以像伊尹一样助商王朝代代兴盛，可以助商王圣明直比尧舜，应该说，武丁为商朝中兴之君，傅说功不可没。

中国文化夏、商交替，政治上还出现了几位女性的形象，不论是舜的妻子娥皇、女英，还是大禹的妻子女娇，特别是武丁的妻子妇好，文武双全，而且有河南殷墟"妇好墓"，证实其真实的历史存在，当然，也有夏桀沉湎女色导致的荒淫无道。至此之后，夏有媚熹，商有妲己，周有褒姒，女性干预中国政治的现象逐渐形成，这里就不展开说了。

笔者在本章介绍了几位君臣，尧、舜、禹、汤，皋陶、伊尹、傅说，可见中国传统早期政治君臣共治的理想，儒家视这些优秀人物为榜样，在此后数千年的"思政"教育中，有典有则，模范后人，孔子的政治崇拜，不仅有这几位君臣，还有更贴近的周家父子三人，文武周公，周家事迹可参阅《史记·周本纪》及《鲁世家》，因儒家思想基本就是对周礼的发扬，故不于此专论。

儒商子贡

　　儒家的代表人物里，要是从"内圣外王"这个角度来考核，其实有一个被历代学术界忽略，但在商界和民间很热的人物，那就是孔子的学生端木赐——子贡。

　　子贡在孔子活着的时候，支持孔子四处游学，帮着孔子完成社会使命，甚至可以说是孔子最理想的工作助手。他也是在孔子去世之后，把孔子推上神坛的人。一般读《论语》的人都认为，孔子最喜欢的弟子是颜回。颜回的德行很好，又很聪明。《论语》中也有过这样的表述，其中一次就是孔子和子贡一起讨论颜回。孔子问子贡："你和颜回比较，谁聪明啊？"子贡当然很谦虚，说："赐也何敢望回？回也闻一以知十，赐也闻一以知二。"我哪敢去比颜回啊？颜回是"闻一以知十"，我不过是"闻一以知二"而已。孔子听了就非常高兴，第一，认为颜回确实聪明；第二，其实也有感于子贡的谦和，就附和着说："弗如也，吾与女弗如也。"我们都不如他啊！

　　子贡的商业精神、董仲舒的政治思想、韩愈的尊儒排佛、朱熹的兴办教育、王阳明的学说事功、曾国藩的平乱修养，都是儒家历代内修外用、内圣外王的榜样。

一、君子不器

在孔子的这些重要弟子中，一般认为颜回是"仁"的代表，子路是"勇"的代表，曾参是"孝"道的代表，那么子贡就是"智"的代表。子贡在孔门弟子中稍稍有一些特殊，我们读《论语》的时候会发现，孔子总是夸着颜回，批评着子贡。表面上看好像说，是不是老师认为颜回好，认为子贡不好？其实你要是真的做过老师，就会有这种心理感受，老师经常夸的学生，那是因为这个学生需要老师鼓励。颜回就是这么个状态，因为他的生活很清贫，"一箪食，一瓢饮，在陋巷，人不堪其忧，回也不改其乐"，所以面对这种清贫好学的学生，那老师当然是要不断地鼓励、不断地夸奖。

但是对子贡这样本身就很有自信的弟子，甚至像子路这样稍微有一点狂傲的弟子，就要经常性地批评一下、压制一些。既要有教无类，又要因材施教，实际上，老师内心对这些学生还是非常喜欢的，孔子对子贡就是这样。孔子说："君子不器"，但是他认为子贡是个器物。因为说"君子不器"，而子贡又是个"器"，所以子贡也觉得挺尴尬，说："那我是什么'器'呢？"孔子说："瑚琏也"，你是个廊庙之器，就是说，你是个"大器"，还挺不错的。

子贡有的时候愿意评论社会上的一些人。他有个特点，就是见到谁有优点，就总是夸奖、表扬，"扬人之善"；但要是遇到谁有毛病，子贡也是毫不留情地贬损他，不为他去掩饰，好品评社会中的人。所以孔子就说："你好方人啊！"其实真的有修为的君子是没有时间做这个事的。

但是孔子和子贡心心相印，情感是非常好的，他们讨论过一些非常贴近的问题。子贡在孔门弟子中是通过自己的努力，由贫到富的这么一个学生。其实他是一个富商，他就这个问题和孔子进行讨论，说："贫而无谄，富而无骄，何如？"就是："我贫穷但不巴结别人，我富贵之后又不豪横，怎么样？"孔子说："这种态度是不错的，但是它不如'贫而乐道，富而好礼'。"孔子对他有更高的要求。结果子贡听完这话之后，就跟老师说："那《诗经》中说的'如切如磋，如琢如磨，其斯之谓与？'"就是《诗经》中讨论的"切磋琢磨"，是不是就相当于说咱们师生之间这种讨论的情境呢？他就把对诗的理解在这里阐发了一下，这一下子就引发了老师的兴奋点，老师说："赐也，始可与言《诗》已矣，告诸往而知来者。"意思是："赐啊，这回我可以和你讨论《诗》了，因为告诉你过去的，你就能联想到未来的，教授你的知识，你知道怎么样在实践中去落地了。"

二、智者不惑

子贡是一个能够把所学知识在实践中落地的人，所以在孔子周游列国的时候，往往一遇到什么困难，就是子贡出手相助，特别是在经济上遇到一些拮据的问题，子贡都是毫不犹豫地取出资金来资助。

因为子贡经常在外经商，不能和老师总是朝夕相处，所以孔子去世之后，其他的学生守孝三年，守孝三年完毕之后，就都散去了，而子贡觉得自己陪老师的时间不是很多，于是又加了一个三年，就是守孝六年。在孔子的墓边结庐，实际上能看出他对老师的情感。而且应该说，在对孔子思想的探求上，子贡能够提一些别人意识不到的问题。比如在《论语》里面，子贡就说过："夫子之文章，可得而闻也；夫子之言性与天道，不可得而闻也。"就是说，老师的知识丰富渊博，语言表达流畅，言辞华美，我们是都能感受到的；但是老师关于天道、性命这类很抽象的思想，我们其实是听得很少，理解不到位。也正是因为"夫子之言性与天道，不可得而闻也"。成了孔子教学思想的一个命题，也就导致了孔子的孙子——孔伋——借着这个命题，把孔子的思想做了一个集中的阐发，形成了著名的《中庸》。所以《中庸》开篇谈的就是"性与天道"："天命之谓性，率性之谓道，修道之谓教。"

子贡还有非常优秀的一点，就是把孔子思想最关注的核心理念，通过师生之间的探讨，清晰无误地披露出来，也就是孔子经常说的"一以贯之"的"道"。孔子两次表达说"吾道一以贯之"，一次是和曾参，孔子说："吾道一以贯之。"曾参是很理解孔子的，就说："是啊，是这样。"其他学生不太理解，就问曾参："老师说他的思想是一致的，你就说'是这样的'，老师的思想是什么啊？"曾参就说："夫子的道是忠恕而已。"其实这已经确定了孔子的思想是"忠恕"，作为一个基准点，但这毕竟是曾子转述，是不是老师真实的思想核心呢？向老师求证是最可靠的确定啊，子贡就着这个问题和老师做了一个深入的探讨和交流，他说："有一言而可以终身行之者乎？"有没有一句话、有没有一个词，或者说有没有一个字可以作为我们一生行动的准则呢？孔子说："要说一个字的话，那就是'恕'吧。""其恕乎？""恕"是什么呢？就是"己所不欲，勿施于人"的思想。

其实这种思想都是子贡和老师在一起探讨得来的，子贡也特别认同老师的博学，甚至认为老师是个圣人，也经常带着赞美的心情去夸奖老师。老师是一个很谦虚的态度，说："我不过是'一以贯之'而已，唯精唯一，把它做到最好而已。"也正是这种思想影响了子贡，所以子贡觉得从内心上能够和老师心灵对话。

其实《论语》中有一个最为感人的场面，就是孔子到了晚年，在生命即将结束的时候，那时候他心爱的弟子，颜回啊，子路啊，他的儿子孔鲤啊，都已经先他离世了。孔子作为一个很孤独的老人，也知道自己的理想破灭，生命即将结束，但是这个时候，他的内心还是期盼着能有一个知音和他交流，总是好像在等待什么。这个时候子贡从外面游历回来，拜见自己的老师，老师年纪大了，就有点像老小孩儿那样，委屈地说："你怎么才来呢？我都要死了。"子贡安慰老师说："您不要多想了，您就好好活着，我们都照顾着您。"但是孔子有了这段道别之后，很快就离世了。中国民间有这么一个说法：老人临终前最惦记的那个人是他心中认为跟他情感最好的人。那么，孔子临终前恋恋不舍、等待惦念的其实是子贡。

三、学以致用

子贡在孔门中是有非常大的事功的人，体现在哪里呢？在司马迁的《史记·仲尼弟子列传》中是有记载的。司马迁很有意思，他实际上特别尊崇孔子和孔子的师门弟子。他在为诸侯写传记的时候，写了二十八家诸侯之后，又把陈涉和孔子列入"世家"里面，这就形成了《史记》的"三十世家"。他在"列传"中也介绍了孔门弟子。但是孔门弟子三千，七十二贤，司马迁是用非常简略的笔触把那七十二贤里面的七十一位简略地做了个介绍，有的提了一句，有的甚至都没有提。但是他拿出大量的篇幅，几乎是三分之二的笔墨，专写子贡一个人，足见司马迁对子贡非常敬佩。

司马迁在《史记》中记载了这么一件事，表现出子贡在经世致用方面的突出才能，把知识转化为能力。齐国的贵族田常有野心，想要乱国政，但是又怕其他的贵族干扰牵扯，妨碍自己，就想办法专权。

中国文化中常讲"战时看将，和平看相"，如果没有战争的时候，文臣很受重视，一旦有战争，能带兵的武将就会得到朝廷的重视。所以这个田常为了揽权，或者是提升自己的社会地位，于是就带兵找碴儿来侵凌鲁国。

田常带兵来攻打鲁国，兵临城下。这个时候孔子在鲁国，孔子说："鲁国是我们的父母之邦，我们不能任由其他诸侯来侵凌啊！这样的事谁能去处理一下？"孔门的弟子就纷纷请缨，都想来完成孔子交付的这个大任。但是孔子都不认同，甚至像子路、子张这样有能力的人，孔子也不大认同，于是他就目视子贡，期望着子贡能够来完成这个任务。因为他知道子贡四处经商，对当时各诸侯国的情形非常了解，孔子也是有知人之明的师长。

子贡也确实不负使命，就作为副使来到了齐鲁边界，见到了田常，他说出了一番表面看很矛盾、非常另类的话，他说："将军你想要打鲁国吗？我跟你说，鲁国可不太好打。为什么呢？因为它'城薄以卑，其地狭以泄（池狭以浅），其君愚而不仁，大臣伪而无用，其士民又恶甲兵之事，此不可与战'。"什么意思呢？就是说，鲁国这个国家，城墙又薄又矮，地方又小又窄，国君又不聪明仁厚，大臣也都人浮于事，国民都不愿意打仗，这仗不好打。接着他又说："你要是想打仗，最好去打吴国，吴国是'城高以厚，池广以深，甲坚以新，士选以饱，重器精兵尽在其中，又使明大夫守之，此易伐也'。"就是说，"吴国这个国家好打，它城墙高大坚厚，地方宽广又深长，兵器又尖利，铠甲又结实，士兵又善战，国君英明，大臣尽职，这地方好打。"田常一听："这是什么话呢？我怎么觉得，你说的好打的地方不好打，不好打的地方好打呢，为什么和我这么说呢？"这时候，子贡才推出到今天仍然在国际外交上非常有影响的一句话："忧在内者攻强，忧在外者攻弱。"什么意思呢？就是如果你的国家内部矛盾大，那么你去打强国；如果你的国家外部矛盾比较重，那你就挑一个弱国去打。因为你的内部矛盾大，你跟强国一打仗，大家就都担心你打不过，一门心思惦记着外部，内部矛盾就缓解了；外部矛盾要是重的话，你打弱国，一打，打赢了，国民信心也就增长起来了，其他诸侯也不敢小觑你了。子贡对田常是这么说的：

"你看，你其实是忧在内，你想要乱齐政，这是明眼人都能看出来的。但你现在做的事能达到你的目的吗？你打鲁国，打赢了回去之后，国君还得奖赏你。现在你这么高的地位，已经是一人之下万人之上了，没法儿再有更高的奖赏了，不但无法奖赏，而且你功高盖主。你的虚名高了，而打仗之后，你的军队又受到了损失，实力又被减弱了，你虚名高，实力弱，你就要出事儿了。"他这么一说，田常就听懂了。田常觉得有道理，就问怎么办？子贡就说："你去打强国，打强国你打不过，你的国家就会紧张，这个时候国家就得依靠你：'将军啊，不能打败仗，只要你不打败仗，你要什么？'你要什么，他就得给你什么。你要人他给你人，你要钱他给你钱，你要枪他给你枪，最后你说'我要你那个位置，你那把椅子'，不就完事儿了吗？"田常听懂了，就说："好，那我去打吴国，但现在我已经带兵打鲁国来了，也不能因为你这一番话，我就去打吴国啊，那么我因为什么去打啊？"子贡说："你不好去打吴国不要紧，我让吴国打你，你在这儿等着就是了。"田常说："哦，这是好事！"

于是子贡就到了吴国，见到了吴王夫差之后，他又是一番话。他说："吴王啊！我知道你们刚把越国打败，但是像吴王你这么英明，打败越国也不是你的终极目标，你的目标是要称霸中原啊。现在机会来了。"吴王夫差一听机会来了，眼睛都亮了，子贡接着说："如今齐国要去打鲁国，他要是真把鲁国打败了，带着从鲁国掠夺来的战略物资，那就是你中原第一强敌啊！"吴王一听就紧张了，问："那怎么办呢？这是个问题。"子贡说："趁他要打还没打之前，你先打他。"吴王说："我要打他，有什么理由吗？"子贡说："有理由啊，鲁国是弱国，齐国是强国，齐国欺负鲁国，你去打齐国，这叫锄强扶弱，在诸侯之中，你就是主持正义的，那你就是霸主了。然后你还能借着这个事削弱齐国的战斗力，真是又有好名声，又能得实惠，何乐不为呢？"吴王说："这确实挺好，可是你不知道，我虽然刚刚把越王打败了，但是越王不死心啊，他其实在苦心养士，有报复我之心啊。所以我有后顾之忧。"子贡说："哦，原来你是担心越国啊，你这个国君生活幸福指数不高，你一个战胜国的国君天天担心着战败国的国君，这不弄反了吗？这样，我给你分析一下，越国的威胁其实没有齐国的威胁大。你要是担心越国抄你后路，我去一趟，我让越王给你出兵打齐国，这样你就可以借着这个事儿，一箭双雕，把越国的军事力量也削弱。"吴王说："这太好啦！你能办到吗？"子贡说："我能办到。"

于是子贡就又到了越国，越王也知道子贡走了好多地方，肯定是有目的而来的，心里也有些担心，就除道郊迎，跟子贡说："此蛮夷之国，大夫何以俨然辱而临之？"就是问子贡为什么屈身光临下国啊？子贡说："我听说现在吴王对你很担心，因为他怕你报复。"越王说："哪有啊，我哪里敢报复？我现在都给他喂马，做奴隶了，根本就没有复仇之心了。"子贡说："你这么说没有用，你是'无报人之志而令人疑之'，事儿办得挺笨；'有报人之志使人知之'，事儿做得还是很蠢。你事还没做，就让人先预感到了，那你这事更是危险。所以，现在不管你是有，还是没有，你都要出事。"越王一听就有点着急了，说："这可怎么办呢？"子贡这才说："其实是这么回事，实际上吴王是要打齐国，他怕你抄他后路，对你心存戒备。我这不是来了吗，你就应付他一下，就说：'听说你要去打齐国，我愿意带三千精兵给你身先士卒，冲锋陷阵，打个头阵。'这样他不就高兴了吗？"越王说："他高兴了，那我不是遭罪了吗？"子贡说："你说你带三千精兵，实际你派三千老弱病残，不就将其麻痹了吗？吴王一看，越国所谓'三千精兵'不过是老弱病残，不就对你放松警惕了吗？"越王一听，有点儿意思，但是还有一些担心，越王说："我带三千老弱病残，那万一我要是战死沙场怎么办呢？"子贡说："你放心，你就这么说，我不会让你去的。"越王说："那你可不要骗我。"

于是子贡就从越国回来了，见到了吴王，说："大王，事儿给你办了。"吴王一听很高兴，说："先生你真有能力，真能做得到吗？"子贡就让他等着。结果五天之后，越王派文种出使了吴国，说："听说大王要锄强扶弱，我们的大王愿意带三千精兵，披坚执锐，身先士卒来帮您。"然后又送了好多坚兵利器，吴王很高兴。但是子贡说："你别让越王来，他要是来，这三千精兵就得听他的了；他要是不来，这三千精兵就是听你的了。"

今天企业兼并，很多就用了这一招，被兼并的单位领导越有能力，就越得调离原岗位，否则原单位人马永远听他的，不好管理。吴王听了，认为很对，果然没有让越王来。结果三千精兵到位之后，吴王一看都是老弱病残，也就不以越国为戒了。

子贡走了一圈之后，觉得还不尽兴，又到了晋国，跟晋国的君王说："'虑不先定不可以应猝，兵不先辨不可以胜敌。'现在齐国和吴国要打仗了，这仗一打起来，晋国就在边上，肯定会把你捎上。"晋王开始不信，但是一听子贡分析也真吓一跳，就问怎么办？子贡就说："你得先有准备啊，'修兵休卒以待之'。早点做些准备。"晋王说："挺好，咱俩是真朋友，你有事还来告诉我。"

结果子贡走了一圈之后，事情就按照子贡的预设发生了，吴王与齐人战于艾陵，"大破齐师，获七将军之兵而不归，果以兵临晋"。结果晋国有准备，吴国没打过。吴王觉得没打过也无所谓，因为都已经打了一场胜仗了。班师休整，来年再战，但是这个时候，越王就已经开始涉江袭吴了，把吴国国都都给夺了，"去城七里而军"，吴王听到之后，就"去晋而归，与越战于五湖。三战不胜，城门不守，越遂围王宫，杀夫差而戮其相。破吴三年，东向而霸"。

所以司马迁最后评子贡，说：子贡一介布衣，就凭着对国际政治的分析，达到什么程度呢？"子贡一出，存鲁，乱齐，破吴，强晋而霸越。子贡一使，使势相破，十年之中五国各有变。"本来是鲁国要受侵扰，结果鲁国成看热闹的了，什么事儿没有，子贡很好地完成了孔子赋予他的使命。然后齐国因为打败了，国家就比较恐慌，把所有的希望都寄托在田常的身上，田常把所有的优势资源拿到手之后，就势把齐国的君位也夺了，乱齐。吴国打了一场胜仗，打了一场平仗，打了一场败仗，最后灭亡了，灭吴。而越国因此称霸了。晋国跟强敌打了一场，还赢了，所以全国人民都很兴奋，从此就强大起来了，所以是"强晋而霸越"。

当然，这段传奇般的事迹是《史记》中司马迁记述的，有人认为这段子有点像纵横家术士之语，对此表示怀疑，我们是根据《史记》记载转述，它姑妄言之，笔者姑妄信之。子贡其实是懂得商品流通的，用现代的话讲是懂得贸易，搞物资交流，做贸易平衡，交易嘛，所以"与时转货赀"，最后富可敌国。他曾经做鲁卫之相，家累千金，最后在齐国寿终。

子贡在儒家里被称为"儒商"的代表，被中国的儒家知识分子认为是"商业之神"。他是既能够宣传孔子思想的人，又是一个在经济上难得的奇才，还是一个"内圣而外王"的人。在我们今天的市场经济环境下，这个人是值得我们特别重视的。其实孔子之所以后来在后世影响力那么大，也是因为子贡等学生不断地去推举、去宣扬，师以弟子显，把孔子作为中国文化的代表人物，为后人树立起一个至圣先师的榜样，在这个问题上，子贡是有功的。

后　记

　　不久前的一次聚会上，邴正老师说：书不是文字的堆砌，而是有规模的文章集成。一篇文章，有思想，有见识，有新知，有文采，又能持之有据，言之成理，才能斐然成章。焕乎其文章，不仅在于文采，还在于内在逻辑。我听了有点心虚，我这二十八讲，是不同场合讲座的合编，只能算二十八个"话头儿"的扎堆，离专家的要求还差得很远。

　　好在儒家思想，数千年传承中构成了自身完整的逻辑体系，我们不过是"为往圣继绝学"，将其传承再现出来。

　　既然是儒家文化，自然要从谈"儒家"、论"文化"说起，然后，"天地"是其语境，"绘事后素"，先打好底子、布好场景，谈天说地，高点在于"志道据德"，特色在于"成仁取义"，"仁义"体现在社会；"孝悌"充溢于家庭；根于内心，"忠恕"而已。忠者尽己心，恕者如其心，心统"性情"，于是修养的节点：平衡情绪，健康情感，就成了儒、道、释不二法门。让真情合乎人性。存天理，灭人欲，让天理人欲"和谐"共存，执其两端，用其中而已。有道德前提来规范。不偏不倚，平和中正，遂为中华文化长河之中流砥柱——"中庸"。

　　前十节就是这么一种思考。

　　有"志气"，是成就事业的内生动力，"学习"是这动力的来源，好学近乎智，力行近乎仁，知耻近乎勇，"智勇"双全，有了智勇，付诸实践，于是强调"知行"合一，诚于中，信于外，落实到个人，以诚为本；体现在国家，无信不立。就要反映"为政"的方方面面，为政以德，才能建设出一个国强、民富、文昌的中国，实现中国梦。

诗书易，为中国文化文史哲的源头，真善美的根本，梳理儒家理论，发现做事无非"道形器"，修身本于"身心行"，过去、现在、未来，正是一个"兽人神"的进化之路。格致诚正，修齐治平，做得好，是君子，做得不好，是小人。

传承儒家文化，引经据典，"子曰诗云"，创造性转化，创新性发展，可以发扬光大"诗书礼乐"的现代传播功能，以儒家思想观文学，文学是以形传神，文以载道；以儒家思想观历史，历史是前事不忘，后世之师，学"先王之道"，在市场经济中借鉴参考"儒商榜样"，最后落实在经世致用上，就成为本书题目的排列依据，梳理出的逻辑关系，特此说明。

这本小书的形成，要感谢我的团队：刘金桥、张广影、王菲、邹震男、王春清、邹迪、金鼎、程实、刘丽，他们从我多次讲座录音录像中为我扒词，整理，付出了很大努力，是刘金桥，帮我统稿，一遍一遍地调整，很是辛苦。

特别感谢我的妻子周海涛，每次我讲座有一点点新的思考，她都迅速录音或用笔记录，让我的那些稍纵即逝的灵感得以保存，兴之所至的感悟得以反思修正。回想起来，自2002年开启讲座之旅她就默默陪伴我，后来孩子住校，她就和我四处奔波，我在全国各地社会各界讲学十八年，其间有些辛劳，甘苦自知，想到那次从台湾回来直飞拉萨，导致妻子脱水，皮肤过敏，想到多次因飞机延误，我们如"神漂侠侣"一样"流浪"于机场，不禁鼻酸。好在有信念支撑，理想一致，我们才能坚持不懈，面向未来。诗云："何其处也，必有与也；何其久也，必有以也"，其斯之谓与？是为记。